新世纪高等职业教育
电子商务类课程规划教材

短视频与直播电商运营

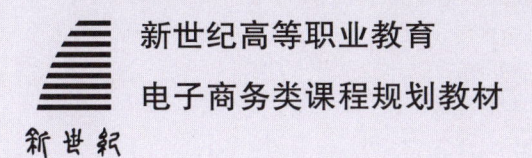

新世纪高等职业教育教材编审委员会 组编

主　编　李巧丹　焦利勤　李福艳
副主编　刘辉辉　陶　鸿　柳　媛

大连理工大学出版社

图书在版编目(CIP)数据

短视频与直播电商运营 / 李巧丹, 焦利勤, 李福艳主编. -- 大连 : 大连理工大学出版社, 2023.3(2024.12 重印)
新世纪高等职业教育电子商务类课程规划教材
ISBN 978-7-5685-4135-0

Ⅰ.①短… Ⅱ.①李… ②焦… ③李… Ⅲ.①网络营销－高等职业教育－教材 Ⅳ.①F713.365.2

中国国家版本馆 CIP 数据核字(2023)第 034302 号

大连理工大学出版社出版

地址：大连市软件园路 80 号　邮政编码：116023
营销中心：0411-84707410　84708842　邮购及零售：0411-84706041
E-mail：dutp@dutp.cn　URL：https://www.dutp.cn
大连图腾彩色印刷有限公司印刷　　大连理工大学出版社发行

幅面尺寸：185mm×260mm　　印张：15.75　　字数：383 千字
2023 年 3 月第 1 版　　　　　　　　　　2024 年 12 月第 3 次印刷

责任编辑：刘丹丹　　　　　　　　　　　责任校对：初　蕾
　　　　　　　　封面设计：对岸书影

ISBN 978-7-5685-4135-0　　　　　　　　　　定　价：55.00 元

本书如有印装质量问题，请与我社营销中心联系更换。

前言

《短视频与直播电商运营》是新世纪高等职业教育教材编审委员会组编的电子商务类课程规划教材之一。

随着消费升级,传统销售渠道疲软,线上销售却迎来了"春天",直播带货应运而生并催生了全民直播时代。2020年7月,人社部正式发布了"互联网营销师"等9个新职业,为中国数字经济新业态的持续发展注入新动力。

"短视频与直播电商运营"是电子商务、网络营销与直播电商专业的核心课程,也是市场营销、融媒体技术与运营等专业的主修或选修课程。本教材内容紧跟电子商务发展方向,培养目标精准对接人社部发布的"互联网营销师"(选品员、视频创推员、直播销售员、平台管理员)职业能力标准,以及教育部1+X直播电商职业技能等级证书,为国家电子商务技能竞赛及互联网直播营销技能竞赛提供重要支撑,重点培养学生短视频内容创意策划、拍摄剪辑、运营推广与直播带货技能及创新创业素养,服务国家乡村振兴战略,发扬国货之光,助力品牌出海。

本教材的特色如下:

1. 融入课程思政,践行立德树人

教材内容融入课程思政元素,提炼专业课程中蕴含的文化基因和价值范式,将其转化为社会主义核心价值观具体化、生动化的有效教学载体,润物细无声地弘扬社会主义核心价值观,引导学生准确理解并践行职业精神和职业规范。教材注重培养学生家国情怀、社会责任、诚实守信等职业操守;科学精神、工匠精神、企业家精神等职业精神;艺术审美、商业文化、历史文化等职业素养,体现知识传授、能力培养与价值塑造的三位一体,紧扣专业人才培养目标和学习者需要。

2. 以"岗位→知识点+技能点→教学内容+实训内容→实战项目"为逻辑,构建教材体系

教材编写团队深入调研短视频与直播电商人才岗位需求,以"岗位→知识点+技能点→教学内容+实训内容→实战项目"为逻辑,构建教材体系,以"直播助农,赋能国货"为载体,将教材内容分为10个项目,43个任务。

教材根据学生认知规律，内容由浅入深，阶梯递进，落实职业精神常规化；实现学习能力向工作能力的迁移，能够满足新职业"互联网营销师"相关工作岗位职业要求，服务国家乡村振兴战略。

3. 校企合作开发，践行"专创融合、岗课赛证四融通"

教材编写团队积极响应国家乡村振兴及制造业高质量发展战略，依托教育部中外人文全媒体交流产教融合基地和粤港澳大湾区青年创业平台（易创空间），邀请企业行业精英参与教材开发，以企业真实的实践项目为载体，坚持教学过程与工作过程对接，采用案例导入、任务驱动、项目化教学，让学生体验职业环境，感受职场氛围，着力提升学生短视频内容创意策划、拍摄剪辑、运营推广、直播方案策划、直播选品、直播间设计、商品讲解与控场、平台运营、数据分析、成本管理等专业技能和职业素养，全面提升职业竞争力。

4. 整合政行校企资源，打造立体化教材

教材编写团队从国家专业教学资源库、1＋X证书、各类大赛、合作企业、行业标准等渠道整合课程教学资源，采用超星学习通平台，并以慕课的形式进行建设，目前已在学银在线开课。该课程先后立项校级精品在线开放课程、课程思政示范课程、广东省继续教育优质网络课程。课程于2021年上线以来，页面浏览量、选课人数和互动次数都较高，深受在校学生和相关社会人员的喜欢。

直播电商行业发展迅速，知识更新快，因此，课程内容和配套教材也要及时更新。教材编写团队将持续实时更新在线学习资源，努力将本教材建设成为集新理论、新技术、教学课件、视频微课、典型案例、交流讨论、热点评析、学生优秀作品、习题库等于一体的立体化教材。

本教材是集体智慧的结晶，由中山火炬职业技术学院李巧丹、焦利勤、李福艳任主编；由中山火炬职业技术学院刘辉辉、陶鸿以及中山职业技术学院柳媛任副主编；由中山火炬职业技术学院刘平胜、丁昭巧，广东美迪电商有限公司陈江生，中山市金盒子信息科技有限公司罗健佳任参编。具体编写分工如下：李巧丹编写项目一、项目二、项目八；焦利勤编写项目三、项目四；李福艳编写项目九、项目十；刘辉辉编写项目七；陶鸿编写项目五；柳媛编写项目六；李巧丹、丁昭巧、刘平胜共同编写典型案例、课后习题等；陈江生和罗健佳对教材的系统性和实用性方面进行指导。全书由李巧丹负责策划与统稿。

在编写本教材的过程中，我们参考、引用和改编了国内外出版物中的相关资料以及网络资源，在此对这些资料的作者表示诚挚的谢意！请相关著作权人看到本教材后与出版社联系，出版社将按照相关法律的规定支付稿酬。

限于时间和编者水平，书中可能出现错误和疏漏，请各位专家和读者批评指正，我们将不胜感激！

编 者

2023年3月

所有意见和建议请发往：dutpgz@163.com
欢迎访问职教数字化服务平台：https://www.dutp.cn/sve/
联系电话：0411-84707492　84706671

目　录

项目一　短视频与直播电商认知 1
　任务一　认识短视频与直播电商 2
　任务二　对比短视频与直播电商模式和传统电商模式 7
　任务三　掌握短视频与直播电商的变现模式 11

项目二　短视频内容创意策划与拍摄 20
　任务一　掌握短视频内容策划及短视频风格定位 21
　任务二　熟悉电商短视频拍摄的类型 28
　任务三　策划并设计短视频创意封面与标题 31
　任务四　策划与撰写短视频脚本 37
　任务五　掌握不同类型短视频创作技巧 45

项目三　短视频制作与运营推广 52
　任务一　熟悉主流短视频制作工具及发布规则 53
　任务二　掌握 Vlog 短视频制作流程 67
　任务三　设计并制作短视频片头与片尾 73
　任务四　添加短视频转场特效与字幕 76
　任务五　制作多屏合一（画中画）等短视频特效 79

项目四　直播电商运营流程及策划 85
　任务一　掌握短视频直播平台流量算法 86
　任务二　熟悉抖音直播不同阶段核心权重指标 90
　任务三　开通抖音电商带货功能 93
　任务四　运营抖音小店 98
　任务五　撰写直播电商运营策划方案 105

项目五　主播职业能力素质培养 111
　任务一　塑造良好的主播形象及调整心态 112
　任务二　培养主播镜头感 117
　任务三　提升主播商品讲解的语言逻辑能力 119
　任务四　掌握主播口播禁忌及直播违规应急处理方法 123

项目六 直播间选品组货及话术 ... 127
- 任务一 熟悉直播间选品的四个维度 ... 128
- 任务二 掌握直播间商品组货策略 ... 133
- 任务三 剖析直播间商品营销话术 ... 137
- 任务四 提升直播引导关注、暖场互动话术 ... 142

项目七 直播场景设计装修与开播 ... 146
- 任务一 配置直播常用的设备 ... 147
- 任务二 装修直播场地 ... 153
- 任务三 布置直播间灯光 ... 161
- 任务四 使用直播伴侣软件 ... 165

项目八 抖音平台直播带货运营技巧 ... 170
- 任务一 直播前预热及开播设置 ... 171
- 任务二 策划直播活动，提高用户停留、互动转化 ... 176
- 任务三 利用小店随心推提升直播人气 ... 181
- 任务四 掌握直播精准导流私域技巧 ... 185
- 任务五 分析抖音直播数据与复盘优化 ... 190

项目九 淘宝平台直播带货运营技巧 ... 202
- 任务一 认知淘宝直播发布权限与浮现权规则 ... 203
- 任务二 策划与运营淘宝直播 ... 208
- 任务三 掌握淘宝直播互动技巧 ... 216
- 任务四 分析淘宝直播间数据 ... 221
- 任务五 认知淘宝直播 MCN 机构 ... 224

项目十 团队绩效考核及运营案例 ... 229
- 任务一 认知短视频直播团队组织架构 ... 230
- 任务二 掌握短视频直播团队绩效考核方法 ... 235
- 任务三 深度剖析短视频直播运营成功案例 ... 239

参考文献 ... 245

项目一

短视频与直播电商认知

课前导学

知识目标
1. 理解短视频与直播电商的概念。
2. 了解短视频与直播电商的发展现状及趋势。
3. 熟悉短视频与直播电商和传统电商模式的区别。
4. 掌握短视频与直播电商平台的营利模式。

技能目标
1. 能够分析各个短视频直播电商平台的差异。
2. 掌握短视频与直播电商运营优化路径。
3. 熟练掌握各大短视频直播平台入驻流程。
4. 能够根据运营目标选择不同营利模式。

素质目标
1. 勇于尝试为自己家乡特色农产品代言,返乡创业,助力乡村振兴,厚植家国情怀,增强社会责任感。
2. 积极参与社会实践,提升品牌自信、文化自信。
3. 全面提升诚实守信、勇于创新的职业素养,以及开拓进取、敢为人先的职业精神。

任务一　认识短视频与直播电商

任务导学

2020年新冠疫情暴发，受疫情等因素影响，线下实体经济面临多方困境，但线上销售却迎来了"春天"，催生了全民直播时代。在众多电商与内容平台开通直播功能的推动下，"短视频+直播电商"模式愈演愈烈，直播电商GMV（Gross Merchandise Volume，商品交易总额）已经突破1万亿元，预计未来几年直播电商仍将迅猛发展。2021年是乡村振兴建设行动元年，国家全面推进乡村振兴战略，农村电商迎来前所未有的发展机遇。假设你是一名实体经济的创业者，想转型进入短视频与直播赛道，需要先了解目前短视频与直播电商发展现状和趋势。

知识储备

一、短视频与直播电商的概念

网络经济时代的快速发展催生了短视频与直播电商的新模式，诸如抖音、快手等当前热门的短视频平台，均已在短视频、直播、电商三大模块进行了战略布局。短视频为直播引流，直播过程的精彩瞬间可以剪辑成短视频，进行二次营销推广。

随着行业的快速发展，2020年5月11日，人社部发布《关于对拟发布新职业信息进行公示的公告》，正式将互联网营销师列入中国新十大职业，成为国家认证的新兴职业，自此，"电商主播""带货达人"成为正式工种，有了正式称谓。2021年，人社部、中央网信办、国家广播电视总局共同发布其国家职业技能标准，这一职业已发展分化出包括选品员、视频创推员、直播销售员、平台管理员在内的四大职业工种。

1. 短视频

短视频通常指播放时长在5分钟以内的视频。短视频具有社交属性强、碎片化等特点，易形成"观看—创作—传播—观看"的闭环，培养用户习惯，让短视频平台拥有相对较低的内容成本与获客成本。

2. 直播

与短视频不同的是，直播可以进行实时互动，承载大量信息，具有丰富的信息价值。直播是主播与粉丝之间建立信任的桥梁，有利于巩固私域流量，并通过带货、打赏实现盈利。

3. 电商

电商的核心价值是扩展平台商业模式，让短视频平台创作者能够盈利，消费者能够获得更好的体验。与传统电商不同的是，由于平台有完整的供应链，短视频与直播电商创作者的启动成本低，只需要构建出货与人链接的场景即可。

"短视频+直播+电商"组合，可以重新构建电商的"人、货、场"，让直播带货的形式更加多元化，促进用户从主动消费转变为即兴消费或被动消费。将传统电商的搜索式购物转变为直播电商的发现式购物，边玩边消费，可以同时实现用户价值和商业价值。

二、直播电商的发展现状和趋势

直播电商行业发展经历了萌芽期和成长期,众多电商和内容平台都相继开通直播功能,且越来越重视短视频与直播带货的形式。加之在新冠疫情下,人们不得不将原来的许多线下消费活动转移至线上,催生了网购市场的火爆,直播电商行业现已进入快速发展阶段。中国直播电商发展历程如图 1-1 所示。

2016年
- 3月,蘑菇街上线直播电商购物功能。
- 5月,淘宝开始推出直播功能;快手上线直播功能。
- 7月,苏宁开始上线直播功能。
- 9月,京东开启直播。

2017年
- 4月,多家电商直播MCN(多频道网络)机构成立。
- 11月,抖音上线直播功能;同期,淘宝直播单日累计观看量超过1亿。

2018年
- 3月,亚马逊推出直播功能。
- 5月,抖音上线店铺入口,开始试水直播电商。
- 6月,快手上线快手小店。
- 12月,抖音正式开放购物车功能申请。

2019年
- 2月,淘宝推出淘宝直播APP。
- 4月,微信试运营直播电商。
- 8月,网易考拉(现考拉海购)上线直播功能。
- 11月,天猫"双11"成交额近200亿元,参与直播的商家超过50%。

2020年至今
- 2020年1月,多多直播正式上线。
- 2020年4月,小红书上线直播功能。
- 2020年,直播电商GMV突破10 000亿元。
- 2021年4月,首届抖音电商生态大会于广州召开,明确"兴趣电商"定义。

萌芽期(2016年): 淘宝等传统电商开始探索"直播+电商"新模式,期望借助直播打破流量瓶颈。

成长期(2017—2018年): 淘宝直播、蘑菇街等平台携手MCN机构推动直播电商行业的发展。同时,快手、抖音等短视频平台入局,通过直播撬动流量变现,为直播电商行业按下加速键。

快速发展期(2019年至今): 网易考拉(现考拉海购)、小红书等众多电商及内容平台相继开通直播功能,直播电商渗透率持续提升。

资料来源:艾瑞咨询、天风证券研究所

图 1-1 中国直播电商发展历程

2020 年,直播电商市场规模增长显著,成为风口。直播电商的发展现状和未来趋势有哪些呢?

1. 直播电商队伍迅猛扩大,进入"全民直播"时代

截至 2021 年 12 月,我国网络直播用户规模达 7.03 亿人,占网民整体的 68.2%。直播电商规模迅猛扩大,其中电商直播用户规模已超过 3.8 亿人。根据艾瑞咨询整理的数据,我国直播电商市场规模保持增长,预计 2023 年可达 4.9 万亿元,但同比增速有所放缓;直播电商渗透率快速增长,预计 2023 年直播电商对网购市场渗透率达 24.3%,直播电商存在广阔发展空间。中国直播电商用户规模及企业数量如图 1-2 所示。

2018—2023年我国直播电商市场规模及同比增速
中国直播电商市场规模(百亿元) —— 同比增速

年份	规模	同比增速
2018	12.1	245.9%
2019	41.7	197.0%
2020	123.8	83.3%
2021E	227.0	53.7%
2022E	348.8	40.9%
2023E	491.4	

2018—2023年直播电商渗透率趋势
—— 直播电商在社会消费品零售总额渗透率 —— 直播电商在网购市场渗透率

年份	社零渗透率	网购渗透率
2018	0.3%	1.50%
2019	1.0%	4.2%
2020	3.2%	10.6%
2021E	5.3%	15.5%
2022E	7.6%	20.1%
2023E	10.1%	24.3%

数据来源:艾瑞咨询

图 1-2 中国直播电商用户规模及企业数量

2. 直播电商业态遍地开花，引领中国电商"新常态"

目前，我国实体零售、批发、旅游、房地产、餐饮等行业都在采用直播模式，直播的玩法与形态层出不穷，在直播销售模式下购买商品的用户也越来越多。

3. 短视频与直播电商产业全面发展，生态集聚效应初显

在短视频与直播电商生态圈（图1-3）中，业务拓展覆盖范围广。上游主要为品牌商、工厂或产业基地，中游主要为商家自播、主播、MCN（Multi-channel Network，多频道网络）机构，下游为消费者。

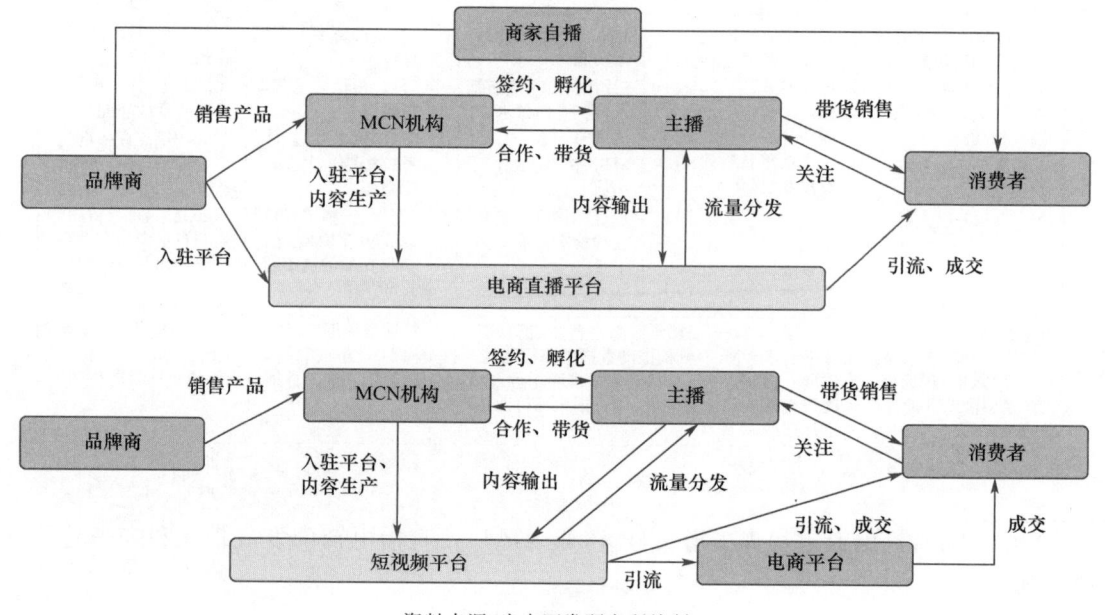

资料来源：光大证券研究所绘制

图1-3 短视频与直播电商生态圈

4. 直播电商治理逐步规范，消费者权益得到保障

近年来，国家相关部门陆续出台与直播电商相关的各项法律法规及发展规划等政策文件，为直播电商营造良好的发展环境，为消费者提供权益保障。例如：

◆ 2020年3月，广州市商务局印发《广州市直播电商发展行动方案（2020—2022年）》。

◆ 2020年4月，四川省商务厅印发《品质川货直播电商网络流量新高地行动计划（2020—2022年）》。

◆ 2020年6月，大连市印发《大连市直播电商发展行动计划（2020—2022年）》。

◆ 2020年6月，中国广告协会发布国内首份《网络直播营销行为规范》，自2020年7月1日起正式实施。

◆ 2020年11月，黑龙江省人民政府印发《黑龙江省直播电商发展三年行动计划（2020—2022年）》。

◆ 2021年2月，网信办、工信部、公安部等七部门联合印发《关于加强网络直播规范管理工作的指导意见》。

◆ 2021年4月，上海市商务委员会印发《上海市推进直播电商高质量发展三年行动计划（2021—2023年）》。

◆ 2022年6月，国家广播电视总局、文化和旅游部联合发布《网络主播行为规范》。

5. "人、货、场"三要素多元化

随着短视频与直播电商行业的快速发展,在政策利好、资本加持和平台扶持下,直播在"人、货、场"方面呈现多元化发展趋势。"人":人人都可以成为带货主播,随着技术的进步,虚拟主播也逐渐成为直播间的热门人物。"货":直播间产品不限于服饰、珠宝、箱包等常见的消费品,还包含地产、金融、餐饮、数码等,商品SKU(库存量单位)种类更加丰富。"场":直播间不再局限于室内小型影棚,更多地应用在工厂、原产地、物流云仓等不同的场景中。

6. 优质内容＋精准投放,激发用户潜在购物兴趣

2021年4月抖音电商提出"兴趣电商"概念,即一种基于人们对美好生活的向往,满足用户潜在购物兴趣,提升消费者生活品质的电商。从用户的体验出发,通过优质的内容呈现以及精准的投放,提高人、货匹配效率,契合用户的兴趣和需求,提高用户的决策效率,产生更加令人愉悦的购物体验。兴趣电商四要素如图1-4所示。

图 1-4　兴趣电商四要素

实操指引

一、认识短视频与直播电商的本质

短视频与直播电商的本质围绕着"人、货、场"三个核心要素展开。

1. 人:主播与消费者

在短视频与直播电商中塑造主播人设,积累用户的信任度,让参与直播间的用户最终转化为主播的"粉丝"。经营"人"的核心,就是主播根据用户的喜好和需求,不断输出内容,精准推荐商品,降低用户购买的决策难度,缩短用户购买的决策时间。

2. 货:商品

货是整个业务的核心重点,考验货源供应链和品牌成熟度。在品牌/产品成熟度和利益刺激的前提下,任何卖家都可以达到"火爆"的目的;如果缺乏品牌/产品成熟度,利益刺激小且采取全员直播,卖家或将一无所获。然而,直播火爆不仅仅是低价的功劳,质量取胜更为关键。

3. 场：连接消费者和商品的场景

直播的实时性、体验性、互动性强，可以通过主流短视频平台聚集具有社交影响力和消费力的人群，通过"短视频种草＋直播带货"模式呈现出整个消费场景，在场内布置货品，促使用户完成消费。

二、掌握短视频与直播电商带货路径

与传统电商不同的是，短视频与直播电商没有中间商这个环节，通过短视频或直播介绍，直接接触消费者，品牌方可以第一时间与消费者对话，实时反馈，实现成交，没有中间商和线下门店的成本，商品的流通更加高效，如图1-5所示。

工厂 ⇨ 主播 ⇨ 消费者

图1-5　短视频与直播电商带货路径

短视频与直播电商提高了商品流通的效率，为消费者提供性价比更高的产品，满足消费者的需求。但为了迎合互联网时代用户的消费习惯，推动互联网媒介带货，需要将视听效应发挥到极致，逐步迈向市场化运作的转型道路。

做好短视频与直播电商运营主要包含以下方面：

1. 提升内容输出质量

短视频、直播流量变现本质上依靠的是优质的内容。通过优质内容吸引用户眼球，引发用户心理共鸣和情感共振，维持平台用户的生命周期。

2. 延伸短视频与直播带货利益链

短视频与直播作为一种新的商业模式，延伸产品链条是必然趋势。例如，某主播着古色古韵的妆容出镜制作美食，以独特的中国风、慢生活的短视频风格吸引了无数国内外用户的关注，随后自创品牌；打通商品的研发、制作、批量生产、短视频带货环节，这就是一个完整的带货链条。

3. 建立内容分级制度，完善监管体制、机制

互联网时代，建立内容分级制度让用户各取所需是管控内容生产的方式。相关平台应进一步加强规范直播内容和直播方式，设置用户进入直播间前进行身份认证的功能，确保未成年人在成年人的陪同下观看直播，并对特定年龄群体设置消费权限或消费金额限制。

课堂实训

一、实训目标

了解短视频与直播电商现状，认知短视频与直播带货的商业价值。

二、任务设置

1. 背景材料

2020年初，受疫情影响，旅游业按下了"暂停键"。在普陀山带了八年旅游团的××在困境中寻找转机，进驻抖音直播间做起了"云导游"，"走心"的解说吸引了来自全国各地的人;旅游业"重启"后,不少忠实粉丝更是从"线上"走到"线下",报名跟他的团。截至2022年8月,"普陀山××"已成为名副其实的网红导游,粉丝数量达1 600多万。在成功转型的背后,他有着怎样的艰辛付出,成功密码是什么?

2020年疫情突如其来,很多导游转行,××也面临无团可带的困境。短视频和直播平台的崛起,让××看到了希望。线上直播能同时带领成千上万人"云旅游",通过短视频可以让全国各地的人看到普陀山的风景,听到普陀山的故事。最初,××只是把自己平时讲解普陀山美景和普陀山的历史文化知识,通过短视频的方式上传到抖音平台。"普陀山××"账号短视频截图如图1-6所示。

图1-6 "普陀山××"账号短视频截图

在镜头前,他大多身着盘扣上衣,戴着框架眼镜,一路上"金句百出",给人的第一印象是沉稳又不失风雅。他带领着游客漫步在林间、海边,从景区景点、人文典故讲到生活琐事、人生哲理,游客时而锁眉思考,时而欢笑释然,现场气氛活跃,得到了粉丝的喜爱,积累了不少粉丝。很多游客都是带着故事而来,他们可能在生活中遇到了不如意的事,希望通过旅行来排解。渐渐地,××觉得自己跟游客的距离可以拉得更近,自己能做的也不仅仅是导游,还可以导心。

2. 训练任务

根据上述材料,分析短视频与直播电商的商业价值。

任务二 对比短视频与直播电商模式和传统电商模式

任务导学

若你是一名线下餐饮店的老板,想借助互联网宣传招牌美食,吸引更多的用户到店消费,你该如何实现实体经济转型线上推广?如何选取目前热门的网络推广平台?

知识储备

一、剖析短视频与直播电商模式和传统电商模式

短视频与直播电商是短视频、直播、电商相互融合产生的一种新销售形式,与传统电商模式不同,商家和主播在平台中以短视频与直播形式向消费者推销商品。短视频与直播电商模式并不止步于销售,还进一步推动品牌营销,让用户不知不觉产生兴趣,主动分享推荐,成为品牌的忠实用户。

近几年,淘宝、京东、拼多多等传统电商平台也增加了短视频与直播板块,通过内容电商形式,为平台引入更多的流量。短视频与直播电商模式和传统电商模式对比见表1-1。

表1-1　　　　　　短视频与直播电商模式和传统电商模式对比

对比指标	短视频与直播电商模式	传统电商模式
定义	以短视频、直播形式呈现商品信息,达成营销目的	主要依靠图片、文字呈现商品信息,达成营销目的
具体形式	货找人	人找货
商品价格	价格低于传统电商,享受优惠	价格较稳定,优惠程度低于短视频与直播电商
用户消费方式	内容推荐,被动消费	主动消费
用户消费需求	购物需求、社交需求、娱乐需求	购物需求
用户决策时间	即时互动和反馈,消费者决策时间较短	消费者选购时间较长
转化率	较高(>5%,头部主播转化率为6%~18%)	较低(0.37%)
营利模式	销售额分成、打赏分成、营销广告	销售额分成、营销广告
代表平台	抖音、快手等	京东、拼多多等

注:转化率=产生购买行为的用户数/到达店铺的人数或直播间的场均观看人数。

二、了解短视频与直播电商的优势

1. 流量价值最大化

传统电商流量红利正逐步消失,商家获客成本增加,消费者更加挑剔,流量竞争大,因此在互联网中,从争夺用户量到争夺用户时间,平台商家都在借助内容营销模式,结合电商对流量进行转化变现。例如,"造物集"卖美妆、"罗辑思维"直播拍卖书等。

2. 商品认知提升

随着消费水平的不断提升,新时代消费者不仅追求低价产品,而且重视商品品质,追求商品的独特性、稀缺性和个性化。因此,在短视频与直播平台中,需要以优质内容、导购等,吸引用户参与。例如网红泡泡机,如图1-7所示,短视频拍摄展示童年无忧无虑吹泡泡的时光,儿时共同的记忆,容易引起大家的共鸣;而且网红泡泡机操作简单方便,造型可爱,非常受小朋友喜欢,引发家长下单购买,再次进行短视频创作分享。"新奇特"的商品可以很好地吸引大家的注意力,从而推动提升商品销量。

图 1-7 网红泡泡机

3. 导购效果更显著

在传统电商模式下，消费者产生需求主动搜索商品，进行商品信息的比较；而在短视频与直播电商中，用户原本没有消费的欲望，在碎片化时间内被短视频与直播内容吸引，产生购买欲望，从而更加关注商品的功能、新奇性、有趣性等，若遇到优惠活动则更加容易产生下单行为。例如，广东太力科技集团股份有限公司是一家专注于真空收纳技术领域的国家高新技术企业，主营产品有真空吸盘挂钩、真空压缩收纳袋等家居用品，产品远销 160 多个国家和地区，其中真空收纳产品先后 18 次被选中登陆太空。太力官方直播间参与"抖 in 新质造"活动，主播现场演示太力真空压缩收纳袋的使用方法，操作方便，展示了太力品牌免抽气真空压缩袋真空收纳、无需抽气泵、防漏耐用的重要特点，如图 1-8 所示。主播全面讲解、全方位展示产品，打破了传统真空压缩收纳袋需要打气筒的认知，极大刺激了消费，提升了家居收纳效率和生活品质。

图 1-8 主播现场演示太力真空压缩收纳袋的使用方法

实操指引

一、掌握短视频与直播平台的分类

市面上的直播平台可以分为综合类、电商类、短视频类等直播平台类型。

(1)综合类直播平台:泛指包含生活、娱乐、教育等多种内容的直播平台,例如花椒直播、YY直播、一直等。直播领域广,内容丰富,受众群体较大。综合类直播平台发展迅速。

(2)电商类直播平台:主要指传统电商直播平台,例如淘宝直播、京东直播、拼多多直播等,平台以销售商品为主,商家通过直播与用户互动,吸引用户产生交易。

(3)短视频类直播平台:以短视频内容为主,结合直播形式,向用户展示才艺,销售商品,实现娱乐电商一体化。以当前热门的抖音、快手为例,用户基数巨大,主要以个性化推荐机制进行流量分发,人人都有机会获得基础的流量推荐,增强普通用户加入平台的意愿。

此外,还有一个细分领域,即教育类直播平台。在线教育形式多样化,从图片、文字、短视频到直播,让学习者能够在学习过程中实时互动,解决问题。常见的教育类直播平台有荔枝微课、小鹅通、千聊等。

二、入驻主流短视频与直播平台

1. 抖音短视频

抖音短视频的入驻流程如下:

(1)打开抖音APP,在下方点击"我"。

(2)注册账号,可以以手机号、头条等多种登录方式进入抖音界面。

(3)打开主页右上角"设置"——"账号与安全"——"实名认证",如图1-9所示,输入真实姓名、身份证号等信息,勾选"已阅读并同意《人脸验证服务协议》",点击"同意协议并认证",通过认证。

(4)进入拍摄界面,在下方菜单最右侧选择"开直播"选项,完成直播考试,即可开通直播。

2. 淘宝直播

淘宝直播的入驻流程如下:

(1)下载淘宝主播APP,登录账号(同步淘宝),进入首页,点击"立即入驻"。

(2)打开界面,点击"去认证",通过人脸识别认证,勾选"同意以下协议",然后点击"完成"按钮。

(3)主播入驻成功后,可以开启淘宝直播,如图1-10所示。

课堂实训

一、实训目标

清晰区分短视频与直播电商模式和传统电商模式,了解传统电商平台和短视频与直播平台在销售中的区别。

项目一　短视频与直播电商认知

图 1-9　抖音短视频实名认证

图 1-10　淘宝主播开播页面

二、任务设置

1. 打开抖音/淘宝直播平台,观看一场直播半小时以上,记录以下内容:销售产品、直播价格、营销活动、话术等。

2. 团队交流讨论:这场直播有哪些吸引你的地方?

3. 如果你在直播间购买过商品,请谈一谈:你觉得如今的短视频与直播购物和传统电视购物有哪些区别?

任务三　掌握短视频与直播电商的变现模式

任务导学

小李作为自媒体创业者,一直从事图文创作工作,获得内容收益,基于如今短视频、直播与电商完美融合,成为重要流量出口,流量获取简单,操作成本低,小李想从图文创作转型为短视频与直播创业,有哪些营利模式?

微课
掌握短视频与直播电商的变现模式

11

知识储备

一、理解变现思维

短视频与直播电商是一种新的商业模式、新的粉丝来源、新的流量渠道和新的销售渠道。要想通过短视频与直播变现，就必须了解流量思维和营利模式。

在平台上赚钱，首先赚的就是平台流量，因此只有了解平台的规则机制，满足用户的需求，才有可能获得系统平台更多的推荐。在开展短视频与直播营销过程中，为了获得更多的流量用户，摒弃传统营销思维，需要采取以下方式：

1. 开展多平台、多账号玩法

在多个热门短视频与直播平台注册账号，还可以在同一个平台里注册矩阵账号，实现大号带小号的推广方式，让更多的用户了解产品和服务。

2. 持续保持内容输出

账号运营过程中，只有不断输出优质内容，才能够获得更大的曝光，积累粉丝量，达到推广的目的。

3. 沉淀粉丝

无论哪一个行业、哪种产品，想要实现变现，都必须建立在粉丝基础之上，因此在运营过程中需要维护粉丝，积累粉丝，提高粉丝黏性，为后续更多的营利变现做铺垫。

二、掌握主流营利变现模式

1. 广告变现

广告变现是基于平台流量变现的模式，常见的有内容变现、任务变现、自媒体广告等形式。

（1）内容变现

今日头条、哔哩哔哩、百家号等主流自媒体平台推出了流量补贴计划，只要发布成功的视频有播放量，即可获得收益。如西瓜视频（图1-11），重点扶持创作者进行中视频创作，特地推出中视频计划。只要成功参与计划，用户流量收入不仅可能获得大幅提升，还会有额外的曝光量补贴，如图1-12所示。

图1-11　西瓜视频

图1-12　视频数据收益

（2）任务变现

平台举办官方活动，创作者进行参与，完成即可获得平台奖励（现金或流量）。如抖音的"全民任务"，可以选择合适的任务活动进行参与，按照指定的任务要求完成即可。

（3）自媒体广告

账号累积一定的粉丝量后，创作者可以接品牌/产品广告，通过视频植入、直播带货等形式实现商业变现。广告收益主要以流量为基础，产品的流量越大，广告收益越多。创作者在接广告任务时，需要考虑产品质量和与粉丝受众的契合度，低质的产品会产生负面效应，影响粉丝对创作者的信任度。

抖音推出了巨量星图——一个专门实现商家和达人对接的官方平台，如图1-13所示。达人可以在平台上开通任务，等待商家合作或自主进行投稿赚取广告收益，如图1-14所示。

图1-13 巨量星图

图1-14 任务投稿

2. 电商带货

电商带货是常见的变现模式，可以销售自己的产品，或者销售平台的精选好物，以获得佣金收入。目前各大短视频与直播平台，对创作者的要求门槛低，大部分只需要创作者进行实名认证，拥有少量粉丝基础，即可开通账号带货的功能。选择售卖的商品，通过短视频、直播间挂小黄车等形式，实现商品交易。

图1-15是抖音达人在平台直播销售各类型用户喜欢的日常用品，获得产品佣金的方式。

图1-15　电商带货功能

3. 直播变现

直播分为两种类型：娱乐直播和电商直播。电商直播一般通过电商卖货获取收益。娱乐直播，在直播过程中用户给主播打赏礼物，使主播获取直播收益，如图1-16所示。主播通常在抖音、微信视频号、快手等平台，通过直播销售商品或者娱乐比拼获取收入。

娱乐直播门槛相对较低，主播满足直播条件实名认证即可。主播可以通过直播输出内容，赢得粉丝的打赏。例如，抖音的1音浪可兑换成人民币0.1元，其中平台收取一定比例的手续费。

4. 知识付费

当前，教育类型账号在抖音平台发展迅速，许多创作者利用自己的专业特长，拍摄知识服务内容，将专业技能梳理成系统的教学体系视频，如英语教学、美食制作教程、摄影摄像教学等，将知识技能设计成知识付费产品进行售卖。

抖音针对教育类型的账号，推出学浪计划，如图1-17所示，讲师只需满足入驻条件，即可申请入驻学浪，绑定抖音店铺，打造自己的课程体系，通过抖音视频直播进行销售。此类线上知识付费产品，还可以延伸出付费咨询、商业合作、出版书籍等多种类型的商业变现模式。

项目一　短视频与直播电商认知

图1-16　娱乐直播

图1-17　学浪计划

5. 线下引流

线下引流(图1-18)消费的案例数不胜数,特别是受新冠疫情影响,不少实体经营的商家纷纷转型进行短视频与直播平台推广。例如:西安网与西安市旅发委、抖音平台,联合策划"世界的西安——中国文化dou动全球"系列主题活动,通过定制、助推文化城市主题挑战、抖音达人深度体验、抖音版城市短片,对西安进行全方位的推广,用短视频向全球传播优秀传统文化和美好城市生活。

图1-18　线下引流

15

在当地政府的政策支持下,西安以包容开放的形象对外输出,不仅拉动了旅游经济的增长,还吸引了大批的人才。

此外,抖音还推出了团购活动,扶持同城流量。通过平台宣传团购商品,短视频推广实体店的服务特色,并在短视频下方附上门店定位,在账号主页展示联系电话,吸引粉丝探店消费。此类活动较适合于转型开展线上营销的传统实体餐饮、美容等店铺,吸引流量进店消费。广州作为美食之都,不少商家也纷纷转战短视频与直播平台,引流拉动消费。

三、短视频与直播电商优势互补

1. 碎片化时间＋固定时间段

短视频与直播可以在时长上实现互补。直播平台加入短视频板块后,用户在来不及观看直播的碎片化时间里可以"刷"短视频。短视频平台加入直播功能,可以弥补用户在观看短视频时的意犹未尽,当用户时间充足时可以观看直播,尽情欣赏平台的优质内容。

2. 引流＋变现

对于直播而言,引流环节至关重要,短视频可以通过优质内容为直播预热引流,当用户被引流到直播间后,主播通过专业的讲解促使用户完成消费转化。

3. 内容互补＋相互助力

短视频由于时长限制及碎片化观看环境的影响,需要在短时间内吸引用户的注意力,因此对内容的信息密度、节奏感的把控要求较高;而直播由于具备实时互动性,可以较完整、体系化地呈现内容。直播的时空限制较大,所以直播内容难以留存,而短视频可以补足这一短板,帮助留存直播内容。对于直播中所产生的优质内容,短视频可以进行二次加工,精准分发。直播的即时性、互动性较强,主播可以通过与用户实时互动及时了解用户需求,为短视频内容的创作提供指导,同时,直播所带来的流量也会有助于增加短视频的播放量。

4. 内容传播＋粉丝运营

短视频在内容传播方面具有直播不可比拟的优势,但短视频无法通过内容直接与用户进行实时的互动交流;而直播具有实时性、场景化、公开化的特点,主播可以通过内容与屏幕前的用户实时互动,回答用户在弹幕中的提问,提升粉丝忠诚度。

实操指引

一、明确运营思路,选择合适的营利模式

1. 打造个人 IP

IP 可以是虚拟的人物形象,也可以是作品、个人等。个人 IP 是指某个人在他所属的专业领域具有强大的影响力和流量属性,明星、达人、企业家等都属于个人 IP。通过优质内容打造个人 IP,可以快速取得用户信任,从而获得粉丝,产生持续的转化。

精准定位是打造个人 IP 的第一步,IP 具有鲜明的特点,优势也就凸显出来。首先,关注同行,最直接的方法就是找到想定位的专业领域里面,可以成为竞争对手或者现在已经成功的同行,去关注学习;其次持续挖掘要关注的同行和成功者在各个方面的劣势和优势,然后深入分析,找出不同之处;最后筛选细分,要想在同行和竞争对手里,找到属于自己的专业

定位和发展机遇，一定要找到同行里面做得最好的、排名最靠前的人，然后找准合适的细分领域，尽量超越。

在短视频与直播平台中可以垂直某个领域，做好正确的IP定位，从发型、服装、口音等方面打造一个鲜明的人设。经营粉丝经济，将公域平台获得的粉丝转为私域流量，通过日常维护增强粉丝黏性；拓宽变现渠道，除了获取广告流量收益之外，还可寻找商家合作推广销售商品，延伸其他相关的互联网业务等。

2. 销售商品

"流量在哪里，生意就在哪里。"这句话提醒所有商家，商品的推广模式是与时俱进的。目前短视频与直播平台的用户基数巨大，商家入驻平台销售商品，需要结合平台特点和用户属性，选择合适的类目，如图1-19所示，生产输出优质的内容，吸引更多的用户关注，从而产生消费。

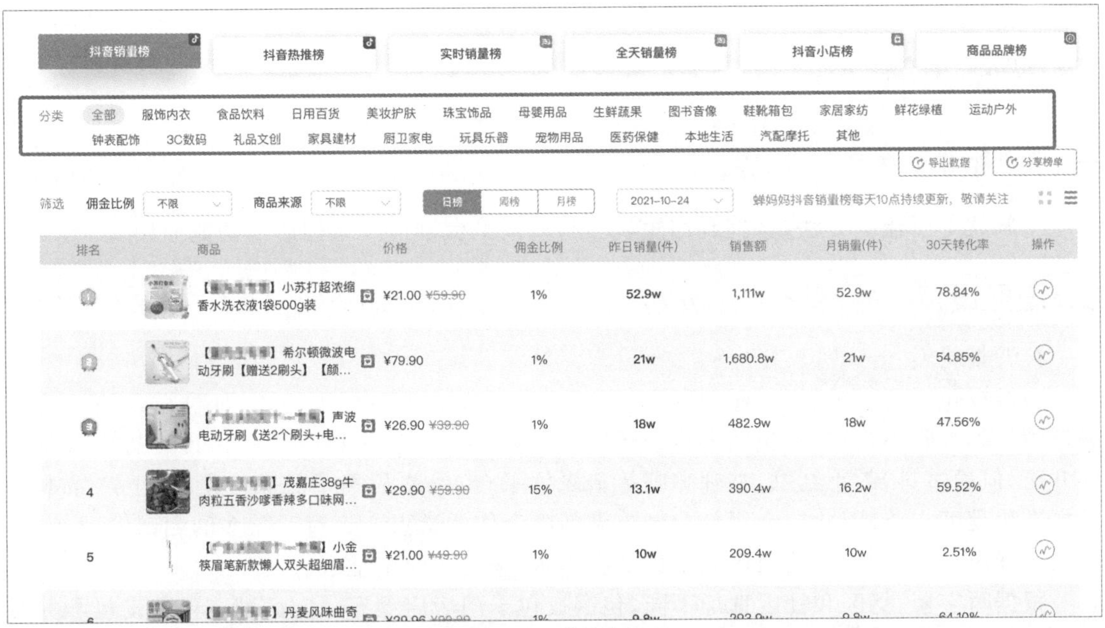

图1-19 类目选择

在热门的内容平台销售产品，需要根据账号粉丝画像，了解粉丝年龄段、性别、地域等特征进行选品。同时需要保证商品品质良好且价格优惠，优先选择品牌店或店铺评分不低于行业平均值的店铺，选择其爆款、清仓折扣款和上新款商品。在平台制作推荐类型的短视频和开展直播活动，引起用户兴趣，刺激需求，促成交易。

3. 宣传引流

实体店、微商、高客单价或者高消费频次的商家，可以选择在短视频与直播平台进行引流，拍摄产品特色、体验感受等短视频上传到平台并发布，设计引流内容，通过短视频和直播内容传播，引导用户主动私信沟通，获取用户有效联系方式，进一步深入了解用户，经过后端的运营产生交易、复购或者转发。

二、构建"短视频＋直播"营销闭环

1. 展示商品

由于短视频的时长较短,运营者要重点突出商品的用法、功能、购买优惠等信息,语言要精练、明晰。直播的时长较长,运营者可以在介绍商品的包装、外形、功能等方面时展示更多商品的细节。

2. 树立口碑

在通过短视频或直播进行营销时,运营者要注意树立口碑和良好的形象,以提高用户的信任度,引导用户进行消费。

3. 定期直播变现

短视频是有效的引流方式,而直播是有效的流量变现方式。为了提升直播变现的效果,运营者有必要定期直播,进行流量变现。

课堂实训

一、实训目标

了解线上引流的方法,掌握利用短视频与直播平台推广线下门店的功能应用。

二、任务设置

1. 背景材料

包馔夜包子成立于2020年,是一家以川渝风味麻辣小笼包为特色、主打夜宵场景的快餐连锁品牌。除小笼包外,包馔夜包子还销售豆浆、粥、咖啡等特色饮品。其最初没有在全国开店,但通过抖音、小红书、哔哩哔哩等新媒体平台,快速积累了品牌声量,加上产品本身的标准化程度支持,因此在全国部分城市做品牌合作的试点。经过一年多的测试发展,2022年已经开店300多家,目前门店主要集中在华东、华南和西南地区。

根据写字楼、街区和社区选址不同,包馔夜包子门店店型有一定区别。包馔夜包子主力店型面积约在20平方米,日营收在4 000～5 000元,其中门店堂食与外卖比重约为6∶4,客单价在19元左右。西西是包馔夜包子品牌运营,希望通过抖音线上推广门店,提高门店的曝光量,吸引用户进店消费,实现双线转化。

2. 训练任务

请你利用抖音平台的功能,帮助该门店为线下做引流短视频。若运用镜头、文案、音乐等,需要具体列出相关内容。

归纳与提升

"短视频＋直播＋电商"是电子商务的衍生模式,是一种在电子商务环境下使用短视频和直播媒介,促进商品和服务的销售的新型商务模式。区别于传统实体、传统电商,短视频与直播电商围绕"以人为本"开展经营,具有直观性、实时性、真实性、互动性和精准性等特点。

项目一　短视频与直播电商认知

　　短视频与直播电商的发展,可以帮助企业在线上做好品牌建设,增加用户对商品的认知,达成粉丝积累和商品销售转化。短视频与直播电商省略了中间商环节,降低了企业渠道推广成本,通过短视频和直播向消费者直接展示性价比高、满足需求的商品,从而更加快速地促成交易。

　　了解各个平台的特点和优势,根据自身的行业基因和背景优势,挑选合适的平台,开辟商业化道路;同时,学会互联网流量运营思维,掌握短视频与直播电商的变现模式,对于新入局短视频与直播行业的商家或个人来说,至关重要。

思考练习题

一、填空题

1.2020年5月11日,人社部发布《关于对拟发布新职业信息进行公示的公告》,正式将_____列入中国新十大职业,成为国家认证的新兴职业,自此,"电商主播""带货达人"成为正式工种,有了正式称谓。2021年,人社部、中央网信办、国家广播电视总局共同发布其国家职业技能标准。这一职业已发展分化出包括_____、_____、_____、_____在内的四大职业工种。

2.2022年6月,国家广播电视总局、文化和旅游部共同联合发布_____,进一步加强网络主播职业道德建设,规范从业行为。

3.直播常见的商业变现模式包括_____、_____、_____、_____和_____。

4.淘宝、抖音等平台更偏向于_____,而视频号覆盖了_____、_____两大流量池。

5.主播的商业价值在某种程度上可以理解为_____。

二、简答题

1.直播电商的发展现状和未来趋势有哪些?

2.短视频与直播电商变现模式主要有哪些?你比较喜欢(擅长)哪种方式?

3.短视频与直播电商和传统电商的区别主要有哪些?

4.你平时喜欢刷哪个短视频平台?它最吸引你的地方是什么?

5.短视频营销有哪些特点?

三、论述题

1.短视频与直播电商的优势互补体现在哪些方面?如何构建"短视频+直播"营销闭环?

2.你认为直播电商行业有发展前景吗?你是否愿意从事直播电商相关工作?

项目二

短视频内容创意策划与拍摄

课前导学

知识目标

1. 了解短视频常见的风格定位与主要类型。
2. 熟悉常见电商短视频拍摄类型及技巧。
3. 掌握爆款短视频标题和封面图制作方法。
4. 掌握短视频脚本构成核心要素及撰写方法。

技能目标

1. 掌握短视频内容策划方法。
2. 能够设计制作吸引用户的短视频封面图和标题。
3. 能够策划与撰写短视频脚本。
4. 掌握不同类型短视频创作拍摄技巧。

素质目标

1. 弘扬勇于探索、乐观向上的劳模精神,通过短视频宣传推广地方文化和特色品牌,崇信守法,不虚假宣传。
2. 通过短视频创意策划与拍摄,提升创新思维、创业意识和创业素养,以及精益求精、追求卓越的工匠精神。

任务一 掌握短视频内容策划及短视频风格定位

任务导学

当下短视频行业在制作体量、覆盖人群以及播放量等方面,可以与电视台和视频网站制作的节目相媲美。因此,短视频创作者要想在竞争市场中占有一席之地,首先要做好账号的内容定位。制作的短视频内容风格独特,创意十足,短视频的播放量增长越快,吸引的粉丝越精确,越有价值。

短视频创作者要想做好账号内容定位,首先要挖掘自身的特色和优势,例如创作者自身擅长制作什么领域的内容,该内容满足哪一类人群需求等。只有做好短视频账号内容定位,才能有机会获取更多的流量。

知识储备

一、短视频内容策划

短视频是继文字、图片、传统视频之后新兴的内容传播形式。它因短小灵活、传播便捷、社交属性强等特点,一经产生便迅速发展。但同时它也存在不少令人担忧的问题,比如,优质内容稀缺,同质化竞争严重等。短视频创作者想要实现短视频的健康、可持续发展,必须把握其规律性,掌握好短视频内容策划方向。短视频内容策划具体可分为以下三个流程:

1. 确定账号的目的

短视频创作者在做任何策划时,都离不开目的与目标。短视频创作者在进行短视频内容策划时,应根据自身的特点,结合用户的需求,明确账号目的,从而实现对应的目标。例如,短视频账号是要直接进行产品销售,还是以打造个人 IP 为主,先吸引粉丝、树立达人形象,后续再考虑变现方式,又或者以宣传企业品牌为目的,增加品牌曝光及品牌知名度等。短视频创作者只有确定好账号运营的目的,找准制作内容的方向,才能少走弯路,快速开启短视频内容策划之路。

(1)产品销售

信息化时代,实物产品(如农产品、服饰、日用品等)和虚拟产品(如话费充值、电子书籍等)都可以通过互联网这一介质进行传播,吸引用户,刺激用户下单购买。如何让自己的产品及短视频对用户产生持续吸引力?首先需要明确产品的受众人群,产品的受众人群不同,制作的内容也不一样。2019 年,阿里巴巴结合各个细分行业广泛使用的人群属性标签,在天猫、淘宝海量消费者数据的加持下,首次提出八大细分人群。因此,明确产品的受众人群,才能投其所好,制作与受众人群相关的产品类短视频。

除此之外,挖掘产品卖点与用户痛点也是重中之重。通常短视频的时长在 5 分钟内,优质的产品类短视频更为简短,大部分产品类短视频的时长在 1 分钟左右,因此,短视频创作

21

者想在1分钟内抓住用户眼球，吸引用户下单，就不能像线下导购员一样，将产品从头到尾、从里到外一一展开讲解，而是要有重点地展示产品，体现产品功能和特点。因此，短视频创作者要学会挖掘用户痛点，针对用户的困扰和担忧，选择一到两个产品卖点，并将该卖点作为短视频的核心展示要点。

（2）打造个人IP

个人IP顾名思义就是个人品牌，也可以理解为个人标签、个人特色。个人IP和企业最大的不同在于：企业需要依附于某种产品，而个人IP则是提供给客户一个情感寄托（例如认同你的某种理念）。

在这个"眼球经济"的时代，短视频创作者的设计水平都相差无几的情况下，除了要做好作品本身，打造自己在市场中的品牌知名度也变得尤为重要。因此，短视频创作者可以先总结自身的特点和擅长的技能，例如肢体动作、口音语气、才艺舞蹈、知识储备等，将自己的特长作为自己的IP人设，在短视频中突出自己的特色及优势。当账号在平台上打造出独一无二的标签时，用户一说到这个标签就能联想到该账号。

（3）宣传企业品牌

任何人、任何产品、任何品牌都可以在短视频平台上得到曝光。然而，很多企业并不了解短视频的运营规则，不了解如何在短视频内容中充分且合理地展示自己的品牌，致使企业的短视频账号运营效果不佳。因此，短视频创作者想要做好企业的品牌宣传曝光，基础便是做好品牌的展示方式。

短视频创作者可以在短视频中直接展示产品，但这种方式比较单调，容易引起用户的反感，除非产品本身具有创意或特点，能够在市场上独树一帜，直观大方地展示能达到较好的效果，吸引更多用户前来关注。一般产品不建议使用直接展示的方式。

短视频创作者也可以从周边产品、产品外包装等特色方面进行宣传。例如，某奶茶的每个外包装有不同的语录，通过这些语录引发用户的好奇心，让用户记住品牌，从而达成交易。

除此之外，企业的服务、口碑、理念也是短视频的内容制作素材。例如，某火锅店以服务出名，在消费者的生日当天会送出祝福，给消费者推荐"隐藏菜单"等，通过品牌的各种玩法，吸引用户关注。

2. 寻找对标账号并进行分析

在确定账号目的之后，短视频创作者千万不要盲目地开始原创作品。许多零基础的短视频创作者在制作短视频作品时，大都站在卖家的主观角度思考问题——如何完整地展示产品卖点？如何把短视频的故事情节编写完整？等等。实际上，就算产品卖点再多，短视频的故事情节再完整，只要短视频的内容不是用户喜欢的，用户都不会买单。因此短视频创作者在确定账号目的之后，首先要做的是学习借鉴热门的短视频，分析热门短视频成功的原因，研究其账号的优、劣势，学习确定选题和开头的技巧，并应用在自己的短视频中。

通过以下两种方法可以快速寻找对标账号进行分析：

（1）通过抖音平台的搜索功能，输入产品关键词。例如：农产品美食可以搜索"乡村守护人""新农人计划"等产品关键词。搜索到同类型账号后对其数据进行综合分析。寻找对标账号如图2-1所示。

（2）借助第三方短视频数据分析网站，如卡思数据、飞瓜数据、新抖、灰豚等。注：第三方短视频数据分析网站中有部分功能需要付费才可以使用，短视频创作者可以酌情选择。

项目二　短视频内容创意策划与拍摄

图 2-1　寻找对标账号

短视频创作者可以通过第三方短视频数据分析网站寻找平台中优质的同行账号进行拆解分析,如拆解同行账号的运营方式和变现方法,学习同行优质的运营模式。如图 2-2 所示为同行数据分析。

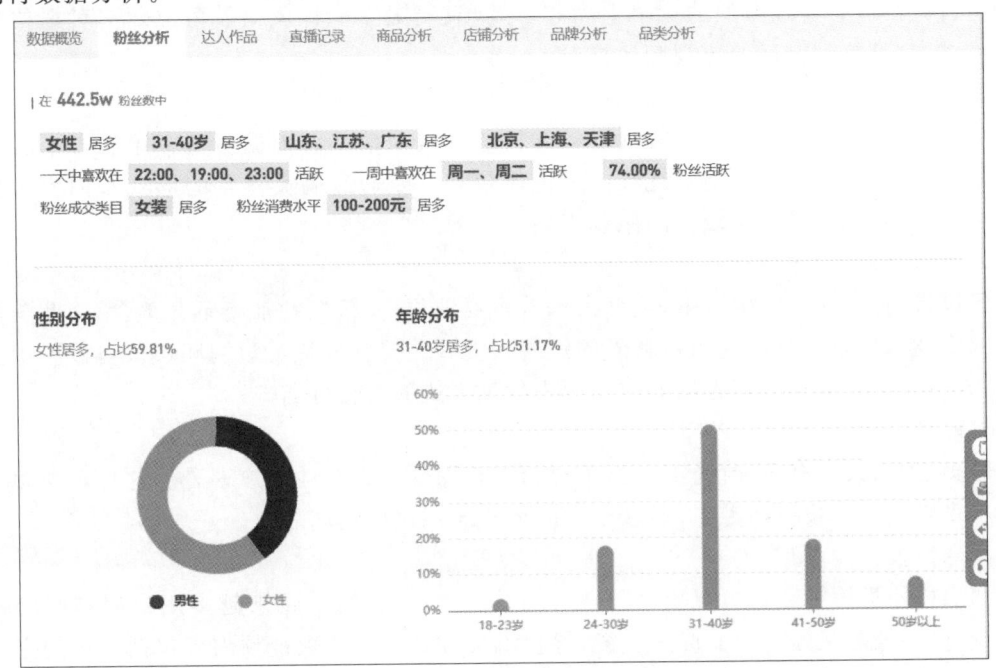

图 2-2　同行数据分析

3. 确定内容定位

在做内容定位时,很多短视频创作者容易陷入误区,认为短视频与电视广告、地推物料内容差不多。随着短视频内容生态的日渐完善,定位清晰、内容垂直的短视频账号会获得平台更好的推荐和权重。因此在内容定位中要注重情感定位和角色定位,在传播策略上要会讲故事,巧用符号。在短视频平台里,内容很重要,具体可以运用公式"表现形式＋类型＋类目"来确定账号的内容定位,如图 2-3 所示。短视频表现形式主要有:图文形式、实拍形式(真人/实物出镜)、动画形式、解说形式、Vlog 形式、情景短剧形式、动态字幕(大字报)形式等。

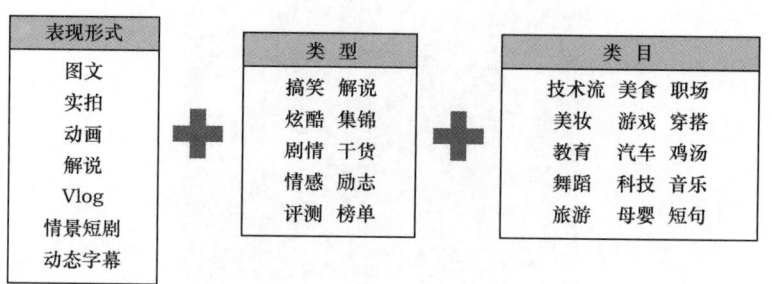

表现形式		类型			类目		
图文		搞笑	解说		技术流	美食	职场
实拍	＋	炫酷	集锦	＋	美妆	游戏	穿搭
动画		剧情	干货		教育	汽车	鸡汤
解说		情感	励志		舞蹈	科技	音乐
Vlog		评测	榜单		旅游	母婴	短句
情景短剧							
动态字幕							

图 2-3　短视频内容定位

二、短视频风格定位

当下,短视频中以搞笑、萌宠等类型的娱乐内容居多。短视频用户需要娱乐,但又不仅限于娱乐,还有购物、获取知识、陶冶性情等多种需求。短视频用户的文化需求具有多样性、多重性,需要丰富多彩的艺术形式和内容供给,而不是只偏向某一类或某几类。因此,短视频的运营方没有必要在激烈的竞争中固守一隅,只局限于一种风格。可以对多种风格类型进行尝试,直到找到合适的短视频风格。

1. 搞笑类(图 2-4)

大部分短视频 APP 的用户看短视频的目的是娱乐消遣。根据短视频第三方平台数据统计,搞笑类短视频在各类型短视频中的占比较高。要通过搞笑喜剧的形式和内容来吸引用户关注,需要创作者具备较多的原创想法。

2. 美食分享类(图 2-5)

民以食为天,在日常生活中,美食占据着重要地位,一日三餐都离不开美食,因此美食分享类的短视频也是一直深受用户喜爱的短视频类型。美食分享类短视频不仅可以展示制作美食的技能,还可以通过探店的形式为用户找到周边的美食好店。

3. 时尚美妆类(图 2-6)

爱美之心,人皆有之,时尚美妆类短视频一直深受广大女性用户喜爱。这种短视频类型的内容多以展示化妆技巧为主,通过分享的形式向用户推销产品。

4. 知识技能类(图 2-7)

知识技能类短视频在短视频 APP 中,观看占比逐渐增大,越来越多用户遇到问题喜欢在抖音、快手等短视频平台上搜索答案,寻找解决方式。这类短视频内容包括实用的摄影知识、生活小妙招、制作 PPT 的技巧和方法等,具有学习意义和价值,容易吸引粉丝。

项目二　短视频内容创意策划与拍摄

5. 萌娃、萌宠类（图2-8）

短视频内容还可以分享萌娃、萌宠等具有萌态的日常。利用各种各样可爱的展示方式吸引用户的关注，达到观看、吸引粉丝的效果。创作者在创作这种类型的短视频时，可以适当添加音效，能瞬间融化人心，达到火爆的目的。

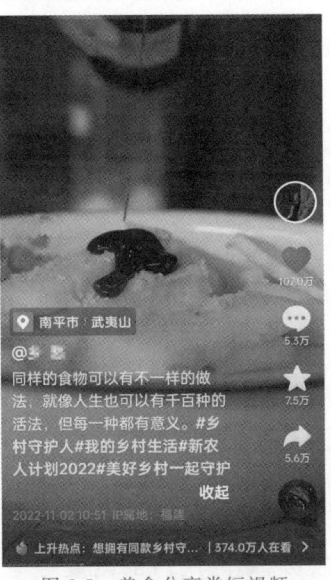

图 2-4　搞笑类短视频　　　图 2-5　美食分享类短视频　　　图 2-6　时尚美妆类短视频

6. 探店类（图2-9）

创作者通过线下亲自在实体店中探访与体验，记录在此过程中发生的一些有趣事情。探店类短视频可以直观地向消费者展示整个消费体验过程，相对适用于餐饮业和旅游业。

图 2-7　知识技能类短视频　　　图 2-8　萌宠类短视频　　　图 2-9　探店类短视频

如创作者想要制作美食分享类短视频，可以通过美食试吃的形式进行，在账号中多发布一些到店铺试吃美食的作品。短视频创作者要学会选择自己喜欢的表达方式，并在画面上呈现自己的特色，坚持下来，就会形成属于自己的鲜明风格定位。

实操指引

一、掌握短视频内容策划逻辑框架

清晰的逻辑框架对短视频来说非常重要,只有用户懂的、深入人心的短视频才有价值。没有一个清晰的逻辑框架,用户看得云里雾里的,就会自动离开。所以,必须将短视频逻辑化、列表化、步骤化,要把每个步骤列出来,让用户能容易地学习与理解。框架确定之后,根据这个框架就非常容易写内容了。其实短视频内容策划就是把主题分解成几个步骤,然后根据每个步骤策划内容。

二、明确短视频风格定位

要做好短视频风格定位,首先短视频创作者要知道自己擅长做什么,例如是擅长做搞笑类型,还是擅长做情感类型等,然后再根据这个领域,垂直地做下去。

明确了短视频风格定位后,再分析对应的目标用户。了解目标用户的喜好和需求,制作短视频时才能投其所好,制作的短视频才更具有价值性,用户也会更乐意为你的短视频买单。

例如,做美食探店类型的短视频,站在用户的角度考虑,用户是希望通过短视频了解这个美食店铺价位如何、都有什么美食、哪一道美食好吃、地理位置等因素,如果短视频只是单纯展示美食,用户得不到想要的信息,自然就感受不到短视频的价值,也不会对短视频产生兴趣。

三、掌握短视频内容结构设计

(1)第一阶段:建立用户期待感。短视频创作者在这个阶段要建立用户期待感,从用户心理角度出发,想办法让用户产生看下去的动机,快速抓住用户的心智。

(2)第二阶段:给出价值吸引。短视频创作者在这个阶段需要让作品充分体现出价值性,让用户觉得看完短视频自己会有所收获。价值可以涉及很多方面,包括使人愉悦、引发好奇、给人惊喜、获得知识与技能、提供信息及服务等。

(3)第三阶段:设置转折。短视频创作者要为短视频内容设置转折点,使内容有深度,主题更鲜明,人物更立体,从而吸引用户继续浏览。

(4)第四阶段:制造高潮。短视频内容要有高潮部分,能够引发用户共鸣、共情,让用户不自觉地把自己代入场景中。打动用户的方式有很多,一般来说,在短视频的后半段都要设置共鸣的点,引发用户互动。

(5)第五阶段:巧设结尾。爆款短视频常见的结尾一般有3种,分别为互动式结尾、共鸣式结尾和反转式结尾。

课堂实训

一、实训目标

掌握短视频内容策划核心与思维,明确短视频风格定位。

二、任务设置

1. 背景材料

2020年,突如其来的新冠疫情让全国各个城市按下了暂停键,各行各业面临着前所未有的困难,尤其是对线下市场的冲击很大,演出取消、档口关闭等让很多行业面临生存危机!小鹏是广州某箱包皮具档口的老板,由于新冠疫情影响,线下档口生意惨淡,为了谋生计,小鹏发现短视频直播行业风口很大,只要用一个手机就可以通过互联网的形式,进行一对多的直播卖货,将自己的产品卖到全国各地。因此,小鹏花了一年时间准备,在2021年5月正式开始做抖音账号,运营的抖音账号一年时间粉丝量已达到4万,每天都能稳定出100多单。

在这一年时间里,小鹏每天就发箱包的产品展示短视频做直播引流,直播时把箱包外观、价格讲一遍,进行带货,但是他发现,运营的抖音账号陷入了瓶颈期,很少有新的粉丝关注,并且抖音账号几乎每天都在掉粉。就算直播间天天卖抖音平台的热门款式箱包,每场直播观看用户的平均停留时长也仅在20秒左右。短视频点赞量、完播率更是低得可怜。为此他很困扰,不清楚抖音账号数据不好的问题究竟出在哪里。

2. 训练任务

假设你是小鹏,你该如何对自己的账号重新进行策划以突破困境呢?利用表2-1进行账号定位分析。

表2-1　　　　　　　　　　账号定位分析

抖音名字、头像	
抖音简介	
账号数据	作品量:　　　点赞量:　　　关注量:　　　粉丝量:
短视频类型	
内容表现形式	
粉丝定位	
封面图风格	
短视频时长/发布频率	
达人特点	
产品卖点	
变现方式	
账号优势	

任务二　熟悉电商短视频拍摄的类型

任务导学

短视频平台不仅可以做娱乐类短视频,例如搞笑类型、游戏类型等,还可以做电商带货类短视频。因此,在短视频中,既可以满足创作者娱乐的需求,又可以满足创作者盈利的欲望。

创作者想要通过短视频平台实现电商带货的目的,需要先掌握电商短视频拍摄的类型和模式。只有充分掌握相关知识并进行实践,才能实现电商短视频的带货变现。

知识储备

短视频变现的方式有很多种,常见的有植入式类型、贴片类型、信息流类型三种。

一、植入式类型

植入式类型是在短视频内容中插入商品或者服务信息,通过内容与广告相结合,从而达到广告营销的目的。

植入式类型包括商品植入、剧情植入、台词植入、道具植入等,以软广的形式在短视频中展示产品,淡化了广告与内容间的结合,不会有生硬植入的感觉。

如某抖音账号,通过当地非遗传承人介绍花馍的历史和美好寓意,以"商品植入+场景植入"的广告形式,宣传了特色美食花馍,如图 2-10 所示。

图 2-10　软广植入类型

项目二 短视频内容创意策划与拍摄

采用软广植入的形式需要注意的是短视频内容要与产品互相贴合,广告内容占比时长也不宜过长。

二、贴片类型

贴片类型通常指以展示品牌或者商品本身来吸引用户的一种广告形式,一般表现为视频播放前的前贴、视频中间的中贴以及视频最后的尾贴,是比较直接且明显的广告形式,可以理解为硬性广告。

比较常见的贴片广告是在视频播放之前出现的广告,如某视频平台电视剧播放前需要等待的不可跳过的广告,如图2-11所示。

图2-11 贴片视频

贴片广告不管是视频播放前或者是视频播放中间出现,都会给用户带来一种突兀的感觉,甚至可能会引起用户的抗拒。

三、信息流类型

信息流类型顾名思义就是以品牌或者产品为中心的短视频,不管是以个人、企业、产品、文化作为短视频内容,其目的都是进行品牌或产品宣传。信息流类型的短视频针对性强,受众用户也非常清晰明确,但制作的时间成本往往较高。该短视频类型包括纯产品展示、产品测评、公司文化宣传等,如图2-12所示。

这种类型的短视频要有创意和辨识度,能非常清晰、明确地展示自己的品牌或产品定位,可以借助节日、热点话题等内容进行短视频创作,从而提高短视频流量,如图2-13所示,某美妆国货品牌紧跟热点投放抖音信息流广告。

实操指引

一、掌握电商短视频拍摄的类型

电商短视频的最终目的是变现,将短视频和直播的商业价值转化为实际效益才是主流导向;提高创作者的资金收入,更好地激发创作热情和积极性,使其内容优质化,满足不同类型用户多样化的需求,达成最终变现目的。

因此,短视频创作者在制作电商短视频时,要熟练掌握电商短视频拍摄的三种类型,了解三者的区别与特点,总结电商短视频拍摄模式,并将掌握的技巧运用在短视频拍摄中。

图 2-12　信息流类型短视频 1　　　图 2-13　信息流类型短视频 2

二、选择自己擅长的短视频变现类型，争当好物推荐官

比如大家喜欢吃的家乡特产、零食，自己家里用的家居用品，还有平时用的电子产品、化妆品、美妆、鞋子、包等，都属于好物推荐，好物分享。

随着抖音官方不断地建立了抖音电商板块，好物推荐带货类的账号呈现指数倍的增长，可以刷到很多的带货账号，有专门卖零食的，还有开箱测评等。每一个短视频下面可以选择挂相关商品链接，对接的就是抖音小店中的商家，通过短视频将商品销售出去，最终短视频创作者赚取商品佣金。通过学习实践，结合自身定位，选择自己最擅长的短视频变现类型，拍摄短视频，软植入商品广告，例如真人出镜或者短视频素材混剪等，推广自己的家乡好物，尝试知识变现。

课堂实训

一、实训目标

掌握电商短视频拍摄的三种类型。

二、任务设置

1. 背景材料

小图是中山某品牌手机一家门店的老板，由于实体门店的销量越来越差，于是小图打算利用抖音平台对自己的手机产品进行推广，但他发现自己拍摄出来的短视频效果很差，直接拍手机产品没有播放量,拍剧情短视频又不能展示手机产品。这让他很苦恼,不知道在抖音短视频平台要如何拍摄制作电商短视频。

2. 训练任务

根据上述的背景材料,请你从手机产品出发,利用所学的知识,为小图设计一条电商短视频的拍摄类型及内容脚本。

任务三　策划并设计短视频创意封面与标题

任务导学

短视频的封面往往是最能展示短视频核心内容的画面。封面图选择也会影响短视频的播放量和用户的体验感。封面相当于给观众的"第一印象",也是决定用户要不要打开短视频进行观看的要素,所以短视频的封面尤为重要。

知识储备

一、设计短视频创意封面

短视频封面图在一定程度上会直接影响视觉效果及短视频播放量。但是,很多封面图平平无奇,毫无亮点。那么,应如何选取封面图,提升短视频播放量呢?

1. 悬念封面

悬念封面顾名思义就是通过封面图上吸引人的画面、场景、人物等元素让用户产生点击观看的欲望。需要注意的是,创作者在选择悬念封面的时候,要选取与短视频内容相关联的画面,如图2-14所示。

2. 效果封面

这类型封面是指经过一系列的美化处理呈现吸引人的图片,给人一种焕然一新的感觉,有较好的美感或视觉冲击力。效果封面可以搭配合适的文案进行描述,吸引用户点击,如图2-15所示。

3. 猎奇封面

猎奇封面就是针对人们的猎奇心理选择的封面,既能满足用户对新鲜事物的好奇心理,又适合大多数人的需求偏好,如图2-16所示。猎奇的程度能决定获取流量的速度。

4. 人设封面

人设封面往往以真人出镜的方式为主题呈现,一般都是以短视频主角或者核心人物露脸的方式出现,搭配主题与文案信息,更能让封面具有内容化性质,如图2-17所示。

图 2-14　悬念封面　　　　　　　图 2-15　效果封面

图 2-16　猎奇封面　　　　　　　图 2-17　人设封面

5. 故事封面

通过图片或者黑屏白字的文案信息向用户传递情感力量,从而引发用户共鸣,达到吸引用户注意的目的,封面搭配的文案应选取较有传递性质的文字,用情绪感染用户,如图 2-18 所示。

图 2-18　故事封面

二、拟定短视频标题的方法

1. 数字法
数字法就是将短视频中最重要、最引人注目的内容以数据形式呈现在标题中,带给用户直观、具体的感受,使用户快速接受,吸引用户打开短视频观看。阿拉伯数字与文字相比,前者表现力更强。

2. 好奇法
短视频创作者在拟定短视频标题时,通过激发用户的好奇心,可以促使其对短视频产生浓厚的兴趣,进而产生点击观看短视频的欲望。激发用户好奇心的方法一般有使用疑问句、设置矛盾冲突和制造悬念。

3. 热词法
热词法是把近期生活中的热点新闻、流量热词、名人、品牌名字等应用在标题中,以提高短视频热度。

4. 对比法
对比法就是利用人的认知心理,在短视频中将事物、现象放在一起进行比较,目的是突出事物的本质特征,制造冲突性看点。对比的差异越大,往往越能吸引人。

5. 体验法
体验法就是利用一些文字信息将用户带入特定场景,使用户产生前所未有的体验或精神上的认知、共鸣。

6. 引用法
将某个电影或歌词的金句引用到短视频标题中,会颇受用户的喜爱。这些标题一般和短视频创作者想表达的意图或情感密切联系,通过引用经典语录能够很容易触动人心,引发用户共鸣。

7. 第二人称法

短视频创作者在拟定短视频标题时使用第二人称"你",可以快速拉近与用户之间的距离,使用户不自觉地代入自己。

8. 名人法

名人法就是将一些名人、"大 V"等人物的名字作为标题的关键词,利用这些名人本身带有的名气和对粉丝的吸引力达到吸引用户观看的目的。

实操指引

短视频创作者在制作短视频内容时,短视频封面和标题就是给用户的第一印象,只有把第一印象做好,才能抓住用户的眼球,提高短视频观看停留率。

一、掌握短视频标题设置方法

可以参考以下方法设置标题:

1. 人物状态＋情感宣泄＝情感共鸣

标题可以跟粉丝产生情感共鸣,这样才能促使粉丝点赞、评论、转发。

比如:"父母的世界很小,只装得下我们。"

2. 事件＋悬念＝好奇

平时刷短视频的时候,会看到这些标题:"我选择最后一个""一定要看到最后"等。

这样的标题会引起粉丝的好奇,吸引其将短视频看完,一探究竟,这个短视频就获得了更长的页面停留时间,完播率也会大大提高。

3. 人物＋场景＋提问＝互动

短视频标题文案通常使用疑问句或反问句来跟大家互动,例如:"你喜欢哪一个""你赞同吗""你想到了什么"等。

4. 关键词＋观点＝表达情感

不管哪一个平台,背后都有自己的算法机制。通常第一步是机器审核,第二步是人工审核。机器审核一般会抓取精准关键词来分类推荐,因此,关键词的好坏也直接影响播放效果。

比如"00 后""80 岁""新农人计划 2022"等这些跟用户人群相关的关键词可以作为标题,并且多出现跟产品相关的关键词,例如农产品相关的关键词:好"柿"成"霜",柿饼带来的甜蜜乡愁,从未间断……♯抖音乡村生活♯新农人计划 2022♯柿子。

二、掌握爆款短视频标题的设置形式

标题能让用户对短视频内容形成第一印象,好的标题可增强用户观看短视频的欲望,激发用户的认同感,提高用户的体验程度,提高短视频的播放量和互动率,带来更好的数据效果。

想要制作出一个吸引眼球的爆款标题,可以选择以下几种形式:

1. 数字形式

数字形式就是在短视频标题中加入吸引人的数据,更直观地向用户展示短视频主题信

息,一般呈现方式为"阿拉伯数字+文字"。例如"你有见过人均不到50元就能吃饱的自助餐吗",利用数字的方式将内容概括出来,让用户一目了然。

2. 好奇形式

利用用户的好奇心理制作的短视频标题,往往最能吊起用户的胃口,激发用户观看短视频的欲望。一般好奇形式的标题制作方法可以采用"说结果"模式,例如:"穿上这款连衣裙年轻×岁!"或者采用"留悬念"模式,例如:"满满一箱10斤装的柑橘价格只有……"

3. 疑问形式

这是指利用疑问的方式制作的短视频标题,让用户看到标题后脑海中会一直想方设法去解答问题,并且还迫切地想知道答案。例如,"1分钟时间居然能做完99件事?"让用户看完标题,就想去进一步了解。

4. 蹭热点形式

这是把最近的热点内容或热点关键词等融入标题,例如2022卡塔尔世界杯持续上热搜,创作者可以将热点融入标题进行内容创作:"世界杯的帷幕落下,那些陪伴了我们青春的球星们在下届世界杯还能再见吗?"

三、学会制作创意封面

一个优质的短视频封面,往往可以直接地吸引用户点击。因此,封面的优质程度直接影响短视频的推荐量和播放量。

可以利用以下工具进行封面的制作:

1. 稿定设计(图2-19)

稿定设计是一款在线智能化平面设计工具,可以短时间内根据不同的场景制作出各种设计,适合新手,通过简单的操作设计出精美的图片。

图2-19 稿定设计主页

2. 图怪兽(图2-20)

图怪兽是适合新手的在线图片制作工具,它拥有90多万个精美模板,不仅可以制作短视频封面,还可以制作公众号封面、手机海报、表情包等,可以免费保存高清无水印大图。

图 2-20　图怪兽主页

3. 创客贴（图 2-21）

创客贴是简单易用的线上图形设计神器，功能十分强大，通过简单的拖曳操作就可以轻松设计出精美的海报、公众号头图、PPT、邀请函等各类图片。

图 2-21　创客贴主页

课堂实训

一、实训目标

1. 掌握短视频创意封面制作技巧。
2. 掌握爆款标题打造方法。

二、任务设置

1. 背景材料

小图是一位情感剧情类型的博主,每条短视频基本都是以一个独立情感小故事进行创作,围绕着亲情、温暖、美好等关键词进行叙述,通过几个月的时间,账号涨粉491.8万,其中发布的一条标题为"世界很大,幸福很小,陪在家人的身边刚刚好"的情感短视频,该条短视频不仅获赞量超过200万,而且评论区用户也纷纷发表留言,留下自己对陪伴家人的理解和体会。这一条有关亲情的短视频,勾起了很多人的乡思。

2. 训练任务

根据上述材料描述,请你为小图以"图片+文字"的形式,制作出情感类型的封面,并添加标题文案。

任务四 策划与撰写短视频脚本

任务导学

什么是短视频脚本?举个例子,日常看的电视剧、电影都是根据剧本拍摄,剧本内容会记录下拍摄的画面、演员的台词、场景等。短视频脚本也可以理解为短视频的"剧本"。

在进行短视频拍摄时,拟定一份短视频脚本,可以让摄影师清晰知道每个机位、镜头大小、拍摄时长等;让演员熟练掌握短视频画面、台词、道具等;让剪辑师明确画面衔接设计、音乐卡点、画面时长、色调风格等。因此,一个短视频内容的好坏与短视频脚本制作的好坏密切相关。

在编写脚本的时候要注意逻辑通顺,例如什么时间,什么人物,在哪里发生了什么事,编写脚本的过程中,脑海里要对拟定的内容情景化。如果没有脚本作为短视频拍摄依据,在拍摄过程中可能会发现毫无逻辑,需要花很多时间临时再重新构思,导致浪费大量的时间和精力。

知识储备

一、策划短视频脚本

1. 短视频脚本框架搭建

虽然短视频时长短,但是每一个镜头都需要精心设计,才能提高短视频的拍摄效率和内容质量。在编写脚本前,首先要确定好整体内容的流程,可以分别从内容主题、时间、人物、场景背景等方面进行拍摄框架搭建。

内容主题：围绕中心主题进行短视频脚本的撰写，类似于写作文，即通过主题想表现什么样的故事情节。

时间：不管是每一个镜头出现的把控时间，还是摄影师和主角的拍摄时间等，都需要提前合理安排好，避免出现影响拍摄进度的问题。

人物：拟定出镜的人员数量，包括每一个人员具体演绎的角色是什么。

场景背景：拍摄场地的确认，包括室内场景或者室外场景，以及场景搭配的风格、拍摄风格等。

将短视频脚本框架都搭建好后，下一步就可以开始进行脚本的编写了。

2. 短视频脚本的类型

短视频的脚本可分为三种，分别为拍摄提纲、分镜头脚本以及文学脚本。

(1) 拍摄提纲

拍摄提纲一般是指对拍摄要点进行的大概描述，对拍摄内容起提示作用，适用于一些容易掌控和预测的内容，见表 2-2。当拍摄中不确定性因素较多，或对拍摄内容不理解时，不建议采用拍摄提纲的方法。

表 2-2　　　　　　　　　　拍摄提纲

短视频主题：		
短视频黄金开头（内容描述）	中间内容优化（添加反转）	结尾引导（关注、点赞）

(2) 分镜头脚本

分镜头脚本是在文学脚本的基础上，按照自己的思维框架，将短视频内容以基本单位的形式区分出来，划分镜号、景别、技巧、画面内容、解说词、背景音乐、音效、时间长度等，一般可制作成表格的形式，见表 2-3。

表 2-3　　　　　　　　　　分镜头脚本

片名：

镜号	景别	技巧	画面内容	解说词（字幕）	音乐	音效	时间长度（秒）

镜号：需要运用到多个拍摄机位时的编号。

景别：拍摄的画面大小，一般有远景、全景、中景、近景、特写等。

技巧：包括运镜等，运镜手法有推、拉、移、跟等。

画面内容：短视频需要呈现的内容，进行简单的描述以及如何构图等。

解说词：为每一段镜头配备文字说明、字幕（或配音），使短视频内容更丰富准确，让拍摄和后期处理更加方便。

音乐：说明需要运用到什么背景音乐。

音效：用来创造画面身临其境的真实感，如现场的环雷声、雨声、动物叫声等，或者吸引注意力，烘托氛围。

时间长度：每个镜头的拍摄时间，以秒为单位。

分镜头脚本的编写也分为两种类型：一种是用文字拍摄内容描述出来的文字分镜头，另外一种是用画面直接拍摄绘制出来的画面分镜头。对于没有做过分镜训练的初学者来说，直接上手编写分镜头脚本是会比较吃力的,可以适当地选取一些优秀的作品或者经典的影视片段来进行拆解,将内容还原出来,以训练和提高自己的分镜头脚本写作能力。产品展示拍摄分镜头脚本示例见表2-4。

表2-4　　　　　　　　　　产品展示拍摄分镜头脚本示例

主题:利用音乐卡点的形式,从展示女包外部整体到女包内部细节,最后返回女包外部整体结构,做定点结束								
音乐:××××								
出镜物品:小斜挎女包								
镜头时间	拍摄序号	拍摄手法	景别	拍摄画面	拍摄地点	道具	声音
2 s	1	无	无	黑屏字幕口述的形式 旁白:听说少喝一杯奶茶,就能拥有这个包包	无	无	旁白声音
2 s	2	俯拍 (拍摄女包从近到远拉伸)	中景到全景	拍摄突出女包整体	室内毛毯	小铁塔物件 ××手机 太阳镜	无
1 s	3	俯拍	近景	拍摄打开女包扣子	室内毛毯	无	扣子打开的声音
1 s	4	俯拍	近景	拍摄女包内部的链子,并拉开拉链	室内毛毯	无	拉链拉开的声音
1 s	5	俯拍	近景	拍摄用手将手机推进包里	室内毛毯	××手机	手机推进包里的声音
1 s	6	俯拍	近景	拍摄用手向外快速拉开女包的肩带	室内毛毯	无	拉开肩带的声音
3 s	7	俯拍	全景	拍摄双手将女包放入画面,至摆设物上方	室内毛毯	小铁塔物件摆设物	无

(3)文学脚本

文学脚本相比分镜头脚本,形式上相对简易。分镜头脚本偏重于描述画面,而文学脚本偏向于交代内容,尽可能地列出所有拍摄的思路,适用于那些非剧情类的短视频创作,如测评类、教学类短视频,好物推荐短视频等。相对于分镜头脚本来说,撰写文学脚本只需要规定短视频中的人物需要做的任务,说的台词,拍摄场景、拍摄方法和短视频的时长即可,不需要将景别和拍摄手法描述得很细致,所以,这类脚本对创作者的文笔和语言逻辑能力的要求会比较高。

二、拍摄短视频的技巧

在拍摄过程中,要注意画面整体的美观性,在拍摄一个物品或物体时,镜头可能会拍不完整,这时候需要通过一些推、拉、跟等方式来运动镜头,使拍出来的画面变化感十足。例如,在进行人物定点拍摄的时候,还需要注意通过推拉镜头,拍摄远景、全景、中景、近景、特写来实现画面的景别切换。

1. 拍摄设备

(1) 手机拍摄

对于前期零预算投入的创作者来说,可以使用手机拍摄。例如,使用一些品牌手机的高端机型,因为高端机型不仅已经具备非常强大的镜头拍摄功能,而且还可以满足剪辑、发布、账号运营的要求。若利用手机拍摄固定镜头,还需要解决手抖晃动的问题。因此可以购买一系列的拍摄辅助工具,例如手持云台(包括手机云台和相机云台)、自拍杆、手机自动旋转器、补光灯、镜头、支架等。手机云台稳定器如图2-22所示。

图2-22 手机云台稳定器

(2) 单反拍摄

微单对于有预算投入的初学者来说是非常值得推荐的,进一步地提高了短视频拍摄的画质,5 000~8 000元的微单是不错的选择。相对于使用手机拍摄,单反相机拍摄的优势在于可随时拆卸和更换镜头,不同的场景选择不同的焦段镜头,拍摄出来的短视频成品带来的视觉冲击感更为强烈。

拍摄设备对比见表2-5。

表2-5 拍摄设备对比

种类	优点	缺点
手机	方便携带,价格实惠,操作简单	像素低,容易出现噪点
单反相机	携带方便,拍摄画质好,手控调节力强,镜头多	价格高,操作性差,拍摄时间短

2. 拍摄技巧

(1) 避免曝光不足

摄影者在拍照时经常会出现曝光不足,打开闪光灯拍摄又怕会过亮,失去了现场环境的自然光线。遇到此种情况,最佳方法就是利用相机的曝光补偿功能。只要将曝光补偿功能推高一至两级,一般偏暗的情况就会有所改善。

(2) 先对焦后构图

先将画面中央的对焦点对准想拍摄的人物面部,半按快门按钮完成对焦及测光程序,然后按着快门按钮不放,横向移动相机重新构图。构图简单来说就是把人、景、物安排在画面当中以获得最佳的布局的方法,主要有三分构图(九宫格构图)、中心构图、框架式构图、对称式构图、引导线构图、斜线构图、均衡式构图等。

三分构图：又称九宫格或井字形构图，一般由两横两竖将画面均分，使用时将主体放置在线条四个交点上，或者放置在线条上。这种构图形式能够在视觉上带给人愉悦和生动的感受，避免主体居中而产生的呆板感，如图2-23所示。

图 2-23　三分构图

中心构图：相对其他拍摄手法，中心构图法比较简单，将主体放在中心位置即可，让画面更稳定、主题更突出。

框架式构图：选择一个框架作为画面的前景，引导观众的视线到拍摄的主体上，突出主体。框架式构图会形成纵深感，让画面更加立体直观，更有视觉冲击，也让主体与环境相呼应。经常利用门窗、树叶间隙、网状物等来作为框架，如图2-24所示。

图 2-24　框架式构图

短视频与直播电商运营

对称式构图:采用对称式构图拍摄的照片,往往具有平衡、稳定的视觉效果。在使用对称式构图时,拍摄者既可以拍摄那些本身即具有对称结构的景物,还可以借助玻璃、水面等物体的反光、倒影来实现对称效果,如图 2-25 所示。

图 2-25 对称式构图

引导线构图:利用线条引导观者的目光,使之汇聚到画面的焦点上,突出主体,营造画面纵深效果,增强视觉冲击力。引导线不一定是具体的线,但凡有方向的、连续的东西,都可以称为引导线。道路、河流、颜色、阴影甚至人的目光都可以当作引导线使用,如图 2-26 所示。

图 2-26 引导线构图

斜线构图:把主体放在画面对角线上,特点是避开了左右构图的呆板感觉,形成视觉上的均衡和空间上的纵深感。对角线作为引导线,引导观者视线的能力很强,能带着观者视线

"走"遍整个画面,如图 2-27 所示。

图 2-27 斜线构图

均衡式构图:中心构图更加注重主体,而均衡式构图是让主体与背景衬托物体呼应,从而让画面更有平衡感,增加画面纵深和立体感,给人以满足的感觉,画面结构完美无缺,安排巧妙,对应而平衡。这种构图方式常用于月夜、水面、夜景、新闻等题材,如图 2-28 所示。

图 2-28 均衡式构图

(3)选择合适的景别

景别是指由于在焦距一定时,摄影机与被摄体的距离不同,而造成被摄体在摄影机录像器中所呈现出的范围大小的区别。景别一般可分为五种,由远至近分别为远景、全景、中景、近景、特写。不同的景别会产生不同的艺术效果。我国古代绘画就有这样一句话,"近取其神,远取其势"。

远景:被摄体所处环境视距最远、表现空间范围最大的一种景别。远景视野深远、宽阔,主要表现地理环境、自然风貌和开阔的场景和场面。

全景：表现人物全身形象或某一具体场景全貌的画面。全景主要用来表现被摄场景的全貌或被摄人体的全身，同时保留一定范围的环境和活动空间。

中景：表现成年人膝盖以上部分或场景局部的画面。较全景而言，中景画面中人物整体形象和环境空间降至次要位置，它更重视具体动作和情节。（但一般不正好卡在膝盖部位，因为卡在关节部位是摄影构图中所忌讳的。比如脖子、腰关节、膝关节、踝关节等。中景和全景相比，包容景物的范围有所缩小，重点在于表现人物的上身动作。）

近景：表现成年人胸部以上部分或物体局部的画面。与中景相比，近景画面表现的空间范围进一步缩小，画面内容更趋单一，环境和背景的作用进一步降低，吸引观众注意力的是画面中占主导地位的被摄体。

特写：表现成年人肩部以上的头像或某些被摄对象细部的画面。特写画面的画框较近景进一步接近被摄体，常用来从细微之处揭示被摄对象的内部特征及本质内容。

（4）防止相机晃动

在外拍摄时，最好携带三脚架。如果没有三脚架，摄影者可以把身体倚在墙上，或者是把手靠在栏杆上来保持相机的平衡。

（5）适当运镜

拍摄过程中，拍摄画面可适当地进行一定的变化，在对大物件进行拍摄时，一个镜头并不能拍完整个物件，可以通过推、拉、摇、移、跟等方式，使画面变化多样，动感十足，提升画面效果。

推：镜头逐渐接近被摄体；可以在一个镜头内了解整体与局部的关系，主体与背景、环境的关系。

拉：逐渐拉大镜头与被摄体之间的距离；使视野范围扩展并在同一镜头内渐次了解局部与整体的关系，造成悬念、对比、联想等效果。

摇：以摄影师为圆心，使摄影机向左或右在平面内划弧转动；逐一展示、逐渐扩展静物，产生巡视环境的视觉效果，还可以突出人物行动的意义与目的。

移：让摄影机沿着与镜头光轴轴心垂直的方向在光轴和移动方向形成的平面内移动；能较好地表现空间、展示环境，表达人物的行动，渲染恢宏浩大的场面，营造紧张的气氛。

跟：摄影机镜头随着被摄体的移动而移动；能突出运动的主体，交代主体的运动方向、速度、体态及环境的关系。

实操指引

一、撰写短视频脚本

提前做好短视频脚本的策划，能为后续的拍摄、剪辑提供流程指导，从而能快速完成拍摄，提升效率。此外，短视频虽然时长比较短，但是脚本中的每一个画面、每一句台词都需要不断地完善和优化，包括每一个故事细节、场景、道具、动作、音乐等，这样才能给观众优质的视觉呈现。而如果在拍摄前没有编写好短视频脚本，在正式开始拍摄的时候，就可能出现各种各样的问题。

项目二　短视频内容创意策划与拍摄

例如,参与拍摄的人员不知道流程,拍摄的道具没到位,动作也生硬,场景没找好,又要换场景重新拍摄,导致费时费力,达不到预期效果。所以,拍摄前一定要准备好短视频脚本。

二、拍摄短视频

撰写短视频脚本是拍摄流程中至关重要的一环。它就像故事的发展大纲,用来确定整个作品的拍摄细节和拍摄方向,可以说短视频的拍摄都要以脚本为依据。

如短视频剧情,一切参与短视频拍摄的人员,包括摄影师、演员、道具人员、剪辑人员、灯光师等,都要安排在脚本里,他们的所有言行都要服从短视频脚本,根据脚本进行创作,综合运用摄影构图技巧,学会适当运镜,选择合适的景别,拍摄创意短视频。

课堂实训

一、实训目标

1. 掌握短视频脚本的撰写方法。
2. 掌握短视频拍摄技巧。

二、任务设置

1. 背景材料

某抖音博主单凭一条短视频就涨粉约131万。该短视频时长为8分11秒,内容讲述的是利用专业的手工操作,使一台68年前破旧不堪的老爷车,经过清理灰尘、拆解零件、打磨、除锈、刷油漆等多个步骤后,焕然一新,重新上路,并且台词与画面井井有条,从运镜到固定镜头,从中景到特写,都能直观清晰地展示出专业技术。第三方数据网站用户画像数据统计显示,有90%以上的用户为男性,因此也给账号带来了不菲的价值。

2. 训练任务

根据上述材料,对该抖音账号成功的原因进行分析。短视频文案和拍摄技巧有哪些可以借鉴的地方?

任务五　掌握不同类型短视频创作技巧

任务导学

短视频平台的火爆,催生了千变万化的短视频内容,同时也涌现了不同的短视频类型。不同种类的短视频,必然会有不同的受众以及不同的策划方向,在创作短视频之前,还需要确定适合自己的短视频类型,以精准获取用户流量。

知识储备

短视频在互联网行业发展快速，大部分人对短视频的点击观看甚至拍摄都轻车熟路。部分短视频平台拥有过亿的用户基数，在这种激烈竞争下，如何选择合适的表现形式创作不同类型短视频呢？

1. 实拍(真人/实物出镜)类型

实拍(真人/实物出镜)类型是指出现在短视频中的人或物是真实的，而非虚假构建的人或物。

真人出镜：真实人物能通过外在形象、表情、动作、语言的真实性，带给用户一种亲切感，让短视频更加生动、丰满，如图 2-29 所示。

图 2-29 真人出镜类型

实物出镜：多以可爱的猫、狗等动物为主，后期加上有趣的音乐和音效，充满欢乐。

2. 动漫类型

动漫即动画、漫画的合称，动漫类型一般对于创作者要求较高，是集合了绘画、电影、摄影、动作等多门艺术的表现形式。在短视频行业中，动漫类型的短视频通常也是耗时较长的类型，如图 2-30 所示。

图 2-30　动漫类型

3. 图文类型

短视频创作者采用图文类型时,需要设计文案内容,在图片上加文字进行创作,短视频以几张图片轮播的方式呈现,达到引起用户共鸣或惊艳用户的效果。这种类型要图文精美或者有价值输出,否则很难给用户留下深刻的印象,如图 2-31 所示。

4. 解说类型

大多数为影视作品的解说,如图 2-32 所示。在制作这类短视频时,创作者只需提取影视素材进行二次剪辑,加以解说,添加字幕,使剧情和解说的内容完美对应。但需要注意的是,如果只是单纯地搬运,会出现内容同质化,导致流量有所降低。

图 2-31　图文类型　　　　图 2-32　解说类型

5. 情景短剧类型

情景短剧类型通过人物表演把中心思想传达给用户,在创作方面对主题和情节要求较高,需要具备优秀的文案脚本,通常需要两人以上进行表演,并且需要多次拍摄才能达到最佳效果,如图 2-33 所示。

图 2-33　情景短剧类型

6. Vlog 类型

Vlog 类型指创作者以博客的形式,利用网络记录的日志,这类日志可以是生活记录,也可以是技巧记录等,如图 2-34 所示。这种类型的短视频要求创作者提前构思好拍摄的镜头,在做开场和转场的时候,还要考虑到后期剪辑的流畅度。

图 2-34　Vlog 类型

7. 动态字幕类型

字幕是优秀短视频的重要组成部分,而字幕的样式、动画效果越吸睛,则越能引起用户的共鸣。动态字幕短视频(也叫大字报短视频)如图 2-35 所示。

图 2-35　动态字幕短视频

实操指引

无论在哪个平台中,第一步要做的事情就是吸引用户点击短视频,只有点击才会有下一步的观看。

一、短视频内容结构设计

1. 黄金开头

短视频内容是与用户沟通的最佳工具,只有在最短的时间里吸引用户,引发用户的好奇心,才会有进一步的沟通。因此短视频创作者要精心设计开头内容,开头前3~5秒抓住用户眼球,从用户感兴趣、共鸣的点出发,引发用户关注。

2. 中间内容优化

短视频较重要的一项数据是完播率,一旦完播率提高,短视频推荐也会得到提升,因此短视频创作要遵循逻辑化、列表化、步骤化的原则,有吸引力。如果短视频为剧情展示类型,则可以在内容中间制造反转、反差,激发用户持续看下去的欲望。

3. 结尾引导

做短视频的最终目的是让用户看完短视频后,主动进行互动,产生转化。可以在短视频结尾发起号召,引导用户点赞或评论,进一步提升短视频数据。

短视频需要设置一个"诱因",并且在用户内心悄悄地植入,使用户产生观看下去的欲望。

二、短视频内容创作的方法

（1）模仿法：可以通过模仿当下的热点进行创作，通过翻拍，或者使用原声、同款背景音乐等进行内容创作，如果短视频处于热度期，会得到更多的曝光。

（2）二次创作法：如常见的影视类剪辑。相比起模仿，这样的创作形式更加方便简单，省时省力，用较低的成本赢得较高的流量。

（3）反转法：在剧情类短视频中，观众料想一切肯定都会按照 A 流程结尾，但谁知创作者另辟蹊径，转换结局，剧情发展成为 B 流程，出其不意的结尾能给用户带来更多的乐趣。

（4）知识分享法：将自己所获得的知识进行分享，如简单的烘焙技巧、美食制作过程，通过简单易懂的方式传递给用户。

（5）Vlog 法：记录生活点点滴滴的趣事，也可以是你和家人、朋友身上发生的故事，提取其中的精华进行内容创作。

课堂实训

一、实训目标

掌握不同类型短视频的创作技巧。

二、任务设置

1. 背景材料

统计数据显示，短视频账号中标签包含"美好推荐官"的有几百个，"美好推荐官"话题累计有 235 亿次播放量。其中"念乡人**"是一位分享贵州农村生活短视频的青年，通过分享原汁原味的乡村生活在抖音获赞 2.1 亿，目前账号粉丝数已达到 1 180 万，其中短视频标签"疫情下的春日来信♯抖音春日正当时"点赞量达到 120.5 万。但由于竞争激烈，后续经过一段时间的内容输出，发现短视频播放量数据已经有下滑的趋势，因此，他想重新优化脚本，利用爆款短视频策划思路，打造受用户喜欢的短视频内容。

2. 训练任务

根据上述背景材料，学习借鉴案例中爆款短视频策划拍摄思路，策划拍摄家乡美好生活短视频，争做"家乡美好推荐官"，分享特色产品、家乡美景、人文风情、好人好事等。请将具体实施步骤用表 2-6 呈现。

表 2-6　　　　　　　　　　短视频拍摄思路

短视频主题：		
短视频黄金开头（内容描述）	中间内容优化（引导用户继续观看）	结尾引导（关注、点赞）

归纳与提升

在"内容为王"的时代,短视频的内容策划是决定短视频账号运营成败的关键因素之一。短视频创作者要掌握短视频内容创意策划和拍摄技巧,精心策划短视频选题和内容,选题要符合用户特点,创新有趣,内容使用户产生共鸣,并且要设计好短视频内容结构,学会撰写短视频脚本,做好短视频拍摄和内容输出。

思考练习题

一、填空题

1. 摄影构图简单来说就是把人、景、物安排在画面当中以获得最佳的布局的方法,短视频拍摄常用的构图方式主要有:_____、_____、_____、_____、_____、_____和_____。

2. 景别是指由于在焦距一定时,摄影机与被摄体的距离不同,而造成被摄体在摄影机录像器中所呈现出的范围大小的区别。景别一般可分为五种:_____、_____、_____、_____和_____。

3. 短视频拍摄脚本分为3类,分别是_____、_____和_____。

4. 短视频内容结构设计主要包括_____、_____和_____3部分。

5. 常用的短视频拍摄稳定设备包括_____、_____和_____。

二、简单题

1. 短视频内容表现形式主要有哪些?
2. 爆款短视频标题主要有哪些形式?请各举一例。
3. 短视频脚本主要包含哪些内容?请撰写一个好物推荐的短视频脚本。

项目三

短视频制作与运营推广

课前导学

知识目标

1. 认识主流的短视频剪辑与制作工具。
2. 了解短视频平台规则及短视频发布流程。
3. 掌握热门短视频剪辑技巧。
4. 熟悉主流短视频剪辑工具剪映的主要功能。

技能目标

1. 熟悉短视频剪辑工具剪映的运用。
2. 掌握短视频运营推广技巧。
3. 掌握短视频平台规则及短视频上传发布流程。
4. 运用剪映剪辑工具完成短视频剪辑。

素质目标

1. 树立正确的价值观,陶冶情操,提升艺术修养及人文素养,增强文化自信,提升短视频吸引力。

2. 增强合作意识,专注敬业、精益求精的工匠精神以及勇于探究与实践的科学精神,不断提升短视频剪辑与制作技巧。

项目三 短视频制作与运营推广

任务一 熟悉主流短视频制作工具及发布规则

任务导学

"工欲善其事,必先利其器。"伴随着短视频市场的火爆,以抖音、快手为代表的短视频平台迅速聚集大量流量。面对巨大的市场红利,短视频平台日活跃人数日益增加。因此,平台短视频质量的提升,不但在于好的拍摄,更少不了后期的剪辑。在制作短视频的时候,选好短视频制作软件,才能保证短视频后期特效达到理想的效果。

知识储备

一、了解主流短视频制作工具

短视频方兴未艾,人们接受和习惯使用短视频,只有短短几年的时间。但"台上一分钟,台下十年功",如今各种吸引眼球、内容丰富的短视频不断出现,迫使短视频创作者也要具备良好的剪辑技能。现在有多种主流的短视频剪辑工具,可供创作者选择和使用。

主流的短视频剪辑工具可分为电脑端软件和手机端 APP。

1. 电脑端软件

电脑端短视频剪辑软件有很多种类,较为热门的有快剪辑、Premiere、会声会影、剪映等。

(1)快剪辑(图 3-1):一款免费剪辑软件,软件占用设备内存较小,但是功能分类明确,拥有两种选择模式:专业剪辑模式和简单剪辑模式,对应专业用户和普通用户。在剪辑制作完成后,还可以一键上传多个平台,手机端和电脑端可以相互转换。

图 3-1 快剪辑

53

（2）Premiere（图3-2）：基于非线性编辑设备的视音频编辑软件，功能齐全，操作方便，可以在各种平台下和硬件配合使用，短视频处理后的效果也非常好，因此目前被广泛应用。可以说，只要掌握了Premiere剪辑软件，就能快速上手其他的剪辑软件。

图3-2 Premiere

（3）会声会影（图3-3）：包含基本功能，比较容易学习和掌握，处理的短视频图像和短视频质量也不错，使用方便。缺点是某些功能不齐全，实用的滤镜比较少，调色功能较少，对部分格式的音、视频和图像文件支持不够全。但对于初学者来说，已经足够使用。

图3-3 会声会影

（4）剪映（图3-4）：基于抖音的一款剪辑软件，适用范围广。它功能多且免费，支持一键生成字幕，识别音频字幕，给创作者提供优质的短视频剪辑体验。

电脑端剪映软件是剪映专业版，可以登录抖音账号，如图3-5所示，同步使用抖音收藏的音乐素材等，方便存储记忆。它采用更直观、更全能易用的创作面板，让专业剪辑变得简单高效，如图3-6所示。

项目三　短视频制作与运营推广

图 3-4　剪映

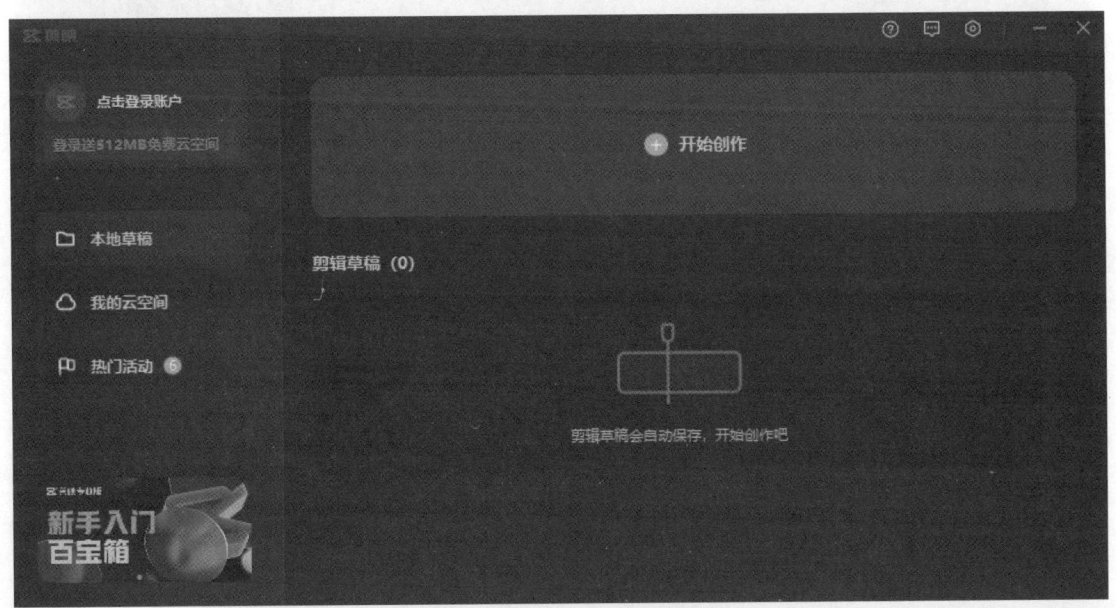

图 3-5　剪映专业版登录界面

图 3-6　剪映专业版主界面

短视频与直播电商运营

将需要剪辑的短视频导入剪映,可以按照上方导航的功能为短视频添加音频、文本、贴纸、特效、转场、滤镜等;或者将短视频拖曳到下方模块进行分割裁剪、删除等,以及对短视频进行二次剪辑,如图 3-7 所示。

图 3-7 剪映专业版功能栏

2. 手机端 APP

没有电脑又想要快速完成短视频的后期制作,可以利用手机端剪辑 APP 随时随地进行短视频处理,包括剪辑拼接、配字幕和音频、调色等。主流的手机端剪辑 APP 有剪映、VUE 视频、快影等。

(1)剪映(图 3-8):抖音官方推出的一款手机短视频编辑工具,用于手机短视频的剪辑制作,并且可以将短视频同步到抖音平台。它带有强大的剪辑功能,支持短视频调速,拥有多种滤镜效果以及丰富的素材资源库,可以满足各种剪辑需求,并且还自带语音文字识别功能,可以快速录入文字。

(2)VUE 视频(图 3-9):这款 APP 是拍摄生活日常 Vlog 的首选。它剪辑功能单一,没有太多特效功能,只能进行简单的裁剪、添加音乐、添加字幕等基础操作。它基本适用 Vlog 剪辑,深受新手喜爱。

(3)快影(图 3-10):快手官方推出的手机短视频编辑工具,与剪映的功能类似,一般用这两款软件基本就能满足剪辑需求,区别在于剪映以抖音特效素材为主,快影更多地以快手特效素材为主。

图 3-8 剪映 APP 首页

项目三　短视频制作与运营推广

图 3-9　VUE 视频

图 3-10　快影

二、熟悉短视频上传方式与发布规则

在日常发布短视频时，很多短视频创作者会产生一个疑问：为什么别人发布的短视频都是非常清晰好看的，而自己发布的短视频是模糊的？

画质模糊，不仅让短视频的观赏性大大降低，而且平台也会减少对此类短视频的推荐量。因此短视频创作者一定要掌握高清短视频上传的技巧以及短视频发布的规则。

这里以在抖音上传和发布短视频为例进行介绍。

1. 短视频上传和发布

短视频上传和发布有两个路径：一是手机端上传和发布，二是电脑端上传和发布。

短视频与直播电商运营

(1)手机端上传和发布

①在手机中打开抖音 APP,进入首页,如图 3-11 所示,点击底部的"＋"。

②进入抖音的视频录制界面,点击"相册",如图 3-12 所示。

③从手机中的相册界面,在视频下方找到想要上传的视频并选择,如图 3-13 所示。

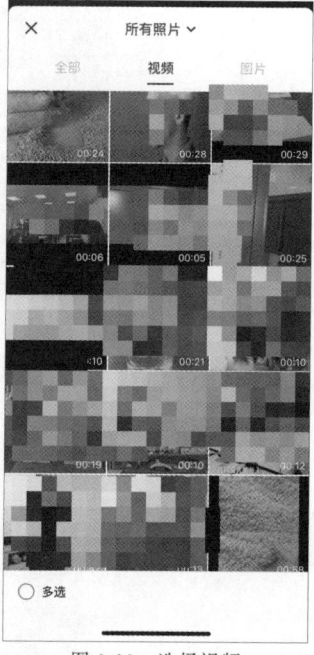

图 3-11　抖音 APP 首页　　　图 3-12　上传视频　　　图 3-13　选择视频

④接下来可以自行选择是否截取视频,如不需要则点击"下一步",如图 3-14 所示。

⑤最后在发布界面中点击"发布"按钮,就可以把视频发布出去了,如图 3-15 所示。

图 3-14　截取视频　　　图 3-15　发布视频

(2)电脑端上传和发布

①首先打开抖音官方网站,单击右上角的"投稿—发布视频",如图3-16所示。

图3-16 电脑端抖音官方网站

②再单击右上角的"登录",选择登录方式为"创作者登录",选择登录产品为"抖音",然后单击"确认"按钮,扫码登录抖音账号,如图3-17和图3-18所示。

图3-17 登录账号

③登录之后,单击"发布视频",可以显示发布位置,如图3-19所示,然后点击上传或直接将要上传的视频文件拖进来,进行发布,如图3-20所示。

图 3-18 扫码登录

图 3-19 发布视频

图 3-20 上传发布

④最后在发布界面中填写信息并单击"发布"按钮,就可以把视频发布出去了,如图 3-21 所示。

图 3-21　填写信息发布

2. 发布短视频的规则要点

每个平台都有一定的规则,了解平台规则非常重要,平台规则关乎账号能否长久生存,短视频发布者只有遵循短视频平台的规则,严格执行平台规则,才能持续获取流量,实现最终的流量变现。所以创作者不仅要掌握短视频内容制作技巧,还要明确平台规则事项及发布技巧。只有掌握平台规则要点,才能让优质的短视频获得平台的大力推荐,甚至上热门。

短视频作品的发布审核流程如图 3-22 所示。

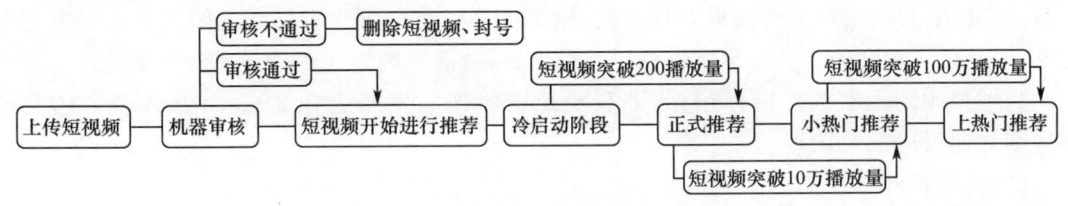

图 3-22　短视频作品的发布审核流程

下面介绍几个重要环节：

(1) 机器审核

短视频创作者在抖音等平台发布作品时，都需要经过机器审核。只要短视频内容正常，没有违反平台规定等，短视频审核通过后都会得到正常推荐。

抖音账号、短视频内容的要求：

账号资料信息及短视频不能出现其他平台的水印、Logo、贴纸、名称等，一旦出现以上内容，账号及短视频容易被平台认为是打广告，因此会不给予流量推荐，轻则单一短视频审核不过，不给这个短视频流量推荐；重则整个账号被限流，发布的每个短视频都不会得到曝光机会。

短视频内容不能涉及暴力血腥、黄赌毒、宗教迷信、色情暴露等法律法规不允许出现的画面。

机器审核主要考查文案表达是否违规和短视频画面是否原创。例如：系统会随机抽取短视频中的画面，进行消除机制，检测平台上是否有重复短视频，如果短视频是别人发布过的，那么被推荐的可能性就会降低很多，所以原创是非常重要的。

若是新账号或是一些带有敏感画面或字词的短视频，通常审核时间会比较长，可能在半小时左右。原因是内容没有通过机器审核，需要晋升为人工复审，待审核通过后对短视频推荐没有任何影响。

如果短视频审核 1 小时还是没有通过，处于审核中的状态或者直接显示审核失败，可能是短视频中包含违反平台规定的一些画面或敏感词，或者是账号资料信息写成了第三方平台的联系方式，如微信号、手机号等，导致没有通过系统的审核。

若短视频上传后，机器审核不通过，发布的作品会被系统删除，严重的话甚至会导致账号被封。

(2) 冷启动阶段

当作品通过机器审核之后，就会获得初级流量分发，也称为冷启动推荐，系统会将作品送到 200 多个用户手中。通过推荐给这 200 多个用户的数据反馈，决定是否让作品获得更多推荐。因此，在冷启动阶段，想要让作品能够推荐给更多人，获得更多流量，需要优化短视频的固有数据指标。

短视频的固有数据指标包括：短视频时长、短视频发布时间、短视频发布渠道以及其他与短视频发布相关的数据指标。

创作者发布的短视频如果太长，很容易让用户产生厌烦心理，那么划走短视频的概率就会大大增加。新账号发布短视频的时长最好在 15~45 s。不同时间段，抖音 APP 的用户活跃度也不同。常用的几个热门发布时间段有：9:00~11:00，12:00~13:00，17:00~20:00，21:00~23:00。因此，创作者可以选择上述热门时间段发布短视频。除此之外，手机端的发布渠道相对来说会比电脑端发布渠道权重更高一些，流量更多一些。创作者发布的短视频画面要尽量清晰，短视频清晰度的高低会影响短视频的曝光量，越清晰的短视频越受平台的喜爱。

当短视频的固有数据指标达标，即只要短视频作品发布后在 2~4 h 播放量能够突破 200，则为通过冷启动阶段。

(3) 正式推荐

如果作品能够通过冷启动阶段，就会获得正式推荐，以 500+ 的流量池进行递增。进入正式推荐的作品，直接进入 500+ 推荐的流量池，相当于确保发布的短视频能够有 500 多的播放量,在这时,如果想要短视频流量更上一层楼,就要优化短视频的基础数据指标。

短视频的基础数据指标主要是指播放量、点赞量、转发量、评论量、收藏量和关注量等与短视频播放效果相关的数据指标。短视频互动量(点赞量、转发量、评论量)三大指标分别反映短视频内容质量的三个维度:点赞量反映内容种草力,转发量反映内容传播性,评论量反映内容话题互动性。当作品在500+播放量时,作品的点赞量能够占播放量的十分之一,评论量和转发量二者有一个数据不为0,系统就会给作品增加到1 000+流量池。依此类推,增加到10 000+流量池甚至更多。

(4)小热门推荐

当短视频播放量突破10万时,那么作品已经进入小热门阶段。在小热门阶段和热门阶段短视频会重新进行人工审核,如果短视频没有正能量,没有正面价值意义,那么作品的流量池就止步于此。除此之外,短视频想要突破小热门阶段上升到热门阶段,还要优化短视频的关联数据指标。

短视频的关联数据指标是指由两个基础的数据指标相互作用而产生的数据指标。一般会把播放量和播放完整量、点赞量、评论量、转发量、收藏量等进行对比。常用的关联数据指标有完播率、点赞率、评论率、转发率、收藏率。

上热门的具体指标要求为:作品完播率能够达到80%,作品点赞率能够达到10%,作品评论率能够达到3%,作品转发率能够达到1%,作品收藏率能够达到1%。在小热门阶段,只要作品的数据能够接近并达到其中一个指标,作品其他的数据指标基本高于20%的完成率,那么作品就会得到进一步的流量推荐。

(5)上热门推荐

当短视频播放量突破100万时,作品进入热门阶段。在热门阶段,作品可以有7~15天的推荐周期。具体的推荐周期取决于短视频关联数据指标的完成度。

在热门推荐阶段,关联数据指标的要求更为严格,至少两个数据指标达标,如果没有达到,那么作品的流量推荐逐渐减少;有两个数据指标达标,则作品继续大范围推荐,到1 000万播放量等。

因此,想要作品通过审核甚至上热门,首先要确保作品不违规,短视频内容能够通过平台审核。其次要优化短视频的固有数据指标,让短视频作品能够突破冷启动阶段,获得正式推荐。再次,不断地优化短视频的基础数据指标,提高作品的点赞量、评论量、转发量、收藏量等,数据越高,作品的推荐量越高。最后,想要上热门一定要注重短视频的关联数据指标。单单有点赞量、评论量还不够,还要优化作品的完播率、点赞率、评论率等,获得更多流量推荐。只有这四点相辅相成,短视频作品才能获得更多推荐,更快上热门。

3. 发布短视频增加播放量的技巧

很多短视频创作者在运营抖音账号时,只关注优化短视频内容质量,把重心放在短视频内容制作上。抖音的算法是逐层推荐,预留出经过初级和二级流量池的推荐时间。在用户使用抖音的高峰时段进入较高级别的流量池,能让作品有机会曝光给更多人,获得大推荐量。除了优化发布时间外,内容质量也会直接影响短视频的曝光推荐。因此,发布短视频的技巧也是短视频创作者需要着重掌握及运用的技能。具体包括以下技巧:

(1)添加作品描述

在抖音平台算法推荐机制下,添加作品描述的功能不只是吸引用户的停留,更重要的是，系统会识别作品的文案，从而运用算法推荐短视频给精准用户。常用的文案写法有疑问形式、情感叙述、悬念等。

疑问形式：以疑问和反问居多。例如："为什么大多数人手表戴在左手？""秋冬如何挑选大衣显高？"

情感叙述：利用有场景感的故事吸引人，或根据自身经历，营造氛围文案。例如："爸妈看到女儿回家的第一反应。"

悬念：利用人们的好奇心，设下悬念，从而获取更长的观看时长。例如："看到最后你学会了吗？"

（2）添加话题

创作者在发布短视频时，标题栏处可以带上一到两个热门话题，如图 3-23 所示。这些话题本身流量比较大，可以给短视频增加一定的推荐量。但是切记短视频内容最好与话题相关，相关性不大推荐量也不会高，所以创作者在拍短视频的时候可以参考热门话题。

图 3-23　添加话题

（3）精心设计短视频封面图

短视频封面图（图 3-24）是系统识别短视频标签的重要因素。一个好的短视频封面图应该具有这样三个特点：一是可以提升用户的黏性，提升粉丝的短视频点击率。二是清晰，让用户及系统一看就知道短视频的主题内容是什么。三是经过精心设计排版，统一元素风格，让人看着舒服。

（4）添加定位

这个方法对于引流线下的短视频来说是一个非常好的技巧，有极大的助推作用。创作者发布短视频时，可以选择附近的一些热门标志性建筑、热门商圈等添加定位，有助于系统推荐大量的同城用户，进一步提升短视频播放量，如图 3-25 所示。

（5）流量发布

发布作品时，尽量不要使用公共 Wi-Fi。手机选择用数据流量，电脑最好连接网线。公共 Wi-Fi 下，同一时间同一 IP 地址有可能多个人的抖音号同时发布作品，容易被平台判定为一个人同时运营多个账号，从而导致作品限流。

项目三　短视频制作与运营推广

图 3-24　短视频封面图

图 3-25　添加定位

实操指引

一、选择短视频制作工具

任何一项技能,都需要打好基本功,如掌握短视频剪辑的基础操作,熟悉热门特效的制作方法。当然,短视频创作者也不要一味地追求特效和技巧,而忽视了内容,毕竟剪辑技巧用在优质的内容上,才能剪出好作品。基础的短视频剪辑包含合并画面、截取短视频、短视频截图、添加滤镜、添加转场、添加字幕、添加音乐等操作。

短视频创作者可以对主流的短视频制作和剪辑软件进行安装使用,通过对比,选择最得心应手的软件工具。

65

二、掌握短视频上传与发布规则

在做短视频之前,首先要了解短视频平台的规则,只有了解清楚规则,才能掌握平台的一些技巧,短视频才有可能持续性地获得更多的流量。如果不懂平台的规则,盲目操作,不利于账号在该平台的长期发展。

不了解平台规则,就开始发布作品,不仅达不到该有的效果,还可能导致账号被平台封禁。因此,短视频创作者在制作短视频之后,可以实际操作上传短视频,并运用发布技巧,助力短视频获得更多推荐。

三、设计短视频封面

很多时候,短视频是否有人愿意点进来看,封面起着重要作用,它可以说是短视频的门面,只有门面做得好,才能吸引人来看。

1. 抓人眼球

可以抓住人们眼球的短视频封面,自然可以轻而易举地获得观众的点击。一些夸张的表情、对比鲜明的图等,都是可以抓住人们眼球的短视频封面。比如做服装测评的博主,会喜欢用买家秀和卖家秀的对比作为封面,或者是将当期短视频需要做测评的所有服装,拍摄成一张图片作为封面等,这种封面就可以很容易抓住大家的眼球,产生点击量。

2. 传递信息

在短视频的封面中,也可以传递出来该短视频的主题或中心思想,从而帮助大家迅速地了解该短视频的核心内容。比如推荐书的短视频,就可以将当期需要推荐的书都放入封面;手工制作的短视频,可以将制作完成后的作品作为短视频的封面。

3. 彰显特质

彰显特质的短视频封面,其实简单来说就是将短视频当中最为出彩、有趣,或者说最能体现短视频账号特质的画面,截取出来作为封面,这样可以引起观众的好奇心,从而让他们想要点进去看一看短视频的内容。

设计好封面之后,选择合适的配音,比如温柔女声、稳重男声、可爱童声、动漫配音等,以提升整个短视频的点赞率、评论率、转发率、关注率、完播率等数据指标。

课堂实训

一、实训目标

了解短视频发布规则;熟练运用短视频发布技巧,提升短视频吸引力。

二、任务设置

1. 背景材料

艾力是一名普通的在校大学生,平日总喜欢用手机记录自己身边发生的有趣事情,现在正利用抖音平台,分享自己的校园生活 Vlog,直接拍生活画面就发布,但他发现发布后播放量一直不见起色,只有一两百的播放量。

2. 训练任务

假如你是艾力,根据上述内容,你会利用哪些短视频发布技巧,从而提高播放量呢?

任务二 掌握 Vlog 短视频制作流程

任务导学

短视频大多以秒计数,时长一般在五分钟以内,依托于移动智能终端实现快速拍摄和美化编辑,可在社交平台上实时分享和无缝对接。许多人想做出高品质的爆款短视频,利用抖音官方旗下剪辑工具——剪映APP,对短视频进行处理剪辑,就非常适合新手。

知识储备

一、使用剪映 APP 剪辑短视频

短视频作为一种全新的内容形式,比图文、声音和长视频更加具备可传播性,有"看后即走"的特质,因此许多短视频创作者在进行短视频剪辑时,或多或少会遇到一些问题。例如:很多人平时会用剪辑软件,但是却不会进行优化调整等。当创作者有以上问题时,可以直接利用剪映 APP 简单快速地剪辑出一个高质量的短视频。

Vlog 是博客的一种类型,全称是 Video Blog 或 Video Log,意思是视频记录、视频博客、视频网络日志,源于 Blog 的变体,强调时效性。Vlog 作者以影像代替文字或图片,写个人网志,上传与网友分享。

随着短视频的火爆,很多人都喜欢利用手机、摄像机等,用 Vlog 的方式记录自己的生活趣事,把身边所见所闻分享出去。Vlog 包含的类目非常广,平时生活中的吃、喝、玩、乐、工作等,都可以作为 Vlog 短视频的主题。

1. 添加视频

点击剪映 APP 首页上方"＋开始创作",选择手机相册里需要编辑的视频,添加进来,如图 3-26 所示。

2. 编辑视频

视频添加进来后,对视频进行编辑,比如分割、合并视频等,对视频进行粗剪,如图 3-27 所示。

(1)分割功能:即裁剪功能,当创作者把视频添加进来后,如果发现某一段画面质量不好,这时可以利用分割功能,裁剪掉某一部分的内容,并删掉不好的片段,如图 3-28(a)所示。

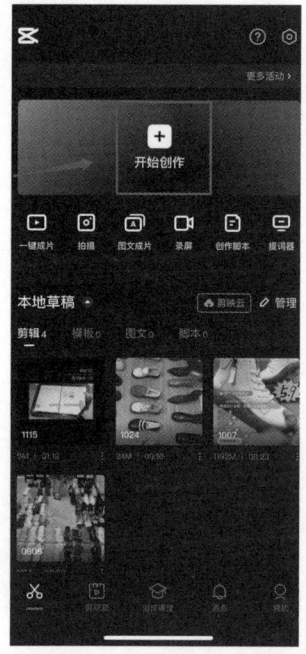

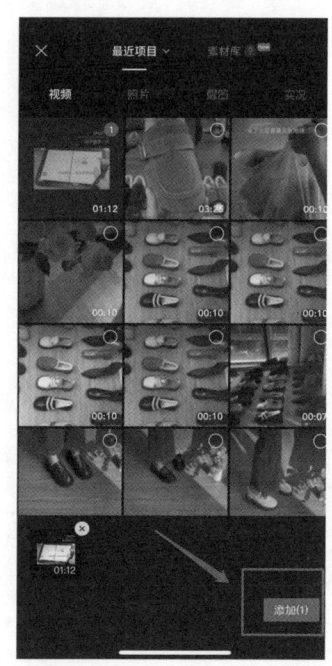

图 3-26　添加视频 　　　　　　　　　　　　　　　图 3-27　编辑功能

（2）合并功能：在拍摄过程中，创作者可能会运用到分镜头拍摄，如果想把这几个分镜头拍摄的视频合并在一起，只需点击视频轨道右边的"＋"，把需要合并的视频添加进来即可，如图 3-28(b)所示。

(a)分割功能　　　　　　　　　　　(b)合并功能

图 3-28　分割、合并功能

3. 添加视频文字

在视频中还可以加入合适的文字。文字会增强视频画面的信息表达,主要有标题类文字、说明类文字、字幕3种类型。

(1)标题类文字

标题类文字在视频画面中能够很好地揭示视频的主题和画面内容,让视频内容的呈现更加清晰直观,观者也更容易看懂视频表达的主题。

标题类文字通常加在视频的片头位置,相当于给整个视频取一个概括性的名称。在剪映APP中,在底部菜单中点击"文本"工具,可以给视频添加文字,点击"文字模板",选择标题,就有许多可以直接套用的标题模板。一个醒目的标题能够吸引观者的注意力。

(2)说明类文字

在视频内容中可能有部分视频画面需要添加一些文字说明,例如说明视频的拍摄地点、拍摄时间、视频画面的内容等,让观者对呈现出来的画面有更好的理解。

在剪映APP中,把播放指针滑动到需要添加文字信息的视频画面,点击底部菜单"文本",再点击"新建文本"输入需要添加的文字内容,同样地,可以调整文字的字体、样式、颜色、动画等效果,选择合适的效果添加即可。

需要注意的是,添加说明类文字,文字要尽量小一些,通常把文字放在画面的左、右下角,不能让文字太过于抢眼,因为文字只是对画面的附加说明,视频画面本身才是观者的视觉关注重点。在视频画面中,按住文字框的右下角按钮拖动即可调整文字大小;手指按住文字框拖动即可调整文字框在画面中的位置。

说明类文字的添加要尽量简明扼要,只需要大致概括当前视频画面的内容即可,文字加得太多、太长也会导致文字抢眼,需要把握好文字的内容和长度。

(3)字幕

在一些有人物出镜说话的视频中,适合添加人物说话的字幕。字幕能让观者更加清晰地看到人物的说话内容。

在剪映APP中,导入有人物说话的视频素材,点击底部菜单"文本",再点击"识别字幕"—"开始识别",等待一段时间就能自动识别出视频中的人声为字幕。

字幕识别出来后会在视频素材下方生成一个字幕素材,选中字幕素材,点击底部的"样式",如果识别出来的字幕有错别字,则点击键盘修改错别字,同样也可以调整字幕的文字大小、字间距、阴影、描边等多种效果,调整到合适的文字样式效果即可。

人声旁白字幕一般加在视频画面的底部,居中或靠左对齐,字幕尽量小一些,不要太过于抢眼,在人物对话、人物Vlog、生活旅行记录类有人声说话的视频中,可以添加字幕效果。

4. 优化画面

(1)添加转场:当创作者裁剪完视频或者合并视频的时候,如果发现两段视频过渡不自然,有些生硬,可以运用转场功能对两个片段做中间过渡,使得两个片段自然衔接在一起,如图3-29(a)所示。

(2)添加音乐:当视频原声噪声太大或者视频没有原声时,创作者可以给视频添加背景音乐,让视频更生动,如图3-29(b)所示。添加合适的音乐还能让用户产生情感共鸣,加深对视频的印象。在视频里,音乐是非常重要的一个因素。创作者可以选择剪映APP中自带的音乐,包括热门音乐,也可以导入自己喜欢的音乐。

(a)添加转场　　　　　　　(b)添加音乐

图3-29　添加转场、音乐

（3）添加字幕：添加字幕能够让用户更直观地了解视频内容。添加字幕可以点击"新建文本"，手动输入文字；也可以利用"识别字幕"功能，自动识别视频中人物说话的声音，快速完成字幕的添加，如图3-30(a)所示。

（4）添加特效和滤镜：当拍摄出来的视频过曝或者欠曝，光线不佳导致画面不好看时，可以利用特效和滤镜来调整优化视频画面，如图3-30(b)所示。

(a)添加字幕　　　　　　　(b)添加滤镜

图3-30　添加字幕、滤镜

5. 导出视频

点击右上角的"导出"按钮,保存到手机,也可以直接发布到抖音,如图 3-31 所示。

科学研究得出人眼有视觉暂留现象,即在上一个影像消失后,该图像可以保留二十四分之一秒。所谓视频,就是多幅静止画面连续播放,利用视觉暂留形成连续影像。可见,视频帧率低于 24 帧/秒就出现卡顿现象。导出时需要注意格式,一般选择 1 080P,30 帧,这个格式是适合短视频平台上传的尺寸。

6. 使用进阶功能

画中画+蒙版:实现两段视频同时在一个画面播放的效果。可以利用画中画+蒙版功能制作出常见的尾部引导关注的视频,如图 3-32 所示。

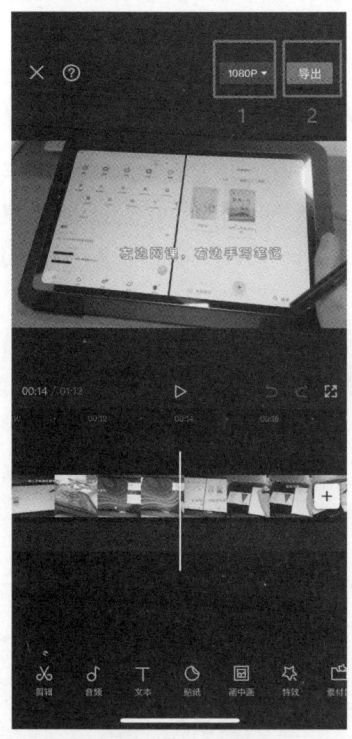

图 3-31　导出视频　　　　图 3-32　进阶功能

二、制作完整的 Vlog 短视频

制作 Vlog 短视频大致分为以下三个流程:

(1)首先要策划构思内容框架,确定 Vlog 主题,包括确定主题方向和规划关键场景(罗列出自己想要去的场景),例如主题"记录周末出去爬山的一天""爬山中遇到了什么有趣的事情"等。

(2)拍摄。要解决拍摄的问题,创作者可以利用稳定器、支架、耳机等,保证拍摄的画面平稳的同时,声音清晰洪亮。提前设置拍摄手法,如利用运镜的方式拍摄,或利用固定镜头进行拍摄,可以根据主题场景和个人习惯来设计镜头和拍摄手法。

(3)后期剪辑。挑选和短视频主题匹配的背景音乐,根据音乐节奏对短视频进行适当的卡点剪辑。注意运用前面介绍的剪辑软件剪辑视频的方法和技巧,进行后期处理。

实操指引

一、策划构思内容框架

创作者在进行 Vlog 短视频制作时,需要先明确短视频整体的主题与中心思想,并在脑海中构思大概的内容框架,例如短视频开头要拍摄什么内容来吸引用户停留,这一短视频片段具体表达什么,结尾又描述什么。其次,构思设计短视频中的某个精彩点,用情感共鸣等表现方式,让整个 Vlog 作品更加精彩,镜头的组接要符合逻辑,有舒适感和流畅性。若短视频前后顺序逻辑不通,观看短视频的用户很容易看不懂。因此,创作者需要先对主题及内容脚本进行规划整理。

二、进行 Vlog 素材拍摄及后期剪辑

创作者在制作 Vlog 短视频时,可以养成日常拍摄短视频素材的习惯,生活的点滴都能作为短视频的一部分,例如平时做饭、吃饭、学习、工作等画面都可以通过手机拍摄进行记录。拍摄素材时注意保持手机不抖动、声音清晰、画面不模糊,还可以配合运镜手法做转场衔接。

有素材之后创作者即可开始进行 Vlog 短视频剪辑,创作者要熟悉手机剪辑工具的使用,例如剪映 APP。先将素材导入剪映 APP,然后进行素材的裁剪、合并等基础操作,最后通过添加字幕、背景音乐、特效、音效等多元素材对短视频进行润色,让短视频更富有生命力,以刺激和充分调动观看者的情绪,从而达到吸引观看者和加深记忆的目的。

课堂实训

一、实训目标

熟练运用剪映 APP 完成 Vlog 素材短视频剪辑,掌握剪映软件的主要功能,记录某次难忘经历或者精彩时刻;宣传地方特色文化,争当家乡美好推荐官,拍摄、剪辑一条完整 Vlog 短视频。

二、任务设置

1. 背景材料

短视频直播形式日渐火热,爱好短视频剪辑的陈同学利用周末假期,在白云山进行了长达两个小时的游玩,并且利用手机记录下爬山过程中自己的一些心得与遇到的有趣事情,打算回去之后,对这些素材进行整合,剪辑成一个名为"白云山之旅"的 Vlog 短视频。

2. 训练任务

根据上面提供的素材,利用剪映 APP 帮助陈同学完成"白云山之旅"的 Vlog 短视频脚本设计;结合自己的出游经历或者家乡美景,制作一个完整的 Vlog 短视频。

任务三　设计并制作短视频片头与片尾

任务导学

一个好的短视频片头引人入胜,一个好的片尾画龙点睛,独特的片头、片尾能加深用户对短视频的记忆,帮助提高短视频数据,在提高辨识度的同时,也能让作品脱颖而出。

在短视频时代,每个人都可以创作短视频,创作者想要脱颖而出,除了短视频内容之外,可以制作属于自己风格的片头、片尾,让用户快速记住作品。

知识储备

一、制作短视频片头

1. 新建背景

打开剪映 APP,在"剪辑"页面选择"＋开始创作",接着点击"素材库",在"素材库"中选择黑场,然后点击右下角的"添加"按钮。

2. 编辑文字

点击下方"文本—新建文本—输入文本"。

3. 修饰文字

点击"样式",选择与画面搭配的颜色、字体,并且可以选择性地添加一个动画效果。

最后给片头增加一个音效,点击"添加音频—音效",根据短视频搭配性选择音效使用即可。制作片头如图 3-33 所示。

如果认为纯色背景过于单调,可以自行从网上下载资源作为片头。

二、制作短视频片尾

1. 新建背景

打开剪映 APP,在"剪辑"页面选择"＋开始创作",接着点击"素材库",在"素材库"中选择黑场,然后点击右下角的"添加"按钮。

2. 修饰模板

选择"新增画中画"可以添加事先准备好的照片或者视频作为片尾模板。

再点击"添加字幕",点击"新建文本",输入"记得点关注哦～",如图 3-34 所示。如果片尾单调,可以从"素材库"选择片尾素材,或者添加贴纸,调整好位置,再添加一个适当的音效即可。

图 3-33　制作片头　　　　图 3-34　制作片尾

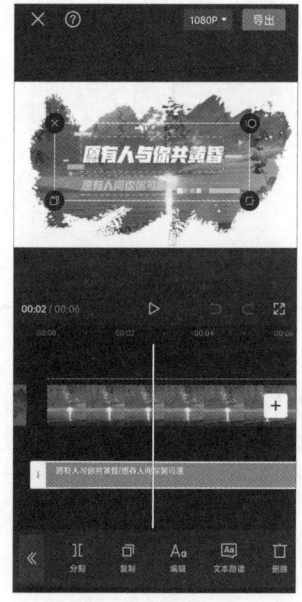

三、制作素材库片头、片尾

创作者除了自己手动制作片头、片尾之外，还可以利用剪映中的素材库，选择片头或片尾一键制作。

剪映素材库中提供了多种类型的片头或片尾模板，创作者可以选择合适的片头或片尾。

打开剪映 APP，点击"剪同款"，搜索片头/片尾，选择喜欢的模板导出并保存在手机相册，如图 3-35 所示。

制作好片头、片尾后，重新打开短视频添加即可。

图 3-35　剪同款

实操指引

一、根据短视频内容设计合适的片头、片尾

创作者在剪辑短视频的过程中,除了可以给短视频添加调色、滤镜、字幕外,片头、片尾也是整体短视频中十分重要的一个因素,一个好的片头能有效、快速地吸引用户的目光,一个好的片尾也能让观众产生记忆。创作者在设计片头、片尾时可以根据短视频内容进行,知识分享类内容可以以视频主题作为短视频开头,以互动交流的模式作为片尾;产品展示类内容可以以产品功能、用户痛点等需求作为短视频开头,以引导关注作为结尾;剧情类内容可以以视频高潮或者视频主题作为短视频开头,以留悬念或无厘头结局作为片尾。创作者在设计时,尽量使用相同风格的片头、片尾,通过固定的风格形式让粉丝牢牢记住你。

二、运用剪辑软件制作片头、片尾

创作者要学会运用剪映 APP 等剪辑软件进行片头、片尾的制作。通常有两种途径:创作者可以通过"剪辑"板块的"＋开始创作"路径,手动添加文字封面和音效等素材,在制作时要注意片头、片尾不能太长,尽量控制在 3～5 s;也可以通过"剪同款"板块选择片头、片尾模板,这种方式比较快捷,素材也较为丰富,但注意要选择符合短视频内容风格的素材。

课堂实训

一、实训目标

掌握运用剪辑工具进行短视频片头、片尾的制作。

二、任务设置

1. 背景材料

小红是一位拥有百万级粉丝的短视频达人,她以拍摄美食探店类短视频深受用户喜爱。伴随着越来越多的美食探店类账号的出现,短视频同质化越来越严重。小红的短视频跟别人的短视频相似度太高了,导致近期短视频流量不断下降。小红开始优化自己的短视频,以从中脱颖而出,计划先给短视频添加片头、片尾进行优化。

2. 训练任务

根据上述材料,帮助小红完成美食探店类短视频片头、片尾的制作。

任务四　添加短视频转场特效与字幕

任务导学

许多短视频创作者在进行短视频整合时,会发现画面之间的衔接非常生硬。因此,要想短视频画面效果看起来生动自然,可以在短视频中添加转场特效,使短视频过渡自然。

在剪辑短视频时,除了要注意画面衔接的流畅性,还要让用户一目了然,因此,在剪辑时可以添加字幕,作为备注翻译,即使用户不能理解画面内容,也能通过字幕理解短视频内容。

知识储备

一、添加短视频转场特效

(1)打开剪映 APP,添加需要的几个短视频片段,如图 3-36 所示。

(2)在两段短视频中间会出现一个白色的竖杠,点击一下,这时候会出现可以选择的转场效果,如图 3-37 所示。

图 3-36　添加短视频片段　　　图 3-37　点击白色竖杠

转场效果有很多,如运镜转场、基础转场、特效转场、MG 转场、幻灯片、遮罩转场等,选择一个和当前画面搭配的转场即可,如图 3-38 所示。

（3）选择好想要的转场效果后，会自动在原短视频上进行效果演示，还可以设置转场效果时长，如图3-39所示。

图3-38　添加转场效果　　　　图3-39　最终效果演示

（4）最后点一下右下角的"√"，转场效果就添加完成了。

二、添加字幕

（1）打开剪映APP，在主界面点击"＋开始创作"按钮，加入需要添加字幕的短视频素材，点击"确认"进入视频编辑界面，如图3-40所示。

（2）点击选中视频轨道，下方会出现编辑功能列表，在列表中向右翻转即可找到"文本"选项，如图3-41所示。

图3-40　新建视频　　　　图3-41　找到"文本"选项

（3）点击"文本"之后，进入文本的处理界面，可以手动输入字幕，选择"新建文本"进行编辑即可，这是最常见的添加字幕模式。也可以智能识别视频原声添加字幕，在列表下方点击"识别字幕"，只要原视频有人声就能自动识别成字幕，如图 3-42 所示。这种模式可以帮助创作者节省很多编辑时间，但智能识别有个弊端，如果视频原声普通话不标准或者太嘈杂，可能会出现错别字，甚至无法识别。

（4）点击"样式"后，会出现一个文本框，创作者可以自行修改文字并给文字添加颜色、气泡、动画等，如图 3-43 所示。

实操指引

一、掌握制作短视频转场特效的方法

短视频转场是指一个场景和下一个场景的衔接，创作者在剪辑短视频时，如果前后视频素材关联度不大，可以用转场功能隔开，保证画面衔接自然。创作者在剪辑时，点击两段素材中间的白色分割线即可进行转场设置，操作比较简单，如图 3-44 所示。

图 3-42　字幕选择　　　　　　图 3-43　修改文字及样式　　　　　　图 3-44　转场设置

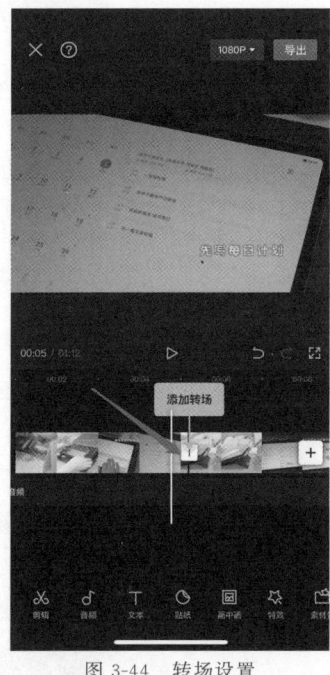

一般常用的转场有叠化、推近、拉远。前后视频素材色调一致可以用叠化功能进行转场；前后视频素材色调不一致则可以用推近或拉远功能进行转场。巧用转场不仅能够让不同视频画面片段之间过渡更加自然，而且可以实现特殊的视觉效果，让短视频内容更加丰富。

二、掌握添加字幕功能

添加字幕能够吸引用户眼球，同时又为用户提供方便，大大节省时间，使用户更好地理解短视频表达的意思，给用户带来更好的体验感。添加字幕有手动添加字幕和通过视频原

声自动添加字幕两种方式。注意通过视频原声自动添加字幕方式只能识别视频的源音频，如果源音频嘈杂或者普通话不标准可能会出现识别不了或者识别出来的字幕有很多错别字，因此创作者用这种方式识别字幕后要手动再检查一遍，以防识别错误。添加字幕时还可以美化字体样式、颜色、大小、动画等细节，调整画面和字幕的频调，给用户更好的体验感受。

课堂实训

一、实训目标

掌握运用剪辑工具添加短视频转场特效与字幕。

二、任务设置

1. 背景材料

小明是一名美食爱好者，乐于分享家乡的美食，他拍摄家乡特色菜制作的过程，想以短视频的形式分享制作方法，但在剪辑的过程中发现，某些画面衔接非常生硬，短视频里说话的声音也非常小，他想通过添加短视频转场特效与字幕方式优化自己的短视频。

2. 训练任务

根据上述材料，帮助小明添加短视频转场特效及字幕。

任务五　制作多屏合一（画中画）等短视频特效

任务导学

短视频行业发展迅速，用户大量的碎片化时间花在刷短视频上，时间黏性更强，用户群体更广，变现方式越来越多，故越来越多的人想参与到短视频的拍摄中，这同时也催生了各种类型的短视频，其中较为火爆的是技术流类型短视频，包括抖音平台常见的音乐卡点、画面卡点、多屏合一（画中画）等。短视频创作者掌握技术流特效短视频制作，能画龙点睛，使画面更加生动，富有吸引力。

知识储备

一、了解多屏合一（画中画）特效

在短视频中，通常可以看到一些画面：在同一屏幕播放两个甚至多个视频画面，可能是左右排列多个画面，也可能是上下排列多个画面等，如图3-45所示。这种类型的短视频属于多屏合一，也可以称为画中画。可以利用剪映APP来实现多屏合一（画中画）效果。

图 3-45　多屏合一(画中画)展示效果

二、多屏合一(画中画)特效的制作

(1)打开剪映 APP,在剪辑首页上方点击"＋开始创作"按钮进行创作。

(2)进入"素材库",找到需要进行剪辑的视频素材,选中并添加到项目列表中,如图 3-46 所示。

(3)进入视频编辑页面,在页面下方找到"画中画"功能,如图 3-47 所示。

图 3-46　选择视频素材　　　　图 3-47　"画中画"功能

项目三　短视频制作与运营推广

（4）点击"新增画中画"，从"素材库"中再次选择需要添加的画中画视频，如图 3-48 所示。

（5）选择好画中画视频素材后，点击"添加"。

（6）画中画视频就添加到原视频上了，可以通过点击画中画视频，实现缩小或放大画面等操作，还可以在画中画视频时间轴上拖动以决定播放起点和终点，如图 3-49 所示。

图 3-48　画中画视频选择　　　　图 3-49　查看画中画效果

实操指引

一、掌握多屏合一（画中画）特效

许多采访类型的视频，都会在视频的某个画面定格，然后显示一个画中画小窗口，播放另一个小视频片段。如《新闻联播》里，主持人与另外一位外出的主持人进行连线时，就会出现定格画面，然后显示出另一个人视频片段的效果，这都属于画中画。

在同一画面中展示不同场景，可以使短视频画面效果更生动吸引人，因此短视频创作者在掌握剪辑技能的同时，也要了解多屏合一（画中画）特效方法，并学会运用该方法制作短视频。

二、掌握剪辑软件中的关键帧功能

关键帧，通俗来说是在视频剪辑中标记一个开头的位置和一个结束的位置，有时需要拖动一段路径，可自动生成这两点间的过渡动画或效果。在剪映 APP 里，导入一个视频，在编辑主页选中视频轴，可出现添加关键帧按钮。点击一下，就会在视频轴当前时间位置打上一个关键帧，这个帧记录了此时此刻素材的所有信息。添加关键帧如图 3-50 所示。

图 3-50 添加关键帧

来到两秒处调节视频的效果,如放大视频并将音量调大,视频参数发生了变化,所以自动生成了一个帧,这就是关键帧的运用。在添加关键帧的过程中,可以选择调节视频,如视频缩放、不透明度、出场动画、蒙版、滤镜等,增加视频的趣味性,如图 3-51 所示。

图 3-51 关键帧变化

三、掌握剪辑软件中的蒙版功能

所谓蒙版，就是让图层显示一部分遮挡一部分的一种特效功能。在剪辑软件中，我们可以把它理解为遮挡本时间线（轨道）素材的一块板。首先应该明确对哪个轨道上的素材使用蒙版。这块板分为灰色和黑色两部分，灰色部分表示本轨道这部分内容可见，黑色部分表示本轨道这部分内容不可见，但是，它只是显示上一个时间线的素材。打开剪映 APP，在主页中导入视频后点击最下方的"蒙版"功能。可以选择不同风格的蒙版来进行使用，有很多蒙版可供选择：线性、镜面、圆形、矩形、爱心、星形等。如选择爱心，可以双指缩放，拖动下方的双箭头设置羽化效果。然后选择想要的蒙版效果进行拖动，来进行显示位置的改变。此外，对于矩形蒙版，也可以调整直角的圆度。

课堂实训

一、实训目标

掌握多屏合一（画中画）特效的制作，以及关键帧、蒙版等功能的综合应用。

二、任务设置

1. 背景材料

短视频的火爆，让大多数在校大学生纷纷玩转抖音、快手等短视频平台，拍摄的都是宿舍舞蹈、校园 Vlog 等内容。其中雅克是一位校园民族风舞蹈短视频分享者，想利用多屏合一（画中画）功能实现如图 3-52 所示的效果。

图 3-52　案例参考图

2. 训练任务

(1)根据上述资料,帮助雅克利用多屏合一(画中画)功能制作三屏效果。

(2)以"最美的××"为主题,例如最美的校园、最美的家乡等,剪辑制作一个3分钟以内的短视频,包含多屏合一(画中画)等特效,综合应用关键帧、蒙版等功能。

归纳与提升

短视频后期制作在运营过程中是很关键的环节,它不仅是将多个视频素材简单剪辑成片,而且是将这些片段更好地整合在一起,以便更加精准地表达和突出短视频的主题。本项目详细介绍了短视频平台规则、短视频制作剪辑流程,以及制作短视频特效、优化短视频创意设计、画面衔接,使画面更加连贯,实现短视频画面、音乐、字幕、片头与片尾的完美统一。在实操过程中以剪映APP为例,介绍剪辑软件的主要功能以及短视频剪辑常用技能,根据认知规律,循序渐进安排项目和任务,让学生熟练掌握短视频剪辑工具软件,制作出优质短视频,从而提升短视频变现能力。

思考练习题

一、填空题

1.当短视频的固有数据指标达标,即只要短视频作品发布后在2~4 h播放量能够突破_____,则为通过冷启动阶段。

2.短视频的固有数据指标主要包括_____、_____、_____等与短视频发布相关的数据指标。

3.短视频基础数据指标主要是指_____、_____、_____、_____、_____等与短视频播放效果相关的数据指标。

4.短视频的关联数据指标是指由两个基础的数据指标进行对比而产生的数据指标,常用的关联数据指标有_____、_____、_____、_____、_____这五个数据指标。

二、简答题

1.爆款短视频的共同特征是什么?

2.添加短视频音频、字幕的方法有哪些?

3.短视频的创作流程大致可以分为几个步骤?

4.蒙版的作用是什么?主要有哪几种形式?关键帧的作用是什么?

项目四

直播电商运营流程及策划

课前导学

知识目标

1. 认识抖音直播平台流量算法。
2. 了解抖音直播核心权重指标。
3. 熟悉抖音主流带货形式和橱窗功能。
4. 熟悉直播电商运营方案撰写技巧。

技能目标

1. 掌握抖音直播平台算法系统。
2. 熟悉抖音带货变现方式。
3. 学会运营抖音小店。
4. 学会撰写直播电商运营策划方案。

素质目标

1. 培养风险意识、法律意识、竞争意识;树立合法合规、诚信经营观念,全面提高缘事析理、明辨是非的能力,自觉抵制不正当竞争。
2. 树立合作共赢的理念,在直播运营实践中体验成就感,提升自信心。

任务一　掌握短视频直播平台流量算法

任务导学

流量时代崛起，各大短视频平台俨然成为众品牌商家必争的流量之地。而短视频创作者想要获取更多平台流量，一定要知道平台存在的流量池机制，流量池推荐至关重要。

系统会根据创作者的短视频或直播间数据，对用户反馈数据进行综合评估，从而把流量扩散，如果用户反馈的数据较好，即得到了用户喜欢与认可，平台就认为内容是优质的，短视频、直播间就会得到平台更多的推荐流量。抖音每天有百万场直播，它有一套指标体系，用来衡量每个直播间的开播质量。用这套指标体系获取的数据，进行优劣排序，给不同直播间分配流量。

请从用户的角度思考：你平时刷抖音时，是怎样进入直播间的？你是点开抖音，随机刷短视频，还是从关注的账号里发现直播间进入？或者你就是有目的地去搜你感兴趣的账号直播？……其实每个人进入直播间的方式就构成了直播间的流量来源。

知识储备

本项目以抖音平台为例进行介绍。

一、短视频直播平台的流量入口

首先要知道直播间的人气是从哪里来的？目前抖音直播间的人气主要来自八大渠道：视频推荐、同城、关注、直播推荐、抖音商城、付费推荐、个人主页、搜索。

1. 视频推荐

用户通过视频推荐页面刷到创作者的短视频，点击短视频中的主播头像进入直播间，如图 4-1 所示。

2. 同城

用户从同城页面进入直播间，如图 4-2 所示。

3. 关注

一般为粉丝，通过粉丝推荐或者关注页面进入直播间，如图 4-3 所示。

4. 直播推荐

可分为两个入口，直播广场和推荐入口。直播广场是指通过直播间权重进行前后顺序的排名，排名越靠前，展示的机会越大，大多数通过直播封面和标题吸引用户。而推荐是用户点击系统推荐页实时展示的直播间进入，如图 4-4 所示。

5. 抖音商城

通过抖音内部商城或者从"我的订单"下方推荐位置进入直播间，如图 4-5 所示。

项目四　直播电商运营流程及策划

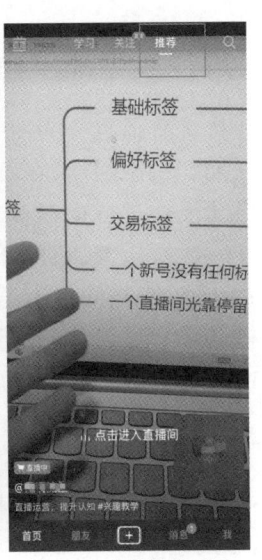

图 4-1　视频推荐页面　　图 4-2　同城页面　　图 4-3　关注页面　　图 4-4　直播推荐页面

6. 付费推荐

付费推荐可分为以下 5 个流量入口：

(1) DOU＋广告：通过 DOU＋加热直播间、DOU＋视频加热直播间渠道进入直播间。

(2) 广告投放——TopLive：通过投放的 TopLive 渠道进入直播间。

(3) 广告投放——其他：通过投放的品牌广告入口进入直播间。

(4) 千川广告：通过千川后台投放的广告。

(5) 其他广告：其他渠道的广告推广。

7. 个人主页

用户查看账号个人主页后，通过点击头像进入直播间，如图 4-6 所示。

8. 搜索

用户通过搜索自然流量进入直播间，如图 4-7 所示。

图 4-5　抖音商城页面　　图 4-6　个人主页页面　　图 4-7　搜索页面

87

二、短视频直播平台的流量算法

抖音直播也分为两个板块:一个是娱乐直播,另一个是电商直播。直播间推荐机制和短视频推荐机制相同,在直播开始后,平台会根据账号的权重,先给出一小部分初始流量,采用冷启动模式进行推荐。

一般娱乐类型直播间,根据平台推荐的这部分用户的反馈(直播间的点赞量、转粉率、评论互动率、直播间点击率、打赏礼物金额、单用户停留时长等)进行推荐,而电商直播平台则是根据用户反馈(直播间成交订单数、成交总金额、购物车点击次数、停留时长、直播转化率、直播间进入率等)电商行为,决定是否推荐给更多用户。

直播间的底层体系由流量、指标、标签、权重四项构成。

1. 流量

流量作为直播间最基础的要素,用于衡量直播间的观看规模。可以将流量分成 6 个等级,分别是:

S 级:单场观看量 100 万人以上。

A 级:单场观看量 10 万人以上。

B 级:单场观看量 1 万人以上。

C 级:单场观看量 1 000 人以上。

D 级:单场观看量 100 人以上。

E 级:单场观看量 50 人以下。

2. 指标

指标是衡量直播间质量的一个标准,包括互动指标、交易指标、流量指标等。用户行为对应互动指标,商业价值对应交易指标,流量规模对应流量指标。

3. 标签

标签可以理解为直播间的身份信息,直播间的身份信息越明确,吸引的用户也会越优质、越精准,从而也能让算法知道需要推送什么样的用户给该直播间。标签具备三层结构体系:基础标签、偏好标签和交易标签。

基础标签主要包含用户的性别、年龄、地域等基础信息,具备基础标签的直播间,算法会提供满足基础标签的用户流量。一般直播间开播超过一周,算法会摸索到开播直播间的基础标签,直播间原本性别、年龄混杂的用户,逐步变得精准化了。

偏好标签是用户的直播倾向,即用户喜欢在什么类型的直播间互动。有了偏好标签的直播间,算法推送过来的用户,开始喜欢在直播间停留、点赞。

交易标签包含用户下单品类、购买频次、客单价等属性。

4. 权重

直播间权重是直播间多项数据综合评价的结果,例如用户进入直播间后,在直播间停留了多少秒,有没有留言、点赞、下单等。标签反映流量质量,权重反映流量规模。

开播的初始流量与直播间权重有一定关系。同类型的直播间,有的直播间开播就有几千、几万人在线,而有的直播间开播却只有几个人甚至没有人。当数据指标做得越来越好时,直播间权重会越来越高,相反,数据指标越来越差时,直播间权重也会越来越低。

影响直播间权重的主要因素有 UV 价值、停留时长、互动率、转化率,这 4 个因素也间接影响了直播间人气。

（1）UV价值

UV价值＝销售额/访客数，也就是进入直播间的每一个访客带来的价值，其中销售额包括直播间商品的成交额，也包括用户刷礼物的金额。

（2）停留时长

停留时长是非常重要的指标，新主播的停留时长在1分钟左右是正常的，达到3分钟，则中等偏上了，达到5分钟就算是非常优秀了。

（3）互动率

直播间的互动率也是一个很重要的权重指标，一般来说3％～10％是正常的，也就是说如果这场直播有5 000人看，评论数至少要达到150条，才算是一个正常的直播间。

（4）转化率

转化率决定了直播间的GMV，整场直播的转化率至少要达到1％才算合格，如果达到5％就算很优秀了。如果转化率不够的话，要配合千川和DOU＋去拉动；如果千川和DOU＋拉不动，就需要人工干预了。

实操指引

一、了解短视频直播平台的流量入口

创作者想要在抖音平台进行短视频直播运营，首先要熟悉目前抖音平台的流量入口。其中包括免费流量：视频推荐、同城、关注、直播推荐、抖音商城、个人主页、搜索等，以及付费流量：DOU＋、千川等。创作者可以养成多维度刷抖音APP的习惯，多熟悉了解不同流量入口的区别。视频推荐、同城、直播推荐及关注这些流量入口就在抖音首页，较多用户习惯在此页面观看。除此之外，抖音商城和搜索页面的流量也在不断上涨，越来越多用户习惯在抖音APP搜索产品及购物下单，这部分流量入口也能给创作者创造更多曝光的机会。付费流量，顾名思义，花钱买流量，平时用户打开抖音看到的开屏广告及在首页刷到的带有"广告"两个字的视频和直播间都是付费流量。付费流量虽然需要花钱来获客，但获取的客户标签更加精准。

二、认知短视频直播平台的流量算法

每个平台都有自己的规则体系，抖音平台直播间在线人数的多与少，靠的是流量池的分发机制。因此，创作者除了了解流量入口之外，还得知道抖音平台的流量分发机制。抖音直播间的底层算法体系由流量、指标、标签、权重四项构成。

直播间在线的人数越多，平台会判定该直播间流量级别越高，从而把该直播间展示在更多用户面前。同时直播间的用户点赞、评论、下单等互动多，平台也会判定该直播间互动指标不错，给予相应的流量奖励，让直播间展示机会更多。除此之外，平台会通过主播讲解的关键词、公屏的评论来贴身份标签，直播间是娱乐型还是卖货型，卖的什么产品，通过这种方式贴标签后把直播间推荐给相同标签的用户，并且，账号权重高也能给直播间带来更多流量。

课堂实训

一、实训目标

了解短视频与直播平台的流量算法。

二、任务设置

1. 背景材料

抖音账号"伊××"在商品设计上很有层次感,针对不同用户群体,设定了不同的产品以满足用户的多样化需求,赢得了众多用户的喜爱,为自己直播间带来了不少的流量,但"伊××"不知道现在直播间处于哪一个流量层级,应该着重往哪方面优化。

2. 训练任务

根据上述材料以及图 4-8,请你分析目前"伊××"直播间处于哪个流量层级,以及如何进行优化。

图 4-8 直播间数据看板

任务二 熟悉抖音直播不同阶段核心权重指标

任务导学

5G 技术的发展,加速了传统直播电商的发展,从产业带、直播平台、带货主播到服务商,直播电商生态逐渐形成,短视频+直播+电商、达人带货的商业模式渐趋成熟。

大数据时代,直播电商带货效果显著。把握直播电商风口,做好直播内容,让用户心甘情愿地消费,从直播中的引流、留存、促活、转化,到直播后的复盘总结,把每一步做好,才能让流量更上一层楼。

知识储备

一、熟悉直播间流量底层逻辑

抖音平台看起来容易，但实际做起来却很复杂，需要掌握许多技巧。如前所述，直播间的底层体系由流量、指标、标签、权重四项构成，抖音运营需要掌握直播间流量底层逻辑：转化决定下一步的流量推荐。何为转化？直播间热度＝直播间流量转化率。一个流量用户看到直播间后产生的行为动作，就是用户的转化。

用户的转化指标分为两部分：人气转化指标和带货转化指标。

1. 人气转化指标

人气转化指标又叫互动指标，是指直播间所有的用户互动行为指标，比如停留、点赞、评论、关注、加粉丝团、分享等。其中，停留是最基础，也是最重要的指标，所有数据的产生都必须以停留为前提。评论优于点赞，但又弱于关注、加粉丝团、分享，这样用户的互动行为价值就有了一个粗略的排序。互动指标大体上反映了一个直播间的人气状态。从算法判断的角度，互动指标是衡量直播间能否有效留住用户的重要维度之一。如果一个直播间互动指标做得好，数据回传到数据库，通过与竞争对手的互动指标进行对比，数据优于对方，账号就优先获得系统的推荐流量。用户进入直播间后，产生互动行为，在直播间产生了较长时间的停留观看，并且在直播期间关注了直播间，这就是直播间人气提升的表现。

2. 带货转化指标

带货转化指标又叫交易指标，用来衡量账号的变现能力。一个账号的流量增长，仅仅依靠互动指标是无法实现长期驱动的。直播间是商业化产品，其最终目的是营利。互动指标衡量留住用户的能力，而留住的用户要能变现才有可能营利，这就有了交易指标。一切跟交易行为相关的指标，都属于交易指标，具体由交易行为与交易数据两部分构成。其中，交易行为包含购物车点击、商品链接点击、订单创建等，这里的购物车点击是最核心的指标。交易数据包含 GMV（商品交易总额）、UV（独立访客）价值、人均 GMV 等。

互动指标、交易指标决定了直播间的数据体现，而数据体现对应的就是流量，如单场观看量、峰值等。流量转化漏斗如图 4-9 所示。

在直播期间想要提升直播人气，必需要做好人气互动和带货转化，让系统给直播间推荐更多的自然流量。

二、直播账号不同阶段考核的指标

每一个新的直播账号入驻平台，都会经历四个阶段，分别为冷启动期、学习期、放量期、稳定期，大多数人在冷启动期取得初步成效，在学习期却一直没有突破。

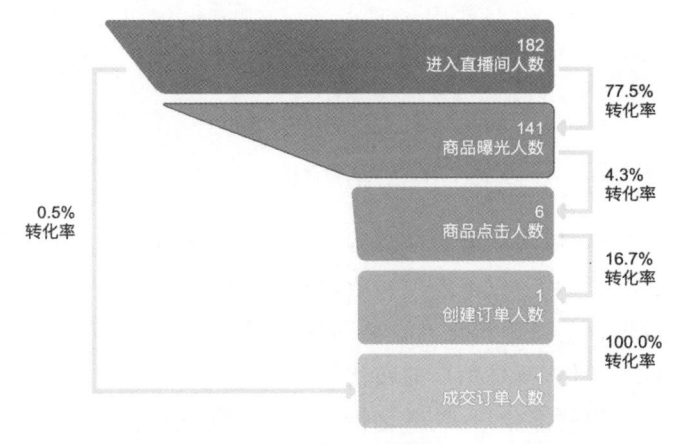

图 4-9　流量转化漏斗

1. 冷启动期

新开播的抖音直播间处于冷启动期。在抖音冷启动期的直播间，抖音会推送同城的泛流量，所以要先锁定用户的性别和年龄。更重要的是人气数据，如评论互动、停留时长要达到 2 分钟左右。点赞、评论、加粉丝团、关注等人气数据，是刚开始时需要重点关注的。

2. 学习期

当人气数据已经做得不错，突破了冷启动期，就迈入了学习期。学习期注重的是优化直播间标签、转化率，提升 UV 价值，从而提升主播的转化能力。同时，提高商品的客单价，将转化率做到极致，保证正确的标签。

3. 放量期

经过学习期转化率的提升，进入放量期。这一阶段的目标主要是进一步提升转化率以及 UV 价值。需要注意的是，要稳住流量的来源，否则数据持续低下，可能会使账号重新退回到学习期。

4. 稳定期

在冷启动期、学习期、放量期这三个阶段中的任何一个阶段，当流量稳定在某一个层级时就是稳定期。稳定期阶段主要目的是优化"人""货""场"三个指标。

实操指引

随着抖音平台的用户规模越来越大，平台规则也越来越完善，传统的商家开始被迫应战，然而对于新手主播来说，无疑提高了竞争门槛。但只要多掌握一些直播的技巧，直播成功的概率依然很大。

妥善解决制约发展的短板成为直播发展突破瓶颈的必然要求，虽然抖音直播细分到领域，步步深耕，以创意为主流内容，以广告为收入支柱，但是从平台的角度出发，主要追求的还是直播间能给平台带来多少用户的拉新、留存、促活等。

用户在直播间停留时间越久，越能说明直播的内容是有价值的，能吸引用户。用户在看直播的过程中也会产生相应的评论、点赞、分享、下单等行为，给直播间增加活跃度的同时，也会大大提升直播间的权重及曝光的流量，这样就能证明直播是有价值的。这也是抖音给某个直播间推荐流量的原因。

课堂实训

一、实训目标

对抖音直播不同阶段核心权重指标进行分析。

二、任务设置

1. 背景材料

阿利家地处中山市大涌镇,经营红木家具多年,想通过抖音进行短视频直播变现。阿利通过学习抖音直播流量分发规则及直播间不同阶段的指标,信心满满,前期通过每天稳定的互动量及转化率,成功突破了冷启动期,现已进入学习期。但阿利发现直播已经有大半个月了,直播间一直卡在学习期的尴尬阶段,为此阿利不断地尝试调整策略,寻求突破。

2. 训练任务

根据上述材料,假如你是阿利,你会从哪些方面进行优化,从而突破学习期呢?

任务三 开通抖音电商带货功能

任务导学

抖音电商既不属于平台电商,也不属于微商,它属于内容电商,通过内容来进行带货。

抖音定位的是一个大型短视频社交平台,平时在刷抖音的时候,就像出门逛街一样,只有看到感兴趣的内容,才会去点击和购买。

不少人认为只要涨粉,拥有足够多的粉丝,就可以通过短视频或者直播卖货赚钱。但其实粉丝数并不等于变现能力,要懂得抖音的变现方式及技巧,根据平台的变化做出应对方式,才能赚取稳定的收益。

知识储备

一、明确抖音主流带货形式

抖音带货,即通过商品橱窗、抖音小店、第三方平台,将产品展示在个人主页,以短视频或者直播的方式,进行销售变现。

1. 名词解析

(1)商品橱窗

商品橱窗通常称为小黄车,是直播间和短视频用来展示商品的地方。想要在抖音带货,必须要有商品橱窗。

(2)抖音小店

抖音小店又名抖店,是抖音内部上传商品的店铺,如果用户没有淘宝、京东等线上平台店铺,则可以通过抖音内部开通抖店。

(3)第三方平台

互联网上已搭建其他销售渠道(如淘宝)销售产品。抖音APP允许有合作关系的第三方平台入驻,通过精选联盟、挂商品链接的形式进行销售。

2. 抖音主流带货形式

抖音带货指的是在抖音中展示、介绍产品,吸引用户直接点击购买的形式。

(1)短视频带货

在抖音平台上,短视频带货是非常普遍的带货方式。通过短视频,可以为自己抖音内部小店引流,达到变现的目的。现如今,短视频平台也与淘宝、天猫、京东等第三方电商平台合作,通过为其导流,产生用户购买行为,再进行利益分配,达到流量的最大化。

用户在观看短视频时,短视频下方会出现对应的商品链接,通过点击该链接,可以跳转到第三方电商平台进行购买,如图4-10所示。

(2)直播带货

直播带货模式是指主播通过直播的形式展示并介绍商品,更直观地展示出商品特点与优点,使用户更好地了解商品,提升用户的体验感,激发用户的购买欲望,促使用户产生购买行为,实现变现,如图4-11所示。

图4-10 短视频带货 　　　　图4-11 直播带货

直播带货模式可以不受时间和空间的限制，随时随地进行线上直播带货，在降低成本的同时，还能提供便捷的购买渠道，用户也能随时随地购买商品。

（3）主页展示

在抖音的个人主页，可以看到一个购物车橱窗，如图4-12所示。个人主页上的内容会根据创作者设定的模式进行展示。注：店铺官方账号绑定时如果选择"主推店铺商品"，则该抖音号的商品橱窗即可自动同步抖音小店商品。

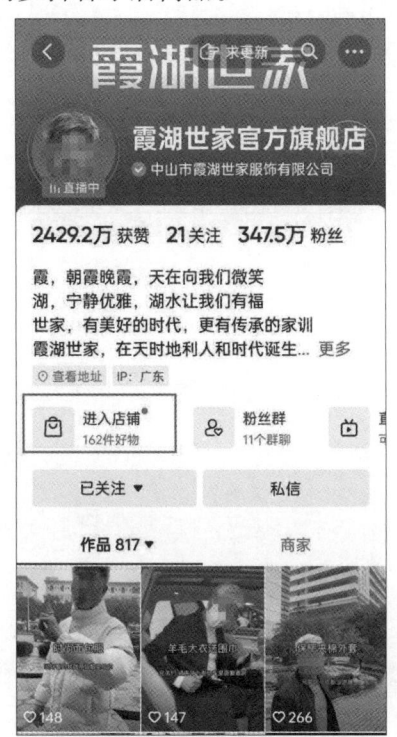

图 4-12 主页展示

二、开通抖音商品橱窗功能

商品橱窗的开通，也可分为两种情况：一种是店家形式开通商品橱窗，另一种是达人形式开通商品橱窗。

（1）店家形式

商家开通抖音小店后，可以在抖音小店的后台找到店铺设置——店铺官方账号，自行设置选择"主推店铺商品"或者"主推带货商品"，绑定官方渠道账号后即可0粉丝开通商品橱窗功能，同时还需要实名认证，缴纳500元作者保证金。

（2）达人形式

以达人形式开通商品橱窗需要满足以下条件：

①发布10个公开作品。

②实名认证。

③粉丝量大于1 000。

④缴纳作者保证金500元。

短视频与直播电商运营

目前抖音商品橱窗支持的商品来源：小店、京东、淘宝、考拉海购、唯品会、苏宁、网易严选、洋码头。抖音商品橱窗如图 4-13 所示。

图 4-13 抖音商品橱窗

如果创作者绑定了小店，添加的商品是绑定的小店商品，则商品无佣金，相当于是从手机端"我的店铺"里添加的。

实操指引

抖音平台的流量逐渐扩大，人人皆可在抖音平台上进行带货销售，这已经成为常态化。但有个别商家对于抖音带货可能还不了解。虽说直播带货是当下火爆的带货形式之一，但抖音远远不止这一种营销带货形式。

因此，创作者要掌握商品橱窗、小店、抖音号三者之间的关系，并明确商品橱窗、小店开店要求和各自门槛。

添加商品到抖音商品橱窗有两种方法：一是可以通过手机端直接打开商品橱窗添加；二是可以通过 PC 端巨量百应添加。以下以 PC 端为例进行介绍。

（1）添加入口："百应后台"—"橱窗管理"—"橱窗商品管理"—"添加商品"，如图 4-14 所示。

（2）复制商品链接，再粘贴已经复制好的商品链接，单击"确认添加"，如图 4-15 所示。

（3）编辑短标题和选择商品：图片仅支持抖音作者操作。编辑商品信息如图 4-16 所示。今日头条、西瓜视频、火山小视频作者单击"添加"即可，无法单击"编辑"按钮。

项目四　直播电商运营流程及策划

图 4-14　PC 端巨量百应添加商品入口

图 4-15　添加商品

图 4-16　编辑商品信息

课堂实训

一、实训目标

了解抖音主流的带货形式。

二、任务设置

1. 背景材料

小明是中山古镇一家灯饰企业的电商运营者,在淘宝平台经营着一家五皇冠灯饰店铺,考虑到抖音平台处于快速发展期,小明想把自己的淘宝店铺链接抖音进行带货。小明的抖音账号有 1 010 个粉丝,发布了 5 个作品,现在要带货,却不知道如何添加淘宝商品进行销售。

2. 训练任务

根据上述材料,假如你是小明,分析目前是否满足带货要求,以及接下来要怎么开始带货,有哪些途径和方法。

任务四 运营抖音小店

任务导学

抖音小店类似于传统的淘宝店铺、微店等电商店铺,是抖音官方开放给商家和平台个人创作者的电商变现工具店铺。通过抖音小店,用户可以实现在抖音内部进行商品销售,通过短视频更直观地介绍产品,不需要另外跳转链接,可以有效避免订单的流失,优化购买环节,降低流失率,更好地提升消费体验。

知识储备

一、开通抖音小店

抖音小店相当于给商家提供的带货绿色通道。如果没有淘宝等第三方平台线上门店,想在抖音进行销售变现,可以通过开通抖音小店进行产品销售。开通抖音小店没有粉丝数量限制,有营业执照即可开通。抖音小店登录页面如图 4-17 所示。

项目四 直播电商运营流程及策划

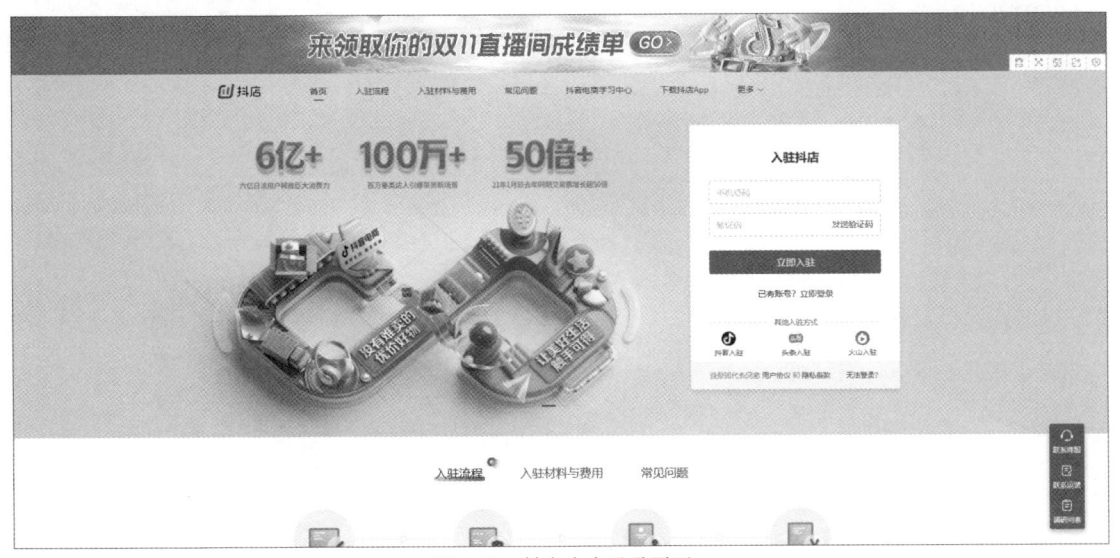

图 4-17 抖音小店登录页面

二、抖音小店运营技巧

1. 绑定官方账号

绑定一个抖音号作为店铺官方账号。绑定店铺官方账号可以实现店铺与官方账号的稳定关联关系。绑定以后官方账号将获得带货权限。官方账号与渠道号不冲突,可同时绑定。

绑定官方账号后还可以获得以下权益:

(1)增加店铺曝光:店铺绑定官方账号后,消费者可在抖音端搜索/关注官方账号来找到店铺。

(2)沉淀私域流量:如店铺未绑定官方账号,在带货模式下,达人带货是为达人积累粉丝,不利于店铺沉淀私域流量。店铺绑定官方账号后,商家可通过自播积累粉丝;达人带货时,橱窗货源显示官方账号,方便店铺引流增粉。

(3)其他增值服务:对于个体工商户或者企业店铺,如果绑定的抖音账号为个人账号或普通企业号,商户可授权小店平台将提交的身份证明材料(如营业执照)共享至抖音账号进行企业认证,如果符合企业号资质,可将绑定的账号升级为验证企业号,如果符合蓝V资质则可升级为蓝V,同时免除600元审核费。在完成官方账号绑定后,即可在商家后台—店铺官方账号处进行认证。

2. 设置支付方式

开抖音小店需要先设置支付方式,如图 4-18 所示。很多人都会直接创建商品,忽略了设置支付方式。如果没有设置支付方式,用户看到商品也买不了单。

99

图 4-18　设置支付方式

注：支付方式设置需要审核，建议提前设置。个体工商户或者企业店铺可填写对私或者对公银行账户（二选一）。

a. 填写经营者及经营者个人银行卡号。——选择对私账户（62 开头的银联卡）

b. 填写营业执照名称及对公银行卡号。——选择对公账户

开户账户必须和营业执照名称一致，按照开户许可证的信息填写账户信息。

支付类型设置：

（1）在线支付：店铺开通合众或者支付宝支付功能。

（2）在线支付/货到付款：店铺开通合众或者支付宝支付功能。但个人资质的店铺不支持此支付方式。

（3）货到付款：个人资质的店铺不支持此支付方式，其他店铺类型都可以选择。

3. 创建商品

创建商品需要填写商品基础信息，如商品分类、商品标题、类目属性、库存、价格、快递等，如图 4-19 所示。

（1）商品标题：30 个字以内，可以为"产地/品牌＋商品名称＋种类/品种＋净含量/规格"。

（2）主图详情页：至少一张主图，建议上传 1∶1 的图片，图片至少 600＊600 像素，图片大小不超过 5 MB。

图 4-19　现货商品

4. 选择发货模式

(1)现货发货模式:如用户下单后 48 小时内发货,超时未发货会受到惩罚,如图 4-20 所示。

图 4-20　现货发货模式

(2)全新预售发货模式:商家可以自定义预售发货时间,如预售结束后 3~30 天。

(3)阶梯发货模式:可以设置延长发货时间,如可以在用户下单 48 小时内发货,也可以在下单后 3~15 天发货。

5. 绑定渠道号

除了店铺官方账号之外,如果店铺想要多个抖音号同时开播的话,需要绑定渠道号。

一个店铺可以绑定 5 个渠道号(包括抖音、今日头条、西瓜视频、火山小视频等账号),可以 0 粉丝拥有商品橱窗,并且在橱窗里面直接销售小店的商品。

6. 商品橱窗添加商品

绑定好渠道号之后,抖音商品橱窗中就可以选择自己小店的商品添加。路径:商品橱窗—选品广场—合作商品,如图 4-21 所示。

7. 直播间添加商品

绑定渠道号之后也可以添加商品到直播间进行销售,让用户在直播间直接下单。

路径:抖音 APP 首页"＋"—开直播—商品,如图 4-22 所示。

图 4-21　商品橱窗添加商品　　　　　图 4-22　直播间添加商品

8. 使用飞鸽客服系统

直播间挂链接时，偶尔会有用户联系店铺客服了解详情，因此，除了上架商品之外，还要开通客服系统。

飞鸽就是抖音小店的客服系统，相当于淘宝的旺旺，如图 4-23 所示。电脑端为飞鸽软件，手机端则是抖店 APP。

图 4-23　飞鸽

9. 订单发货

发货时可以手动输入快递单号，这是比较常见的方式。商家已经从物流公司获取过快递单号，手动输入对应的快递单号，完成发货即可，如图4-24所示。

图4-24 订单发货

如果发货较多，可以考虑使用"批量发货"功能，相对方便些。

10. 违规处罚

商家在上架及发货时，一定要留意细节，不然很容易违规。违规处罚见表4-1。

表4-1 违规处罚

违规类型	累计分值	节点处理	
		限权措施	扣除保证金
一般违规（A类）	12分	/	2 000元
	24分起，每累计12分	停业整顿3天	2 000元
严重违规（B类）	4分	停业整顿3天	2 000元
	8分	停业整顿7天	5 000元
	12分	清退	全部

三、抖音直播流程

一场成功的直播，靠的是提前做好内容策划，能够迅速撬动直播间的用户增长，同时能够给账号带来一定的转化率，还能增强粉丝的新鲜感，增加粉丝与主播的互动，从而提高主播的知名度，引爆商品销量。

直播间活动策划效果的好坏，与脚本策划设计各环节和细节相关，一个好的直播策划脚本分为以下三部分：

1. 直播前

在每场直播开播前，都需要做好充分的准备，例如确定产品的卖点、痛点、适合的人群、优惠方式等，以及直播间一系列的秒杀环节和一些增加趣味性的互动小游戏，又或者是直播过程中分享的干货内容，需要用到的道具，设备灯光的调试以及主播心态的调整，一切就绪后，就可以进行下一步的直播工作。

2. 直播中

无论什么时候，只要一开直播，就必须马上进入状态，前5分钟可以开展一个热身环节，也可以使用互动话术和最先进入直播间的粉丝打招呼，进行暖场，此时可以不断强调今天的直播间福利折扣，慢慢等待其他粉丝进入直播间。

在6～10分钟，可以剧透直播的新款和主推款。

在10～20分钟，将直播所有的款式大概讲述一遍，主播可以简单地回复粉丝的问题，但注意要按照脚本设置好的节奏进行，切忌被粉丝带偏。

开播30分钟正式进入产品讲解环节，需要有重点地按要求对产品进行介绍。

当接近尾声，最后1个小时的时候，对呼声较高的产品进行返场演绎。

最后30分钟，主播可以教粉丝领取优惠券再购买拍下。

最后10分钟，主播可以再回复商品的一些小问题。

最后1分钟，可以强调一下关注主播，并剧透之后的直播间福利。

3. 直播后

当完成了整场的直播，需要做一次直播数据复盘，总结该场直播哪些产品被提问的频率较高，什么问题问得比较多，最后再归纳总结出最佳的解答方式，优化自己的直播话术，分析未达标的数据，进行活动及产品的调整。

实操指引

在抖音里，想要直播带货，必须通过抖音小店渠道。因此，创作者一定要掌握抖音小店后台的实操路径，从抖音小店网页进入或者抖店APP进入，都可以进行店铺后台的运营。

除此之外，创作者在开播前，要先熟悉和掌握直播带货的流程。

课堂实训

一、实训目标

了解抖音小店的开店流程，掌握抖音小店的运营操作。

二、任务设置

1. 背景材料

小楠是中山市某服装专卖店的电商运营主管，入驻抖音平台一段时间后发现，越来越多的同行，通过直播带货把产品推销出去。因此，小楠也想通过抖音直播，进行男装带货。通过网上资料收集，小楠开通了抖音小店，但是对于抖音小店后台的操作不熟悉，不知道怎么上传商品,怎么挂到抖音号等,这让他很着急。

2. 训练任务

根据上述材料,为小楠上架抖音小店商品,并实操整个运营流程。

任务五　撰写直播电商运营策划方案

任务导学

抖音直播带货火爆,很多个人和企业都想通过直播进行营销变现。但是抖音平台已经步入成熟期,门槛越来越高,这就需要运用好的创意、优秀的直播电商运营策划方案等进行长期维护。

知识储备

在做直播电商运营策划方案时,首先要确定需要出镜的主播,其次是确定货物的来源,最后确定直播场地。明确围绕直播"人""货""场"三大核心要素进行分析。

一、直播前的准备

1. 直播"人"准备

(1)人员选择

直播间的销售效果与主播的直播能力有直接关系,因此需明确主播在直播中的角色。一个合格的主播不仅需要负责介绍和推荐产品,解答直播间中消费者的疑惑,促进用户购买成交,从而进行转化,而且需充当模特,对直播产品进行展示。

(2)主播能力

在一场直播中,主播的表达能力至关重要,如表达的流畅度、对产品的讲解能力。此外,主播变现能力以及随机应变能力等,都是决定直播间是否能产生良好带货效果的因素。

2. 直播"货"准备

在直播前,需确定直播商品的来源,是工厂直销还是以批发的形式进行销售,也可以通过数据网站进行货品选择。

直播间的购物袋中商品排列顺序也很重要,通常1～5号商品是店铺的主推和热卖款,因为消费者点开直播购物袋时,第一眼看到的就是1～5号商品,因此1～5号商品的曝光概率是最大的。

3. 直播"场"准备

直播可能在室内专业直播间进行,也可能在户外进行。根据自身的产品选择场地进行直播,更能让消费者直观地感受产品的真实性。

二、直播中的策划

直播效果的好坏,与提前设计的各个策划环节和细节相关。直播间策划怎么做?必须要掌握以下几个营销技巧:

1. 利用"限时限量""全场秒杀"

在直播带货中,直播间里的粉丝会产生冲动性消费,尤其当看到直播间大大的"限时限量"等营销字眼时。采用这种饥饿营销手段,会让在线的粉丝在直播间消费付款。若使用"全场秒杀"字眼,则会更快地刺激直播间观众下单。

可以在直播间中利用直播介绍及公屏展示功能,展示营销活动,例如可以写上"9.9元秒杀""每5分钟有满100元减50元的红包抢购"等营销话术,当用户进入直播间后,第一时间就会觉得很划算。这些方法不仅可以吸引用户的注意,还可以促进成交。

2. 选择性价比高、价格低的产品

性价比高、价格低的产品更受消费者的喜欢,因为这样的产品对于消费者而言成本低。所以新主播刚开始带货的时候,可以考虑价格在一百元以下的商品,前期最重要的是将货卖出去。农产品销售价格都偏低,更容易让用户产生购买冲动。

3. 选择有销售基础的产品

如果选择的产品本身就有一定的销量,说明产品本身的品质是可以的,也非常受消费者的喜爱,更容易让直播间观众产生信任感,也更容易刺激消费者的购买欲望。

4. 标题突出利益点

粉丝打开购物车时,第一眼看到的是产品主图及标题,因此主图及标题要突出产品重点,有视觉冲击力,让观众点击购物车就能一目了然地看到产品的价值和属性,引导观众点击该产品进入详情页购买。

如果产品利润空间大,可以在直播间中给粉丝较低的价格,例如直播间粉丝可享受专属福利价,自然就有人询问和购买。

三、直播后的复盘

直播后的复盘,即针对本次直播带货整体进行分析,梳理出本场直播的优点和犯错点。比如直播过程中哪里犯错了,哪里互动有问题,商品上架有什么问题等,以便下次直播带货时优化。

那么,可以利用哪些数据来进行复盘呢?

1. 直播销售额

整场直播下来的销售额是最能体现直播带货能力的数据指标,能更真实地反映主播的直播带货能力,如图4-25所示。

2. 直播人气数据

可以分析每场直播的累计观看数、在线人数、单场涨粉等直播人气数据,如图4-26所示,有效分析哪场观看次数最多,以及什么样的话术和直播形式更受观众的喜欢,用哪种方法引流效果最好,下次直播可从这些方面进行优化。

图 4-25　直播销售额

图 4-26　直播人气数据

3. 直播间观众平均停留时长

在用户点进直播间观看直播的时候,如果观看用户停留的时间比较短,很快就走掉了,会极大地影响直播的停留时长数据,也直接影响直播间获得的系统流量推荐。直播间观众平均停留时长如图 4-27 所示。

图 4-27　直播间观众平均停留时长

4. 弹幕词数据

直播的互动数据可以反映观众对直播内容的喜爱程度以及购买倾向,其中最核心的就是弹幕词。通过弹幕词数据(图 4-28),可以清晰地知道观众喜欢什么样的内容,通过观众的聊天记录,为下次直播准备相关话题,更好地调动直播间气氛。同时也可以知道观众对哪一种商品的兴趣比较高,在之后的直播中可以持续进行推广。

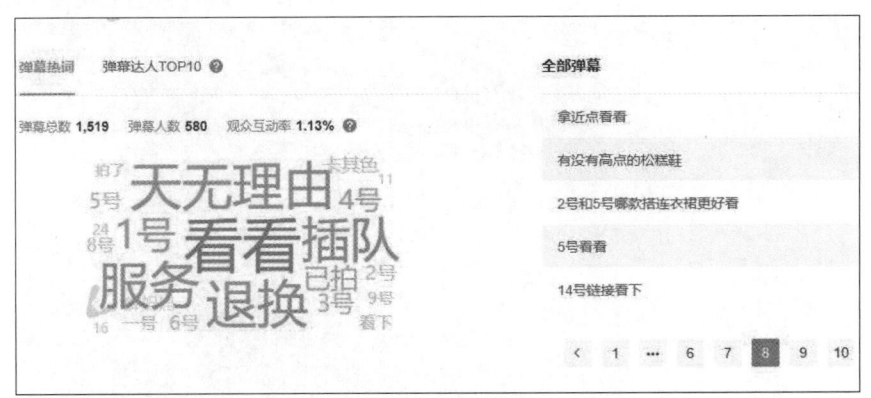

图 4-28 弹幕词数据

实操指引

一、做好直播前的准备工作

创作者在直播前要在"人""货""场"三个维度上做好准备。开播前主播要熟练掌握产品话术、暖场话术、促单话术等多种话术内容，并与团队成员，如助播、场控、运营等对好直播环节。运营要做货品布局，设计不同货品阶梯，例如引流款、福利款、利润款等。场控及助播也要在开播前布置直播场景：货品摆放位置、背景风格、灯光布局等。

二、策划直播全流程脚本

新手主播直播时很容易手忙脚乱，想要有条不紊地进行直播，策划直播全流程脚本很有必要。首先要明确直播的主题是什么，是分享干货还是推荐好物或者是节日活动等，并设置营销活动，例如：优惠秒杀、消费满目标金额送礼品、消费满目标金额减一定金额、免费领取礼品、领取优惠券、抽奖送礼品、抽福袋红包等。每场直播也要给自己定一个小目标，有目标才有冲劲。可以从直播时长、涨粉数量、直播间点赞量、直播实时在线人数、商品点击量、直播销售额等方面进行目标设置。除此之外，团队分工也要做到位，主播、助播、场控、运营各司其职，做好直播配合。

创作者也要提前做好直播全流程脚本大纲，如刚开播预热阶段，运营如何帮助直播间提高人气、主播如何留人、预告直播福利等。在正式销售产品过程中，做好排品布局，营造直播氛围等，以及下播前福利设置、引导关注及下场直播预告等内容设置。

课堂实训

一、实训目标

掌握抖音直播全流程脚本策划技巧。

二、任务设置

1. 背景材料

小美是深圳一家精品女装店铺的实体店老板,利用抖音平台做起了女装带货直播,但是在直播过程中常常毫无头绪,也不知道直播究竟要如何策划运营流程,要做些什么,导致直播节奏很乱,留不住人,因此一单也没有卖出去。

2. 训练任务

如果你是小美,你会如何策划直播脚本,从而有效提升转化?可以利用表 4-2 完成直播脚本大纲。

表 4-2　　　　　　　　　　直播脚本大纲

直播目标			
团队人员			
直播主题			
营销活动			
直播流程	时长	主要内容	话术
预热环节			
带货阶段			
结尾阶段			

归纳与提升

任何个人和商家想要在竞争激烈的短视频直播中脱颖而出,需要掌握整体的内容运营玩法,学会做好直播电商运营策划。本项目详细介绍了以抖音为代表的直播电商运营流程和策划,平台直播底层流量算法逻辑,以及抖音不同阶段核心权重指标,电商店铺后台精细化操作,以及直播运营策划方案、直播脚本的撰写,使学生可以全方位掌握短视频直播电商运营技巧。

思考练习题

一、填空题

1. 目前抖音直播间的流量主要来自八大渠道：_____、_____、_____、_____、_____、_____、_____、_____。
2. 直播间的底层算法体系由_____、_____、_____、_____构成。
3. _____、_____、_____、_____构成了直播间的指标体系。
4. 互动指标又叫_____，是指直播间所有的用户互动行为，比如_____、_____、_____、_____、_____等都属于互动指标。
5. 交易指标又叫_____，用来衡量账号变现能力。一切跟交易行为相关的指标都属于交易指标。交易指标由交易行为与交易数据两部分构成，其中，交易行为包含_____、_____、_____等，交易数据包含_____、_____、_____等。
6. 标签就是直播间的身份，标签具备三层结构体系：_____、_____、_____。
7. 每一个新的直播账号入驻平台，都会经历四个阶段：_____、_____、_____、_____。
8. 抖音主流带货形式主要有_____、_____、_____。

二、简答题

1. 直播后复盘需要统计哪些核心数据？
2. 抖音商品橱窗开通条件是什么？
3. 直播电商运营主要包含直播前准备、直播中策划、直播后复盘三个阶段，每个阶段的主要任务是什么？

项目五

主播职业能力素质培养

课前导学

知识目标

1. 了解直播中主播的基本工作技能要求。
2. 学习提升主播镜头感的四大技巧。
3. 熟悉直播间商品的讲解流程及话术(4P讲解模型)。
4. 掌握直播中主播口播禁忌及违规应急处理方法。

技能目标

1. 学会主播的形象塑造技巧以及心态调整方法。
2. 培养主播镜头感。
3. 提升主播商品讲解的语言逻辑能力。
4. 熟悉带货主播违规条例和违规词,并能有效处理直播违规现象。

素质目标

1. 增强社会责任感和主人翁意识;激发奋斗勇气,不畏困难,敢于尝试,自觉践行社会主义核心价值观;厚植守望相助、经世济民的家国情怀。

2. 坚定理想信念,志存高远,敢为人先,脚踏实地;提升应急处理能力、抗压与自我调节能力,塑造良好的心理素质和积极的心态。

短视频与直播电商运营

任务一　塑造良好的主播形象及调整心态

任务导学

2021年是国家乡村振兴建设行动元年，直播带货行业发展迅速，是线上销售的新风口，国家大力扶持"农村直播电商"项目。在直播带货行业里，主播是关键岗位，要通过主播不断地在直播期间输出内容，销售商品。因此，我们必须要了解主播这个岗位的基本工作技能（表5-1）。

表5-1　　　　　　　　　　主播的基本工作技能

序号	工作技能
1	讲解并且种草商品
2	体验式展示商品
3	解答直播间粉丝的问题
4	引导客户下单

知识储备

在直播带货行业里，能否销售出去商品，主播起着关键作用。因此，在一场直播带货中，除了商品要有吸引力之外，主播自身也需要有吸引力，能让用户停留下来。主播形象，即人设，包括仪容仪表、语言谈吐以及肢体动作等。主播要能吸引用户停留在直播间，做出相对应的消费行为。

一、主播人设

以下是四种较具带货力的主播人设：

1. 导购促销类

这有点儿像早前的电视导购员，如果主播推荐的产品非常有吸引力，也会吸引一些人停留；看到优惠力度大，他们会形成冲动消费。导购促销类人设的核心是找到用户最真实的需求，快速准确甚至超预期地匹配用户需求。一方面主播能从价格、品牌、竞品等多个角度说明产品卖点；另一方面能从用户的消费场景、心理需求等角度匹配合适的商品。这种人设的局限则在于，主播所推荐的商品必须是极具性价比和专业度的，一旦推荐出错则会人设崩塌。

2. 技能专家类

像抖音目前力推的线上教育，大量专业的机构人才涌入抖音，技能专家人设最核心的东西就是权威背书和专业赋能，通过专业的经验分享让用户有所收获，然后通过部分商品，让用户驱动自己去学习、成长。比如售卖蜂蜜等食品，营养师主播可以详细介绍产品的营养成分和保健效果;售卖面膜等护肤类商品,美容师主播可以传授用户护肤技巧。专家类角色都是来帮助用户完成消费决策和商品消费的。这类主播通过塑造一个资深的专家形象,通过纯干货内容知识来建立与用户之间的信任,最后吸引用户消费。

3. 品牌人格化

在现在这个社交媒体时代,用户越来越倾向于和品牌直接对话,表达自己的喜爱和不满。老板、企业家是品牌人格化的最好载体。这种人设的最大价值就是提升用户的信任感,让用户感觉有途径直接和老板对话,需求和问题都可以快速得到解决。

4. 网红达人类

对于部分用户来说,消费不仅仅是为了满足物质需求,还有精神需求,消费本身代表了用户对美好生活的期待和向往。网红达人类人设最核心的就是成为用户的理想化身,进而与商品相关联,让商品成为用户理想的载体。这种人设的最大价值就是和用户产生情感共鸣,增加产品溢价,形成品牌护城河,降低用户对价格、品质以及其他产品属性的敏感度。

要打造网红达人类人设,主播必须既有内容又有趣,既有专业知识又能讲故事,既能对产品如数家珍,又有自己独特的消费主张。

二、主播的形象塑造

1. 仪容仪表

主播要带有简洁的妆容,以得体大方的着装作为基础,再配合商品、品牌、人设的定位等。仪容仪表宜反映其直播产品或服务的特性。例如,卖母婴产品的主播,亲切自然的着装更能赢得众多妈妈的好感。

2. 语言谈吐

主播要想在直播期间让用户停留在直播间,产生购买行为,首先就要让直播间的用户对主播本人以及对直播间的商品产生信任。主播要有自己的语言特色,具有亲和力、感染力,话语要有说服力,才能让用户产生信任感,表达的内容要丰富,带着真实情感。例如,母婴类目的商品,主播的话术中带有自家小孩使用商品的场景,能让用户感受到这位主播对商品有使用经验,加上主播话术中带有商品的检查报告、材质证明等资料,也会更加有说服力。

3. 肢体动作

在直播期间有一定的肢体动作能让用户更了解主播,了解直播间的商品,对直播间产生兴趣,但是过于浮夸的动作易引来用户的不适感,因此要有节奏、适当地展示动作,包括拍手、展示商品、表达开心、表达兴奋等。例如,在开库存环节,主播配合手势进行倒计时,会给用户营造一种"准备好马上要开抢了"的氛围。主播形象对应的直播商品示例见表5-2。

表5-2　　　　　　　　　　　主播形象对应的直播商品示例

商品定位	商品定价	商品历史	场景搭建	主播形象
1. 四川腊肉 2. 农家腊肉	客单价: 39~99元/人	历史悠久,长达千年的古法制作手艺	熏制现场,后排都挂上腊肉	1. 村民服装 2. 淡妆 3. 戴防护透明口罩 4. 头发扎起来

如图 5-1 所示是一个售卖四川农家腊肉的直播间，主播身穿带有民族特色的服装，头发梳得很整齐，主播的形象能让用户一眼代入农家场景的画面感，手上佩戴一次性手套，脸上挂着防护口罩，可让用户感受到直播间商品是干净卫生，没有受到污染的；主播妆容干净整洁，整个画面给人一种舒适感；主播的整体动作幅度较小，拿着商品对着镜头展示、称重、包装，直播间以平播为主，观看体验轻松舒适。

三、直播间不同阶段的主播应对技巧

直播间在刚起步阶段，难免会出现在线人数较少的情况。随着直播时长的增加，以及团队内部不断优化直播间内容，直播间流量会逐步提升，直播间的在线人数也会随之增多。在线人数较少的时候，主播应把进入直播间的人都留存下来，可以使用"点对点"（针对每一位用户）的方法进行留存。在线人数多的情况下，主播很难做到"点对点"沟通交流。所以在直播间的不同阶段，主播要用不同的状态来进行直播，表 5-3 是直播间不同阶段的主播应对技巧。

图 5-1　直播展示

表 5-3　　　　　　　　　　直播间不同阶段的主播应对技巧

直播间不同阶段	主播应对技巧
E 级别小流量直播间	"点对点"互动，以强调福利与停留理由为主
D、C 级别中流量直播间	以商品性价比的稀缺性互动为主
B 级别以上大流量直播间	以商品或品牌自身的优势卖点形成销售

四、主播心态调整

在直播前、直播中、直播后，主播的心态都非常重要。直播前的流量比较多，主播也会比较亢奋，状态较好；当直播到一定时长的时候，直播间的流量开始慢慢下降，此时主播的心态必然会受到影响。在不同的阶段，主播都要有积极良好的心态，如果主播状态不好，整场直播的效果会受到很大的影响。直播是一个强度较大的工作，主播要学会适时调整心态。主播心态调整应对直播间状况见表 5-4。

表 5-4　　　　　　　　　　主播心态调整应对直播间状况

直播间状况	主播心态调整
重复循环过款	长时间直播，节奏要松紧合理，张弛有道
在线人数较低	掌控直播间的节奏和保持激情
在线人数暴涨	情绪不能过分激动，保持直播间节奏
在线人数暴跌	表现正常，状态不能随着人气下降而变差

项目五　主播职业能力素质培养

(续表)

直播间状况	主播心态调整
直播间有"黑粉"带节奏辱骂	心态放端正,分析是同行故意捣乱还是真实用户出现售后或售前问题。同行故意捣乱可以提示后台进行拉黑处理,真实用户出现售后或者是售前问题,先进行安抚,再提示后台联系用户及时解决问题
老板批评、运营批评	先接受团队人员的建议,再自我反省,配合团队人员进行优化改进

所以主播要具备以下能力:

1. 心理承受能力

主播在上播前,一定告诉自己要自信,不能怯场,不能对直播间的商品不自信;如果主播不自信,说的话和做的动作中传递的不自信都会被用户感受到。因此,主播在直播前要调整好状态;在直播期间,刚刚开播时人数可能较少,要学会坚持,不断地优化自身的话术和状态;在直播后,可能第一场和第二场的数据相差较大,也不要气馁,不要害怕,找到需要优化的地方,快速调整优化;在面对直播间的用户带节奏、有"黑粉"攻击的时候,也要根据具体情况,给予回应,不要被用户的语言和节奏打乱了自身的节奏和心态。

2. 随机应变能力

在一场直播带货中,无论准备得多么充足,总会发生突发状况,这就需要主播具备随机应变能力。遇到商品展示没达到效果、直播红包没发送出去、商品库存有误等情况,都需要主播保持冷静,根据现场的实际情况解决问题。在开播前,需要先想好出现突发情况的解决方法,例如发送不出红包的情况下,不要着急,也不要紧张,可以先向直播间的用户说明为什么发送不出红包,让用户耐心等待。解决不了发送红包的问题时,可以换种方式给予直播间用户福利,例如"抽奖""发放优惠券"等都是很好的解决方法。

实操指引

直播带货中,主播的形象至关重要。主播作为直播的核心,既是账号的代表,也是所销售的产品、品牌的代表,它直接关系到用户是否停留下来,以及对直播间内容是否产生兴趣。用户能通过主播形象对主播有一个基础的印象,辨识度高的主播很容易让用户产生兴趣。塑造主播形象是一项基本技能。一般主播的形象可以从以下几个方面进行塑造:

(1)妆容。
(2)发型。
(3)着装。
(4)配饰。
(5)谈吐、行为举止。
(6)角色。

以国内护肤品牌珀莱雅为例展示主播形象,如图5-2所示。

图5-2　主播形象展示

主播形象塑造见表 5-5。

表 5-5　　　　　　　　　主播形象塑造（主播商品：护肤品）

主播形象	要点
妆容	淡妆简约
发型	与品牌外包装同色系发箍
着装	与品牌外包装同色系条纹毛衣
佩饰	没有戴佩饰
谈吐、行为举止	语速快慢有度，动作幅度适中
角色	导购＋客服

课堂实训

一、实训目标

能够根据特定的商品，打造合适的主播形象，包括仪容仪表、语言谈吐、肢体动作等。

二、任务设置

1. 背景材料

近日，有一家山东烟台的苹果种植基地，因为疫情原因，产品滞销，需要进驻到抖音平台进行线上直播销售，打算进行果园内室外模式直播，招聘了一位女性主播。

2. 训练任务

请你根据商品属性（表 5-6），为主播塑造形象，完成表 5-7。

表 5-6　　　　　　　　　商品属性

商品定位	商品定价	商品历史	场景搭建
烟台苹果	客单价：9.9～39.9 元/人	烟台种植苹果历史悠久，有 140 多年历史，当地气候和环境条件非常适合苹果种植	果园内部直播，搭建桌子，以果树为背景

表 5-7　　　　　　　　　主播形象塑造（主播商品：烟台苹果）

主播形象	要点
妆容	
发型	
着装	
佩饰	
谈吐、行为举止	
角色	

项目五 主播职业能力素质培养

任务二　培养主播镜头感

任务导学

西西是一名新主播,在镜头面前表现力欠佳、不自然,商品介绍逻辑混乱,没有互动,无法展示商品的使用效果等,导致直播间的成单数据没有增长。主播要学会找到自己的镜头感,在直播期间表现自然,保证用户的观看体验舒适,这也是主播的基本技能之一。

知识储备

作为一名优秀的主播,良好的镜头感是必不可缺的。镜头感好的主播可以将最自然、生动的状态展现给观众,给人一种舒服的感觉。主播捕捉镜头感的 4 大技巧为:

1. 画面捕捉

商品属性不同,主播的直播模式也不尽相同,一般分为站播、坐播、手播、脚播等。主播要懂得看机位,保持正脸或者是手部、脚部等面对镜头,把镜头当作朋友,眼神不能飘忽不定,能让用户直观地感受直播的内容,如图 5-3 所示。

图 5-3　画面捕捉:主播展示特色零食

2. 角度捕捉

无论是手机直播,还是电脑直播,展示给用户的画面都是有限的,因此,主播要找准镜头的角度,确定在特有的直播有效区域,能最大限度地展示好看的画面内容。例如,女装主播要能找到展示商品上身效果以及展示衣服的细节或者全貌的角度。

3. 距离捕捉

在整个直播画面有效区域里,主播不能占据 100% 的画面,否则会使用户的观看体验变

117

差。主播应该保持占据70%的画面，适当留白，有商品展示等画面，如图5-4所示。

图 5-4　距离捕捉：主播展示特色商品

4. 灯光捕捉

在直播期间，随着主播的肢体动作，在灯光的影响下，主播身上的色彩、商品的色彩等会发生变化。因此，主播要学会捕捉灯光，寻找灯光，在合适范围内做动作，呈现出效果最好的画面。

实操指引

通过不同景别展示商品，可以让直播间的用户对商品有更深层次的了解，产生购买兴趣，以达成销售。

1. 全景

在直播间展示商品时，全景是需要把商品的全部展示在直播间的画面当中，让用户能够清楚地看到并且了解商品的基础信息，如图5-5所示，主播对商品做一个全面的讲解。

2. 中景

中景是切换到离镜头比较近的地方，让用户能更进一步地了解商品的信息，主播也要在这个景别展示方法上，利用一些形容词、修饰词等对商品做一个细节性的讲解。

3. 近景

近景是在商品展示时，商品占据整个有效画面的70%左右，这个景别动作是为了让直播间的用户看清商品的一些细节信息。

4. 特写

这个景别是把商品的其中1~2个突出的卖点展示到画面的100%，主播在使用这个景别展示商品时，要更深入地讲解商品的突出卖点。

项目五　主播职业能力素质培养

图 5-5　全景展示零食花束

课堂实训

一、实训目标

塑造带货主播泰然自若的镜头感,掌握主播能量手势与表情管理,提升直播中"人"的带货效应。

二、任务设置

目前,中山霞湖世家品牌男装直播间已经完成装修,直播间设备、灯光等也已经组装完成,要求主播是站播形式。新人主播对着镜头紧张、尴尬、眼神飘忽,声音也变得很不自然。其实这些都是正常现象,就是缺少了镜头感与一点儿声音的小技巧。请你结合实际情况,协助主播熟练掌握捕捉镜头感的 4 大技巧。

任务三　提升主播商品讲解的语言逻辑能力

任务导学

直播带货的本质是销售商品,所以主播一定要具备销售能力。了解直播带货销售和讲解商品的逻辑思维,才能有效地推广商品,让用户了解商品。对于主播来说,了解商品的专业知识,有效、有逻辑地讲解商品是基本技能。在直播带货的模式下,光有商品讲解能力是不够的,主播还要学会如何去营造商品抢购氛围,在短时间内刺激用户的需求,催促用户下单,提高成交率。

知识储备

主播要具备的语言逻辑能力包括：

1. 商品讲解能力

带货主播要全面掌握商品的信息、卖点、亮点以及商品能解决用户什么问题、能满足用户什么需求等。例如，售卖女装羽绒服，主播就需要熟知羽绒服的用料、做工、成本、款式等方面的知识，与其他羽绒服对比的优势；能够根据适用人群，代入场景搭配，解决用户的问题，协助用户选择颜色、码数等。可以利用表格来完善商品的基本信息，如常用的商品提词表（表5-8）。

表5-8　　　　　　　　　　　　　商品提词表

商品名称		
商品图片		
商品基本信息		
商品卖点		
商品痛点		
商品机制		
商品日常价		
商品直播价		
商品道具材料		

2. 创造用户实时抢购能力

在直播带货中，整个销售过程是循序渐进的，让用户产生"我要在你的直播间买，我要现在就在你的直播间买"的想法，是一个主播要具备的能力，也就是创造用户实时抢购能力。一般可以利用限时、限量的方法——利用库存达到限量的效果，利用价格达到限时的效果等。

3. 催促用户下单能力

在带货期间，会有很多用户对是否下单存在很多的顾虑，主播要学会打消用户的顾虑，让用户没有任何疑问和顾虑地快速下单。一般用户会存在的顾虑包括：这个商品能否解决我的问题；能解决我的多少问题；购买起来是否方便；售后出现问题如何解决；等等。

一般情况下商品讲解分为八个步骤，见表5-9。这是直播间商品四步营销法（需求引导、引入商品、赢得信任、促成下单）的细化。

表5-9　　　　　　　　　　　　　商品讲解的步骤

序号	讲解环节	讲解要求
1	找出用户痛点，引导需求	通过描述画面，讲解商品在使用场景中给用户制造的麻烦，产生的问题
2	放大用户痛点，刺激需求	生动描述并且升级痛点，讲解痛点产生的问题会导致的结果
3	通过痛点引出商品	结合痛点，引出直播间销售的商品
4	商品介绍	介绍商品的基本信息，提取商品1～2个优势卖点，解决上述用户的痛点，深度描述，刺激用户的需求

(续表)

序号	讲解环节	讲解要求
5	塑造商品价值	利用商品优势卖点,升级解说商品能帮助用户解决什么问题,满足用户什么欲望,配合品牌背书、资质证明、商家实力等进行全方位讲解,深度刺激用户的需求,让用户产生现在就需要这个商品的心理
6	限时限量、强调商品性价比	利用商品营销机制,强调商品的性价比,体现商品功能以及价格的稀缺等,刺激用户的下单欲望
7	售后服务保障	极速退、免费试用、安心购、运费险等
8	催促用户下单	再次利用商品卖点以及商品营销机制,刺激用户的下单欲望,打消用户的顾虑,催促用户下单付款

单单依靠商品讲解是不够的,主播在讲解商品过程中,还要有一定的场景代入、品牌代入、活动代入等,如以下的4P商品讲解逻辑模型:

描绘(Picture):①描绘用户不具备该商品的痛苦场景;②描绘用户使用该商品的美好场景。

承诺(Promise):用户在购买商品的时候,都希望商家会有一定的服务保障以及商品效果保证,一般常见的是使用"七天无理由退换""运费险""只换不退"等具有理性和感性的承诺。

证明(Prove):通过第三方权威机构、社会知名人士的材料证明,提升商品的专业性,例如售卖珠宝类目,可以展示珠宝的成分检测报告。

敦促(Push):利用限时、限量来达到抢购的氛围,一般限时的节奏较慢,限量的节奏较快。

大宝SOD蜜的直播4P商品讲解逻辑模型见表5-10。

表5-10　　　　　　大宝SOD蜜的直播4P商品讲解逻辑模型

描绘	逻辑思维	如果没有大宝SOD蜜会发生什么样的情况,如果有大宝SOD蜜会发生什么样的情况
	示例	现在的天气很干燥,脸需要基础补水保湿,用很多保湿霜。大牌的保湿霜用起来很心疼,所以现在这个阶段急需一款用起来不心疼还能让我们的脸不干燥的保湿霜
承诺	逻辑思维	遇到的问题都会解决
	示例	大宝便宜又好用,可以说是国民品牌啦,买回去用效果非常好。如果收到货不想要了,你退回来也没关系,因为我们是有"七天无理由退换"保障的,还有过敏险,不用担心
证明	逻辑思维	用户会担心是否是正品,能否达到效果
	示例	请看一下,这个是品牌授权证明,保证正品,并且我们的国民品牌的效果大家都能看得到。这是全年大宝的销量和好评反馈,线下一瓶50 ml的售卖价是××元,今天在我的直播间,××元买一瓶50 ml的,我再给你们送一瓶50 ml的
敦促	逻辑思维	用限时或限量抢购、额外赠品等机制促销,制造商品稀缺感,刺激用户马上下单
	示例	今天是××元买一赠一,库存不多,只有50单,谁抢到就是谁的

实操指引

一、撰写话术技巧

想要让用户在直播期间对商品产生兴趣,并且下单,需要主播注意的是,话术的中心点要从用户的角度出发,也就是要考虑用户的需求。以下是线上用户购买商品会产生的四大需求点:

1. 基础需求

这指的是商品的基础价值能够为用户解决的问题。例如,纸巾能够满足用户的日常用纸需求。

2. 安全需求

安全是任何用户在购买商品时都会考虑的,这一点对于获取用户信任是很有效的。例如,纸巾是采用纯植物提取的材料,没有任何添加剂,对人体是无害的。适当地展示商品的材料报告,能在很大程度上提升用户对商品的信任度。

3. 衍生需求

上述提到的都是用户的基础需求点,想要让用户认知到商品的其他价值,主播就需要思考,同类商品用户在使用过程中,会不会有其他的问题是得不到解决的,并且主播所售卖的商品是能够解决这些问题的。例如,用户在日常生活中,难免会拿纸巾蘸水擦桌子,很多纸巾遇水就会破,擦拭几下就会掉屑,这一问题,主播售卖的商品是否能够解决呢?如果能解决,就需要把这一卖点通过场景代入的方式,让用户了解。

4. 情感需求

主播在售卖商品时,也要调查用户的情感需求。例如,调查显示,很多用户患有鼻炎,鼻炎患者在使用纸巾时,要求就会较高,主播可以在话术中增加"给鼻炎患者带来的福利""我深知鼻炎患者的痛苦",让用户深切地体会到,商家是在为用户的需求着想的。又如,在2021年的河南洪水事件中,我国的知名品牌"鸿星尔克"做出的捐款事件,引发了网民的一股爱国热潮,在48小时内,鸿星尔克各大直播间的商品基本上销售一空,销售额达到了4亿元左右。由此可见,能够激发用户的情感也是一大优势。

二、提取商品卖点技巧

当直播间售卖的商品过多的时候,主播对商品进行逐个体验,思考用户的需求点,以此来撰写话术,时间上是来不及的,但是有很多技巧可以帮助主播快速地获取商品的卖点以及用户的需求点。

(1)在不同的电商平台查找同类型的商品,观察商品详情页信息、用户评价区、用户问答区,能够收集到很多的信息作为话术的素材。

(2)在各大知识分享社交平台,很多论坛以及帖子会有用户对于一些商品或者是品牌的讨论,同样也可以收集到很多信息作为话术的素材。

课堂实训

一、实训目标

掌握主播讲解商品的语言逻辑；提升主播抓取商品卖点与特征能力，提升商品营销话术。

二、任务设置

1. 背景材料

中山市小榄镇××燃气灶某线下门店，直播间已经搭建完成，马上即可进入直播带货状态，目前新主播是实习大学生，遇到商品讲解问题，无法展开工作。

2. 训练任务

请你协助主播完成商品讲解话术（表5-11）。

表 5-11　　　　　　　　　　商品讲解话术

讲解环节	讲解内容
找出用户痛点，引导需求	
放大用户痛点，刺激需求	
通过痛点引出商品	
商品介绍	
塑造商品价值	
限时限量、强调商品性价比	
售后服务保障	
催促用户下单	

任务四　掌握主播口播禁忌及直播违规应急处理方法

任务导学

每个直播平台都有相应的规则，以完善并稳固直播带货市场的发展，保证形成绿色健康的网络购物环境。主播要熟知直播平台的行为规范，规避风险以正常完成一场直播带货；在直播期间可能会发生违规现象，主播要针对违规现象进行积极有效的处理。

知识储备

一、直播平台常见的带货主播违规条例

例如,抖音平台常见的带货主播违规条例见表 5-12。

表 5-12　　　　　　　　　　抖音平台常见的带货主播违规条例

序号	违规条例
1	主播在直播间传输负能量内容、辱骂用户等
2	多平台、多账号同时开播
3	主播在直播期间进行第三方平台引流
4	主播违反《中华人民共和国广告法》售卖商品(虚假宣传)
5	主播着装过于暴露等
6	直播封面图、标题、头像、弹幕发言等资料违规
7	主播在直播间恶意炒作、涉黄、涉赌等行为

二、常见的违规词

常见的违规词见表 5-13。

表 5-13　　　　　　　　　　常见的违规词

违规词类	具体内容
限时用语	"直播时的福利""直播时的活动""随时结束""仅此一次",这类用语一定要有具体的时限,没有具体的时限是严禁使用的
极限用语	使用国家级、世界级、最高级等词汇; 使用绝对、全网、一级等词汇; 使用全网最低、最高级、最好等词汇; 使用百分之百、一百分、非常高档等词汇
权威性用语	使用"××领导人推荐""无需国家检测报告""老字号""国家特批品牌"等词汇
虚假宣传用语	使用"高效""强效""瘦身""瘦脸""减肥""抗老"等功效性词汇
封建迷信用语	使用"运气好""招财进宝""护身"等词汇

实操指引

平台的直播规则会不定时地进行修改优化,主播要时刻掌握平台最新的规则内容,避免直播期间出现违规现象。以下是常见的违规处理技巧:

1. 宣传违规

主播在讲解商品过程中,可能会不小心说出一些宣传违规的词汇,这些词汇在被系统抓取到的情况下,会有弹窗警告。这就比较考验主播的随机应变能力,主播需要及时对话术进行修改,换不同的方式进行解说。

2. 利益诱导

主播在直播过程中,利用抽奖、免单形式引导用户点关注、写评论,注意在这个阶段,需要把活动的形式说清楚,不能模糊不清,当系统有弹窗警告时,需要立刻停止活动,在直播间进行说明并道歉。

3. 讲解商品与直播间售卖链接不一致

主播在讲解商品过程中,中控操作并没有上架主播正在讲解的商品,那么就会导致出现这一违规现象。因此需要提前对整个团队的动作做好规划,避免出现这一情况。

4. 场景违规

有些直播间会带有营销宣传背景牌,例如"全场9.9元""全场免费送"等,但是背景牌上"全场"的字眼是模糊不清的,这会导致被系统判定为场景违规。因此活动形式要具体化,例如"外套清仓,低至9.9元"。

课堂实训

一、实训目标

掌握直播平台的行为规则制度,在策划脚本内容以及话术时要核查是否会出现违规内容,及时优化整改。

二、任务设置

打开抖音直播平台,查找并熟练掌握达人/商家直播带货行为规范内容,优化整改自己的直播脚本以及直播话术。

归纳与提升

主播看似门槛低、薪资高,但实际上成功的主播并不多。一个优秀的主播意味着他是一个综合能力强的高素质人才。直播作为一个新兴的职业,随着大众的认可和"直播+"的多元化,主播能创造的价值也越来越高。是一个值得深耕的职业。

直播带货中,主播的形象至关重要。主播作为直播的核心,既是账号的代表,也是所销售的产品、品牌的代表,它直接关系到用户是否停留下来。优秀的主播对于直播带货有非常重要的作用,能够根据特定的商品,打造合适的形象,包括仪容仪表、语言谈吐、肢体动作等。主播在直播期间要输出专业的内容,不断向用户展示自己独特的风格。本项目要求学生掌握讲解产品的语言逻辑,挖掘产品的特征与卖点,熟悉直播间商品讲解步骤(四步营销法)及4P商品讲解逻辑模型,提升商品营销话术,逐渐形成人物标签IP,让粉丝更加信任自己,从而产生购买;熟悉带货主播违规条例和违规词,并能有效处理直播违规现象。

思考练习题

一、填空题

1. 4P 商品讲解逻辑模型是_____、_____、_____、_____。
2. 主播在直播时使用的_____是对商品特点、功效、材质等各方面的口语化表达,是吸引用户停留和促进成交的关键。
3. 主播的商业价值在某种程度上可以理解为_____。
4. 线上用户购买商品会产生 4 大需求点:_____、_____、_____、_____。
5. 主播增强镜头感的 4 大技巧:_____、_____、_____、_____。

二、简答题

1. 主播的人设有哪些类型?如何打造主播人设?
2. 人气主播具备哪些特点?怎么训练成为一名优秀主播?
3. 如何提升主播的镜头感、综艺感和心理素质?

项目六

直播间选品组货及话术

课前导学

知识目标

1. 认识直播电商平台属性及八大消费人群特征。
2. 熟悉直播选品的四个维度及七个选品技巧。
3. 熟悉直播间商品营销话术的框架逻辑。
4. 掌握直播间引导关注、暖场互动话术。

技能目标

1. 掌握直播选品的四个维度及选品流程和技巧。
2. 熟悉不同品类不同直播模式的组货策略。
3. 学会撰写直播间商品营销话术。
4. 提升直播间引导关注、暖场技巧。

素质目标

1. 提升创新思维、创业意识及创业素养;培养诚信守法、开拓创新的职业品格和行为习惯。
2. 激发使命担当,争当好物推荐官,全面提升灵活应变能力,坚持品牌意识和服务意识。

任务一　熟悉直播间选品的四个维度

任务导学

直播电商,首先要有商品,但是目前直播平台之间竞争激烈,选择哪个平台,基于平台选择什么类目,是众多商家较难抉择的。开展直播电商,首先要了解直播电商基于哪些标准进行商品选择。

知识储备

一、目前热门直播平台用户画像及属性

2019 年阿里联合凯度,提出八大人群的概念。它们基于大数据分析,根据不同人群的年龄、城市线级、家庭可支配收入等基础属性特征,对各大人群的价值观、生活方式、品类及渠道触点偏好进行了详细研究,帮助商家对人群进行精准运营,实现人、货、场高效匹配。八大人群分别是:

1. 小镇青年

小镇青年是生活在低线城市的 85 后人群,他们"有钱、有时间"并紧追都市潮流,生活经济压力相对较小,在美食、美妆、电子产品等方面的兴趣偏好显著,消费升级趋势明显。他们重视社交生活,相信家人、朋友的推荐并经常与好友拼单;对价格敏感,注重性价比,愿意花时间进行多电商平台的比价。慢节奏的生活让他们有充足的闲暇时间通过短视频、直播、网络游戏等方式进行休闲娱乐。小镇青年对国家认同感很强,非常愿意购买国产品牌。

2. 都市 GenZ

居住在高线城市、以 95 后为主的 GenZ 是独立自主的"数字原生代",倾向于在数字世界中进行社交、学习和娱乐。在优渥的物质条件下成长起来的他们,消费活力旺盛,对网购青睐有加。他们擅长学习吸收新知识,对新奇有趣的事物充满热情。GenZ 也是特别在意外表的一代,是潮流服饰的忠实拥趸。此外,他们热衷于利用互联网发展自己的兴趣圈子,在短视频、直播平台上进行小众社交。

3. 都市白领

居住在高线城市、以 85 后和 90 后为主的新锐白领们仍然处于事业奋斗期,工作节奏快。他们对消费便利性要求高,青睐线上渠道,尤其是 O2O 到家平台。都市白领不仅购物热情旺盛,还乐于尝试新鲜事物,小红书、微博使用率高;并对提升自我价值十分关注,是护肤美妆、知识付费等消费的主力人群。同时,虽然都市白领收入较高,但他们也面临着高消费、高生活成本的压力。

4. 精致妈妈

高线城市的精致妈妈身兼多职:是美丽的职场女性,也是孩子的贴心朋友,更是全家的

万能主理。作为家庭主要的购物者,为了取得生活、工作、家庭的均衡和谐,她们愿意花钱买便利,热衷线上购物。她们经常浏览宝宝树等母婴社区与小红书等社交电商,分享购物与使用心得。值得注意的是,精致妈妈非常重视产品的健康与安全。

5. 都市中产

同样居住在高线城市的资深中产,以 70 后、80 后为主,相比于年轻一代,消费观更加成熟。大多数人持"轻价格,重品质"的消费理念,尤其是线上购物注重品质,更多选择品牌官方旗舰店;线下购物注重体验,热衷以盒马生鲜为代表的新零售店铺。

6. 都市蓝领

都市蓝领在高线城市主要从事餐饮、运输、零售等行业的工作,大多居住在城市郊区。生活在电商基础设施完善的高线城市,他们对线上渠道非常熟悉,生活消费购物中会很在意性价比。都市蓝领偏好使用视频与游戏 APP,是抖音、快手等手机娱乐的重要消费人群。因为工作、休息时间不固定,他们偶尔也会在高峰期使用 O2O 平台点外卖。

7. 都市银发

年龄在 50 岁以上的都市银发一族,大多生活在高线城市,对高品质养老生活需求较为明显。他们非常关注自身健康状况,热爱收看保健养生类电视节目,参加线下社区营养师/医生免费健康讲座,以及购买保健食品、健康检测产品等。

8. 小镇中老年

小镇中老年生活在低线城市,生活节奏较慢,拥有大量的闲暇时间,并且娱乐活动较为匮乏。他们喜欢使用大屏手机上网,收看线上短视频、电视剧,也喜欢熟人间的社交活动(例如广场舞)带来的归属感,向身边群体分享健康、时事、购物等各种信息,是拼多多等社交平台裂变拉新的重要参与者。

直播平台将会针对用户的标签来推送针对性的内容,以保证用户在平台的使用体验感。目前热门平台用户画像及属性见表 6-1。

表 6-1　　　　　　　　　　目前热门平台用户画像及属性

平台名称	平台属性	用户属性	用户特征	主要带货品类
抖音	原创短视频内容和电商购物为一体的平台	1. 用户与短视频创作者关系较弱 2. 平台以内容运营为中心	1. 潮流、时尚 2. 女性比男性多 3. 一、二线城市用户占比较高 4. 城市用户比农村用户多	冲动消费品 实时消费品 大众类消费品 新品类
快手	原创短视频社区和电商购物为一体的平台	1. 用户与短视频创作者关系较强 2. 平台以社区私域流量和粉丝运营为中心	1. 大众、接地气 2. 三线以下城市占比较多 3. 农村用户比城市用户多	大众类消费品 高性价比消费品 新品类
淘宝	传统电商购物平台	1. 用户成熟 2. 用户与商家是显性的买卖关系	1. 用户群体庞大 2. 各线城市消费偏好差异明显	全品类
拼多多	传统高性价比电商购物平台	1. 用户成熟 2. 用户与商家是显性的买卖关系	1. 用户特征显著 2. 三、四线城市占比较大,用户喜欢购买实惠、性价比较高的商品	全品类 高性价比消费品

二、直播电商选品的四个维度

直播电商选品策略的核心是匹配直播平台以及直播间的用户画像,选择匹配的货品品类以及相应的营销策略,进行精准高效的消费者运营。选品的四个维度为用户、品牌、品类、价格,见表6-2。

表6-2　　　　　　　　　　　　　　选品的四个维度

用户	品牌	品类	价格
刚需/非刚需	品牌知名度	标品/非标品	快消/易耗/实用耐用/高奢
受众人群画像/使用场景	品牌产地	新品/爆品/引流品	价格差度/优惠力度/
消费水平/兴趣爱好	品牌供应链	地域性/季节性	营销活动/赠品

(1)用户层面。在这个消费人群变化和渠道变革的后疫情时代,掌握热门平台用户画像及不同消费人群内容偏好,能更好地实现精准营销。用户画像指的是将平台内用户的每个信息点做成标签,信息点包括性别、年龄、地区、设备、行为习惯等内容。

(2)品牌层面。用户在选择商品时,通常会考虑商品的品牌知名度、品牌产地、品牌供应链三个方面。高知名度的品牌自身就带有高信任度;产地也带有一定的用户信任度和商品知名度,如西湖龙井。强大的供应链会直接影响用户的购买体验,保证商品在整个销售流程中都是流畅运作的。

(3)品类层面。一场直播要商品丰富,具有新品/印象品(款)、引流品(款)、爆品(款)、利润品(款)。新品/印象品(款)一般具有较好的溢价空间,也是主要的利润来源。引流品(款)也叫福利款、宠粉款,即用来吸引流量的商品,属于低客单价,用户觉得实惠,性价比高的商品。

爆品(款)就是承担企业(商家)主体销售额,并承担主要利润来源的产品;从平台的角度上来讲,指在同一个经营赛道上能跑赢竞争对手,且具备一定坑产(坑位产出,指商品在某一个类目的成交额)能力的产品。利润品(款)一般品质高,而且产品卖点上有自己的独特之处,用户对这类商品的价格敏感度不高。直播带货一般基于这四个品类进行选品,见表6-3。

表6-3　　　　　　　　　　　　　　直播带货四个品类

品类	说明
新品/印象品(款)	指的是能让用户在直播间产生兴趣,并且对直播间产生印象的商品,多是商家自主开发的商品。很多商家自主开发会参考类目在现阶段的爆品,结合直播市场的爆品进行选品
引流品(款)	指的是为直播间引进流量的商品,直播间有了流量才会有推荐、有销量。引流款一定是目标客户群体里面绝大部分顾客可以接受的商品。一般在直播开播、直播中间段、下播时间段用来引流。这一品类的特点是,受众人群广泛,性价比高,一般会使用主营类目的互补商品或是关联商品。家电商品可以使用家居日用品来作为引流品,价格低,用户使用场景广,使用频率高,是人人都需要的商品
爆品(款)	指的是已经被很多用户购买和使用过的商品。需要思考的是,商家的商品在直播市场的优势点,例如,空气炸锅的线上市场客单价在169~299元,商家的商品成本是189元,在客单价上商家不占优势,应思考商品的品牌效应,或者是其他的优势点

(续表)

品类	说明
利润品（款）	指的是受众群体广泛，并且被多数用户使用过，已具有市场使用效应的商品。商家的供应链能力则影响是否能达到目标利润空间。利润款上架的时段是当直播间人气和流量较高，最好是最高的时候。这样能确保利润款商品被更多的人看到，并且通过主播的不断反复讲解，更多地了解商品的信息。在流量较高的时候，主播可以适当拉长商品的讲解时间，反复强调商品的价格或活动，以此提高商品的转化率

（4）价格方面。在购买商品的用户认知里，在直播间购物比其他购物方式实惠、便宜，所以设置低价既是用户喜欢的，也是最佳的引流方式。但是低价并不只是指1元、9.9元等这类价格，而是相对于商品属性而言，商品单价低于用户购买心理价位，用户购买时心理感觉是实惠的。例如，某品牌手机市场价格是6 000～10 000元，如果直播间针对该品牌手机定价为5 800元，也属于低价引流品。从用户角度来思考在直播间售卖的商品，用户会根据自己的需求、兴趣爱好、消费能力决定是否购买这款商品，因此直播间要根据用户画像进行选品，以此来吸引直播间想要的用户，达成订单成交的销售目的。

三、直播电商选品的七个小技巧

1. 跟店跟品

有很多商家抖音小店都做得不错，跟着这些店铺去选品，是不容易出错的。因为他们是验证过的，只需要跟着去选品就行了。

2. 看达人跟品

有些达人影响力比较强，比如说通过短视频带货或者直播带货的形式，很快把一个商品打造成了爆品，可以去锁定他们，借鉴他们带货的方法和技巧。不过要找到比他们更有优势的地方，比如说价格更便宜，或者赠送一些小礼品等，和他们差异化，这样的话就有机会获取更多的流量。

3. 数据分析

通过数据分析来选品。现在有很多数据分析网站，比如飞瓜、蝉妈妈等。通过分析当天的产品数据，寻找出潜在的爆款来做布局。需要找那些当天数据特别好的，有可能在接下来的时间会大爆的，这种商品要提前布局。

4. 做选品表格

按照月份、节日、季节等制作选品表，形成清晰的报表，有助于选品决策。

5. 更新季节性强的商品

对于季节性强的商品，比如小风扇、羽绒服、应节礼品等需要提前做好销售规划和产品排期。同时也要对社会流行趋势和品类风向保持敏锐度。

6. 合理规划小店商品结构

可以把小店商品分为引流款、秒杀款、爆款、利润款、新品等几大类。其中爆款单场销售额占比一般超过60％，是直播间里重点推广的商品，利润比例一般为20％～30％；而引流款、秒杀款最好不要超过10％。

7. 精选联盟爆款选品

打开抖音的精选联盟，找到选品广场的6.9元秒杀、9.9元秒杀等，还有各种各样的商家榜单进行选品。这里面都是近期销量数据不错的商品，筛选一下都可以上到自己的抖音小店里。

实操指引

直播间选品除了有技巧之外，还需要有一定规范化的流程。根据流程进行选品，直播脚本内容需要反复打磨优化。以下是直播间选品的流程：

1. 确定直播主题

现代线上销售平台与线下相同，会开发很多的节日进行营销。例如"618""开学季""开春新品"等，每一场直播都需要先确定好直播主题。这是直播选品的基础。

2. 确定直播场地

直播场地是直播中的一个重要因素，"场"的选择和搭建直接影响直播间商品的品质和价值展示，用户能够通过直播间的场地判断商品的品质以及商品的价值是否跟价格相匹配。

3. 确定直播人员

主播与直播间用户接触最直接，主播能否展示好商品，能否讲解好商品，也是一个重要因素。同时，直播电商不单靠主播一个人，还需要有默契的团队进行配合，因此要提前把直播间的人员配置确定好。

4. 确定直播商品

"货"也是直播电商的重要因素之一。直播团队除了要根据上述的选品技巧进行选品之外，还要通过近期市场的爆品数据来进行选品，同时要考虑季节性、地域性以及市场物流情况等因素。

课堂实训

一、实训目标

熟悉主流直播平台的属性和用户画像，掌握选品的4个维度和技巧。

二、任务设置

1. 背景材料

中山市黄圃镇盛产各种小家电，其中不乏一些优秀的家电品牌，如格兰仕、欧莱克、荣事达等。它们目前已入驻抖音直播平台，商家主营类目有电饭煲、电磁炉、吸尘器、电风扇等。

2. 训练任务

假如你是其中一家企业的品牌运营助理，应用所学的选品知识，协助商家分析商品的优势和劣势点，合理选品，以期完成销售目标。

（1）利用数据平台分析家电类目在直播带货市场的发展趋势。

（2）根据数据，利用选品思维，协助商家完成选品。

（3）以文档的形式分析商品的优势和劣势点。

任务二　掌握直播间商品组货策略

任务导学

直播间商品组货的目的是提升商品的性价比，迎合用户的消费心理，将主营商品和互补商品或者是关联商品进行组合售卖。

知识储备

用户在消费过程中，会思考判断商品的价格以及商品的性能可以解决什么问题，商家针对用户的这一心理，会将价格较高、性能较少的商品进行组合销售。商品组货策略在直播电商中的应用非常广泛。直播间商品组货策略一般有以下三种形式：

1. 主营品＋赠品

在直播电商中，企业为了提升商品的性价比，会在主营品的基础上赠送其他的商品。例如：空气炸锅定价××元，会给用户赠送电子菜单、锡纸、厨具，如图 6-1 所示。赠送的商品都是与主营品相关联的，这种组货策略能使用户对品牌产生信任感以及好感，即使价格没有太大的优惠力度，用户能切身感受到商家在为用户使用商品的场景考虑赠送商品，如电子菜单、锡纸都是用户在使用空气炸锅过程中需要用到的辅助商品。

图 6-1　主营品＋赠品组货策略

2. 主营品＋套装搭配

例如，服装类目里面最常出现的是套装搭配，如果单独购买上装、下装加起来价格会比较高；但是如果组合搭配进行购买，就可以享受立减或者打折优惠。最常见的就是两件起八折、三件起七折以及套装搭配购买优惠××元等。

如图 6-2～图 6-4 所示，某抖音平台直播间的女装组货策略，单买裙子单价是 69.9 元、单买上衣单价是 89.9 元,分开买的价格一共是 159.8 元,套装组合购买单价是 149.9 元。在商家做好搭配的前提下,用户能直接购买到套装,省时省力又省事。这种方式是很多用户都需要的,并且可以满足用户觉得超值的心理。

图 6-2 单独裙子的价格

图 6-3 单独上衣的价格

图 6-4 套装的价格

3. 主营品＋阶梯式组合

很多的类目做主营品＋赠品、主营品＋套装搭配是不适合的,于是就衍生出了主营品＋阶梯式组合。这在美妆类目、家居日用类目中是较常见的。家居日用类目的商品单价相对来说是较低的,一般靠量取胜,如垃圾袋,原价 29.9 元 50 个,直播间的第一件是 29.9 元 50 个,第二件是 19.9 元 50 个,第三件是 9.9 元 50 个,第四件是 1.9 元 50 个,第五件免费。这一阶梯式的组合,可以给用户带来巨大的价格冲击力,让用户形成很实惠的心理。如图 6-5 所示为主营品＋阶梯式组合的示例。

图 6-5 主营品＋阶梯式组合示例

直播电商每个类目都要找准自己的选品组合策略定位，体现出最大化的商品价值感，由主播引导用户下单，刺激用户产生强烈的购买和消费欲望。

实操指引

一、不同品类、不同直播模式的五种组货技巧

很多商家在刚开始进行直播带货时，都会遇到商品组货问题。想要在直播带货市场上有效提高商品的销量以及销售额，必须要掌握商品组货策略。以下是常见的不同直播模式、不同品类的五种组货技巧。

1. 单一款式组货

货品全部为同一品类产品，SKU 数量常见情况为 1～5 款，主推其中 1～2 款产品，可通过组合形成多个 SKU。这样的组货方式成本低，操作简单，有利于打造爆款，提高整体 GMV。

2. 垂直品类组货

货品全部为同一品类产品或相关产品，垂直类直播间 SKU 数量一般在 30 款以上，且定期更新。商家可在每场带货直播中将货品分为 GMV 款、利润款、引流款、尝鲜款、秒杀款、福利款、搭配款，并按一定比例进行组合，产品上架按引流款—秒杀款—GMV 款—利润款—搭配款—福利款—尝试款—引流款依次循环，上架产品的价位可按照低—中—高—中—低—中—高循环。这样的组货方式品类集中，有利于吸引同一类人群，从而提高转化率，在直播带货时爆发潜力较大。

3. 多品类组货

货品通常包含5个及以上的产品品类,其中食品、美妆、家居、珠宝、服饰最常见,SKU数量常见为30~80款。商家在做直播带货时,可根据不同的价位层次来进行货品选择,同时结合多品类的组合来达到GMV爆发和单量爆发的目标。这种组货方式品类多样,覆盖的受众范围也相对更广,引流操作简单且粉丝在直播间停留时间更长。

4. 品牌专场组货

货品全部为同一品牌或衍生品牌产品,一般品牌专场SKU数量在20~50款,商家在做直播带货时可选择低客单价的商品进行直播,同时搭配部分高客单价的商品来满足少数粉丝的需求,另一方面再设置几款百元内的福利商品作为宠粉款,以此提高直播间转化率。

5. 平台专场组货

平台专场组货的货品类别和多品类组货类似,只是一般货品来源不同,SKU数量一般为30~80款。商家在做直播带货时可以低客单价的引流款+中客单价的利润款+高客单价的GMV款组合,来整体提高直播间的销量和销售额。

以上五种直播带货组品策略,不管是达人商家、品牌商家还是供应链商家,都可以根据自己的类型选择适合的组品方式,在熟练运用之后要提高直播间销量也不再是难题。

二、垂直类商品组货案例

垂直类商品指的是货品类别基本上属于同一品类或者是相关商品。例如各大知名美妆品牌直播间内,大多数商品属于护肤类型,商家可以把直播间商品的品类设置为5款以上,并且定期更新商品组合。例如,可以把不同功效的商品组合在一起进行捆绑销售。表6-4是一个垂直类商品组品案例。

表6-4 垂直类商品组品案例

商品类别	商品名称	商品价格
引流款	一次性洗脸巾	3.9元/包
尝鲜款	新品氨基酸洗面奶(赠送起泡网)	39.9元/支
秒杀款	补水睡眠面膜	29.9元/5片
福利款	卸妆液	69.9元/2支
利润款a	美白淡斑套盒+美白淡斑面膜10片+紧致美白面膜10片	99元/组
利润款b	抗初老套盒+夜间抗糖套盒+晨间补水套盒+礼盒包装	199元/组

课堂实训

一、实训目标

作为一个刚开始做直播带货的新手商家,该怎样开启自己的带货直播间?怎样做好货品组合才能在直播间更好地把商品销售出去并不断提高直播带货销量?

二、任务设置

1. 背景材料

广东肇庆有一家皇帝柑种植基地,准备入驻抖音平台开展直播电商业务。商家的品类单一,商品组合销售遇到了难题,但是具有价格优势,并且皇帝柑的产能很好。基地负责人迫切需要优秀的运营人才来帮助他完成销售目标。

2. 训练任务

(1)利用数据平台,分析直播电商鲜果类目用户画像。

(2)根据种植基地的实际情况,选择合适的直播营销组货策略。

(3)以文档的形式,策划出皇帝柑的组合销售策略。

任务三 剖析直播间商品营销话术

任务导学

主播需要运用强输出的营销话术,刺激用户痛点,引起用户的需求,使用户对主播以及直播的商品产生信任。挖掘用户的购物需求欲望,促使用户下单,这是直播话术的关键因素。

知识储备

对于直播电商来说,话术的好坏可以直接影响直播间的停留以及销售效果,让用户点击进入直播间并且在直播间停留是直播间话术的第一层作用。因此在不同的品类中,都要学会分析商品的属性,针对用户群体,深层挖掘用户的心理行为,才能有效地创作出营销话术,达到停留、互动、转粉、成交的目的。

一、认识直播营销话术

第一步是针对不同的品类,深层挖掘用户的心理行为。以下用两个品类来对比如何深层挖掘用户心理,见表6-5。

表6-5 T恤和面膜营销话术

品类	商品信息		用户心理行为
T恤	商品名称	纯色T恤	服装属于受众人群较广的品类,并且用户在使用商品时很少会出现其他的一些对自身健康有问题的情况。因此,在服装品类里,营销话术的重点在于让用户感受到商品的性价比,以价格和商品质量为优势,即可吸引到用户,刺激用户的消费欲望
	商品价格	9.9元/件	
	商品具体信息	均码、男女可穿、颜色丰富	

(续表)

品类	商品信息		用户心理行为
面膜	商品名称	××品牌美白淡斑面膜	美妆直接接触用户的身体，因此用户会很在意商品的成分，并且在用户的认知中，便宜的护肤品品质不可靠，如果想让用户对9.9元的美白淡斑的面膜产生兴趣，营销话术的重点应该是打消用户的顾虑，让用户了解商品的安全性、商品的使用情况等，让用户对直播间、主播或是商品产生信任，并且要利用售后服务保障来打消用户的购买决策顾虑
	商品价格	9.9元/盒（10片装/盒）	
	商品具体信息	品牌不知名、销售渠道较少	

直播电商的团队人员，只有在熟知商品的属性以及用户心理行为的基础上，才能巧妙地设计出直播话术，达到销售的效果。

第二步是要注意话术的构成要点，了解话术的作用和目的。直播带货中，每句话都是有作用的，每句话要用什么样的语气表达出来，用什么样的状态表现出来都是至关重要的。话术的构成有以下三个要点：

1. 话术要口语化

直播话术其实就跟演讲一样，演讲注重面部表情、肢体动作、语气、语速等，要求语言组织高效且有说服力，让用户能听懂，而且还很生动，甚至能让用户产生互动，刺激购买情绪，产生成交。因此，直播营销话术不是单独存在的，主播的语音、语调、节奏把控以及感染力，能把用户带入消费场景，促成客户下单。

例如，主播要介绍一款纸巾，不同的营销话术对比见表6-6。

表6-6　　　　　　　　　　　纸巾话术对比

话术	分析
这款纸巾采用木浆制作完成，并且无色无香，用起来安全，而且是可湿水纸巾，很方便，直接省去了你买湿纸巾的费用	话术生硬没有灵魂，只是按照商品的卖点直接诉说，没法让用户代入场景体会，没有感染力
大家都认识这款纸巾吧，我相信直播间的很多人都用过这个纸巾，我自己也在用。我特别喜欢这款纸巾，像擦桌子的时候，就拿这个纸巾用水沾湿，就很好用，而且还不会碎，我来给大家演示一下，是不是不会碎，因为这个是用原生木浆做出来的，纸巾只有原材料好，才能有这样的效果……	话术口语化，主播用自己的使用体验带领用户进入场景，直接戳中用户的痛点，再利用卖点来解决用户的痛点，让用户感受更真实，更容易被用户接受

2. 话术要专业化

直播带货的话术要专业化，例如，如果是美妆类目的直播带货，那么主播要对商品的成分、美妆功能属性、美妆技术等非常精通。在主播这个岗位上，有专业的内容是容易获得用户信任的。专业化主要体现在两个方面：第一个方面是主播对商品的全面认知程度，除了要知道商品的基础卖点，还要了解商品的使用流程，在使用商品过程中会有什么情况。例如，美妆商品的粉底液，需要怎样使用，用什么样的手法，要能最大限度地体现商品的价值，在体现商品价值的过程中能相应解决用户的痛点，让用户心理的信任度逐渐加深。第二个方面是语言表达的熟练度，只有把话说得清楚，说得坚定，说得肯定，话术的营销性质才会更加强烈，更加让用户信服。如果话都说不透，说不明白，逻辑混乱，只会给用户造成"这个主播肯定都没用过，所以才会说得磕磕绊绊"的印象。所以主播要不断地去学习，提升自身的专业能力，积累直播的经验，使自己的直播带货能力更强，才能取得用户的信任，增强粉丝黏性。

3.话术要具有真实性

主播的态度要真诚肯定,不要带有高高在上的姿态,要以朋友的身份去介绍商品,也不必放低姿态去求得用户的关注,"真诚"是打开人与人之间关系的第一道门槛。

二、掌握营销话术的构成

营销话术都是具有逻辑性的,在整场直播期间,在什么阶段做什么样的动作,做什么样的营销活动,都是有基础逻辑性的。常用营销话术构成见表 6-7。

表 6-7　　　　　　　　　　　　常用营销话术构成

直播节点	话术构成	示例
开播热场	我是谁?	大家好,我是主播××,今天我们进行家电直播,欢迎来到我们的直播间
	我是来干什么的?	在直播间的用户不要走开哦,听好了,今天新号开播,亏钱给大家做福利
	我能给用户带来什么东西?	我们做家电二十多年了,所以来到线上,让大家体验用低价格买到好用的商品
	我要怎样让用户注意到我的直播内容?	今天我们会有免单福利,空气炸锅、破壁机、吸尘器都有,免单数也不是只有一个或两个用户
售卖商品（商品营销八部曲）	找出痛点,引导需求	南方的天气真的是阴晴不定,说不定哪天就降温了,北方已经降温了。家庭必备的取暖器,想不想要?
	放大痛点,刺激需求	这是外部是加厚钢板的一款取暖器,有了这个钢板,取暖器使用寿命就会更长。落地的取暖器大家有没有买过,基本上这些落地取暖器,你如果放一个夏天,第二年冬天拿出来用就有很多问题,而我们这款取暖器用 3~4 年都没有问题的
	引出商品	我们这一款是属于地脚线的取暖器,你放在墙角的地脚线就可以了,像这样的取暖器其他电商平台都要 600 多元,而我们今天只有 300 台,我们是直播,性价比高,目的是让大家能记住我们××小店
	商品介绍及品牌介绍	这款取暖器是数码触屏,而且采用平行全铝质散热器,散热更快速均匀,倾倒之后会自动断电,是冬天必备的取暖器。居浴两用的防水设计,绝缘触电保护,可防止溅水漏电,非常安全。取暖器可以达到 3 000 瓦,还带一个节能模式,省电省钱更省心
	塑造商品价值	这款取暖器落地无须安装,放在地上即可使用,把脚架去掉,也可挂在墙上,安装更简单、更方便,大家在专柜买的取暖器,基本 400 元起步了吧,今天在我的直播间,拍下还送实用七件商品,我们不为赚钱,只为交朋友。无论是安全或者是性能和操控方面都是特别好的,自带遥控,而且是 6 米远程遥控,在家里任何一个角落几乎都可以远程操控
	售后服务保障	我们赠送运费险,收到有任何不满意免费退,这就是该品牌给你的保障
	用户评价	这款取暖器我线上出厂几万单,跟我拿货的商家给的评价都是好卖、实惠,不好卖我也不会出那么多单,也不会去做这个商品。商品的成本价还是很高的,在我这里买你就放心吧
	限时限量,价格优惠	今天只有 50 台的库存,不多,因为出货慢,我不想卖预售,价格实惠,先到先得了,这个价格就是想赚大家一个关注,请记住我,记住我们××小店,真诚为大家服务

(续表)

直播节点	话术构成	示例
促成交、转化	痛点+卖点组合	家里面有小孩的也不用怕,倾倒后会自动断电,温度过高也会自动断电,机身用的阻燃材料,使用非常安全,正规大厂家出厂,不用担心会有伤害到小孩的问题
	制造紧张感	今天拍下,还赠送两年质保,来拼手速,倒计时54321,(库存已上,刷新去拍,到手只要299元,总共八样商品),拍了的帮我打一波抢到了,日常我单卖这个是499元,但是今天我新号开播,××大品牌的取暖器直接299元了,拍了回来给我扣个已拍,我再送价值××的七样商品,还送七天无理由退货运费险,两年质保
	引导点击购物车	数量已经不多了,感谢××的支持,马上安排优先发货,还没拍的抓紧时间,1号链接,所见即所得,优先下单,优先安排发货
	引导下单付款	没有付款的抓紧时间啦,现在库存只剩下3台了,我这边显示是有5位客户没有付款,决定好了请立刻付款,机会不等人,价格也不等人。我给大家1分钟的时间考虑付款,不付款我就要关闭订单啦,因为库存不多,很多想要的客户拍不到
下播	表达感谢	很感谢大家的支持,愿意给我一份信任,谢谢大家的陪伴,我真的太开心了
	引导关注	没点关注的记得点一下关注,每天直播间都会有不一样的福利等着大家哟
	强调直播间的价值感	每天都会有重磅福利,明天可能是超低价格的空气炸锅。你关注我,你就放心,我们的理念就是做好商品,做好服务,让大家购物无忧
	直播预告、商品预告	明天会有××品牌的空气炸锅,我用了很久了,还会有新品福利价格,一定会让大家满意

实操指引

一、如何用好营销话术

很多主播的话术撰写能力是很强的,但是会撰写话术,不一定能够最大化地进行表达,因此也要注意营销话术的表达技巧。

1. 学会提取营销话术的重点

说话也是一门技巧,能不能把商品的重点让直播间的用户认知到,是一名主播的基本技能。在营销话术中,主播要学会提取出重点内容。例如商品较为突出的卖点,以及商品的附加价值,都属于重点内容。

2. 学会利用声调突出重点

在提取出重点内容后,在讲解过程中,主播要学会利用调高音调、放慢速度等来突出重点。

3. 学会利用动作来展示重点

想要让商品的重点进一步突出,可以使用一些夸张的动作,保证手口统一,来展示商品的重点。例如,在展示纸巾遇水不破时,可以提高音调突出纸巾遇水不破的话术,以及去测试纸巾的功效价值。

二、掌握直播间商品"四步营销法"

1. 需求引导

需求引导主要是通过挖掘用户需求为引出商品做准备。主播要围绕商品的特点,找出用户购买该商品之后能解决的核心问题,然后以亲身经历或身边朋友的经历为例,叙述用户可能遇到的问题,这样可以拉近主播与用户的距离。

2. 引入商品

围绕商品的卖点、使用感受等进行描述,让用户通过各个感官体验和感受商品的特色,从而让用户内心感受"有需要、用得上、值得买",激发用户的购买欲望。

3. 赢得信任

(1)主播可以从多个方面介绍权威内容,如权威投资人、入选高端峰会、名人名言、名人同款等。

(2)主播可以用具体的销量、顾客评分、好评率、回购率等数据来证明商品的优质及受欢迎程度。

(3)能够试用的商品一定要在直播间现场试用,并且分享使用体验与效果,验证商品的功能和特色,这样对用户更有说服力。

4. 促成下单

(1)进行价格对比,营造价格优势,从而让用户形成购买冲动。

(2)限时限量,用具体的数据营造直播间秒杀、狂欢的气氛,让用户跟着完成购买行为。

课堂实训

一、实训目标

结合品牌的实际情况,制定"双十二"购物节的选品方案,并撰写对应的直播营销话术。

二、任务设置

1. 背景材料

××品牌家居入驻抖音直播电商,目前正处于选品阶段,请你根据以下品牌方的商品货盘(表6-8),做"双十二"专场的选品方案,以及撰写直播营销话术。

表6-8　　　　　　　　　××品牌家居商品货盘

商品名称	售卖价	直播控价幅度	库存(件)
实木软包大床	¥3 988	↓40%～50%	1 000
实木化妆桌	¥1 298	↓30%～40%	1 000
小熊摆件	¥398	↓40%～50%	1 000
防滑硅藻脚垫	¥59	↓10%～20%	1 000

(续表)

商品名称	售卖价	直播控价幅度	库存(件)
原木风台灯	¥139	↓10%～20%	1 000
实木床头柜	¥699	↓40%～50%	1 000
实木软包坐垫背靠椅	¥189	↓20%～30%	1 000

2. 训练任务

(1)请以 Word 文档形式完成任务。

(2)请利用各大数据平台分析数据。

任务四 提升直播引导关注、暖场互动话术

任务导学

直播间人气热度是众多直播平台考核的重要内容之一。直播间的内容输出要能让用户停留下来,对直播间内容产生兴趣,与主播产生互动,才能进行下一个商品营销的阶段,所以引导关注以及暖场互动是达成商品成交的第一层级。

知识储备

一、用户点击关注的心理行为

(1)我为什么要给你点关注?

(2)我为什么现在要给你点关注?

(3)我给你点关注能得到什么?

以上用户的心理活动行为显而易见,想要别人有行动。输出行动指令的人,单靠一句话,例如"记得给我点关注"是很虚的,听到这句话的用户基本上不会有任何的行动输出。

二、引导关注话术技巧

1. 福利诱惑

可以利用各种福利活动、抽奖、商品营销等留住用户,比如很多主播都会在开播前说:"我们先来个大福利吧!"想要引导关注,不只是在直播开头的时候输出福利活动,可以在整场多个节奏点进行。

话术参考:又到了八点了,准备好了没有?没有点关注的记得先点一下关注,因为我马上要给大家发福利了,就是这个保暖睡衣套装,这是给粉丝的福利活动。

2. 点对点抓取用户,输出人设

当直播间人少的时候,可以点名,让用户感到被重视,被点名用户也会感到好奇,为什么

主播会点名叫他,在这基础上,可以引导用户点关注,给予用户福利。当直播间在线人数多的时候,可以适当输出人设内容,例如可以做某些动作,讲述故事等,打造人设。

三、暖场互动话术技巧

1. 提问式互动

抛出问题给用户,但要注意的是,要围绕商品,适当地进行提问。

例如:你们知道××包吗?用的材料都是头层牛皮。

2. 选择题互动

一般会使用商品或者是福利活动让用户进行选择。

例如:要我左手包的打"1",要我右手包的打"2",你们要什么我就给你们上什么,你们自己选择。

3. 测试人数互动

一般是以用户的类别来进行测试,可以使用的类别词汇有"新来的""30～40岁的女性""喜欢买高品质包的人"等。要注意的是,词汇必须基于直播间看播用户画像。

例如:有没有30～40岁的女性,有的打个"有"字,这款包就是专门为30～40岁的女性设计的。

4. 干货输出互动

针对类目有很多需要学习的内容,例如服装类目"蝴蝶结""衣服收纳""发型";美妆类目"洗脸""眼影盘教学"等,主播可以利用这些技能来进行互动。

例如:有没有不会系围巾的用户,今天给大家的开播福利是围巾,抢到的用户回来打"抢到",我教大家围巾怎么系。

5. 事件输出互动

可以利用一些能快速引起共鸣的事件,引导用户进行互动,常用到的事件有"周末休息""逛街""上班""通勤"等。

例如:有没有早上起床找不到心仪衣服的用户,如果有,请打"有",我今天给大家带来的新款是一个套装,很方便。

6. 礼貌感恩式互动

用户进入直播间会做出点赞、评论、点关注等动作,有条件的情况下,看到用户做出这些动作都要给予适当的回应。

例如:谢谢××的关注,第一次来我直播间就愿意给我点关注,祝你天天开心。

所有的互动暖场话术,都要有前因后果,为什么要问这个问题,为什么要说这个事情,为什么要感谢用户,在说完这些话术后要告诉大家原因,让用户快速获取直播间的内容。

实操指引

一、如何用好引导关注话术

主播输出"点关注"的行动指令是必备的工作技能,在使用引导关注的话术时,要注意情绪表达。一般情绪分为低位、中位、高位,低位基本上是不建议主播使用的,低位的情绪表达是靠赢得用户的同情引发关注;中位以及高位的情绪表达可以让用户对直播间产生信任,这样的情绪表达才是正确的。

二、如何用好互动暖场话术

直播间氛围是决定直播间热度的一个重要指标。主播想要调节直播间的氛围，就要学会用好互动暖场话术。主播输出行动指令让直播间的用户进行互动，要做到有因有果。用户的行动逻辑是"我为什么要和你互动"，主播的互动话术是"果"，那么"因"就需要主播再进行讲解。做出互动行为会有什么"因"，即互动对直播间用户来说有什么利益所得。想要进行暖场，主播的情绪要饱满，这样用户才能感受到热烈氛围。

课堂实训

一、实训目标

请根据直播商品信息（表6-9），完成话术优化。

表6-9　　　　　　　　　　××茶叶商品信息

商品信息	商品痛点	商品卖点
名称：××茶叶 规格：100克/罐 价格：29.9元 产地：潮州凤凰高山 制作手法：手工采摘、传统烘焙工艺	1. 口味怪 2. 酸涩味重 3. 炭火味重 4. 茶叶有杂质 5. 有农药残留 6. 不耐泡 7. 有香精味	1. 纯手工采摘，根据传统的制茶工序，采青-晒青-晾青-做青-杀青-揉捻-烘焙-挑选，严格把关，采用传统炭质烘焙工艺，不怕上火，没有炭火味。 2. 闻着有自然花香味，冲泡后入口花香味饱满，香气甘醇持久，滋味醇厚，回甘力强，耐冲泡，一般可以冲泡8次，1次出汤。 3. 采摘于凤凰高山茶园，濒临东海，气候温暖，雨水充足，空气湿润，终年云雾弥漫，昼夜温差大，年均气温20摄氏度，良好的生态和肥沃深厚的土壤给茶树提供了有利的生长环境

二、任务设置

1. 背景材料

潮州某茶叶直播基地，直播带货一周，但是粉丝数量不见增长，直播期间互动率也特别低，请你结合商家的实际情况，帮助茶叶直播基地进行话术优化。

2. 实训任务

（1）请你结合上述内容，协助主播优化直播话术。

（2）请以Word文档形式完成任务。

归纳与提升

直播带货核心三要素分别是"人""货""场"，这三个要素直接影响直播间的直播效果。其中"货"指的是在直播中主播推荐的商品。直播商品选择和组合是直播电商运营中的起点，企业应该以商品为代表的供应链实现对直播赋能，通过供应链的能力让直播间的主播实现"帮助"粉丝购买合适"商品"的目的，而不是以企业商品为中心，在直播间进行硬性植入和销售。

因此，在直播间想要提高订单转化率和销售额，企业和主播要掌握选品、商品组合、转化技巧，合理规划直播期间商品的定价、上架顺序等内容，对直播间商品进行精细化配置和管理，主播挖掘用户购买商品的核心需求，通过优秀的话术快速引起用户的兴趣，打消用户的顾虑，激发其购买欲望，促成下单，为直播间商品带来更高的销量。

思考练习题

一、单选题

1. 为了让人设"立得住"，直播团队还需要通过（　　）积极渲染主播人设。
   A. 策划一系列故事　　　　　　B. 在直播间讲故事
   C. 打造自媒体的传播矩阵　　　D. 以上全选

2. FAB 对应的是三个英文单词，其中不包括（　　）。
   A. Feature　　　B. Advantage　　　C. Benefit　　　D. Future

3. 以下不太适合作为大型直播活动预告时间的是（　　）。
   A. 提前一个月　　B. 提前一周　　C. 开播前三天　　D. 开播前一天

4. 从用户的角度出发，主播分享直播购物体验的作用是（　　）。
   A. 打造主播的"专业"人设，吸引更多的行业人士关注主播、回看直播
   B. 拉近主播与用户的心理距离，吸引用户关注主播
   C. 提升用户对主播和直播间的信任度
   D. 提升主播和直播间的影响力

5. 直播商品比较新奇、独特，并具有视觉美感，可以看出直播间的目标群体是（　　）。
   A. 少年　　　　B. 中青年　　　　C. 中年　　　　D. 老年

6. 可以反映主播的直播控场能力的是（　　）。
   A. 建立个人 IP　　　　　　　　B. 突出商品亮点
   C. 营造直播间氛围　　　　　　D. 灵活运用专业词汇讲解

7. 对于一部分用户，主播会建议其购买性价比高的商品，例如新品/印象品（款），这类用户属于（　　）。
   A. 高频消费型用户　　　　　　B. 低频消费型用户
   C. 随便转转的平台老用户　　　D. 直播平台新用户

二、简答题

1. 如果你是家乡好物推荐官，你最想推荐什么产品？请基于直播选品的四个维度进行分析。

2. 选择自己熟悉的商品，当好家乡好物推荐官，发扬国货之光，尝试直播实践，并撰写直播脚本。

项目七

直播场景设计装修与开播

课前导学

知识目标

1. 认识直播间常用设备的功能配置。
2. 了解直播场地要求和布置方法。
3. 熟悉直播间布光原理。

技能目标

1. 能够使用直播间常用的设备。
2. 学会搭建不同类型的直播间。
3. 掌握直播间布光方法,美化直播效果。
4. 掌握直播软件开播操作流程。

素质目标

1. 提升艺术修养和审美素养,强化艺术鉴赏力、创造力等专业素养。
2. 树立成本意识和团队协作精神,勇于实践,敢于担当,体会成就感。

任务一　配置直播常用的设备

任务导学

广东省中山市横栏镇作为照明灯饰制造基地，企业大多以出口为主，新冠疫情发生后，国外客户取消或暂停订单，导致企业经营困难，现金流紧缺。随着直播经济不断发展，横栏镇政府帮助当地企业借助新电商平台实现转型升级，进一步加速实施"请进来，走出去"的发展战略，携手电商直播平台与数十家优质品牌企业开展电商直播。陈总所经营的灯饰公司是中山市优质品牌企业之一，他准备在自家工厂打造直播间，根据不同直播场景配置常用的直播设备。

知识储备

直播设备是打造高质量直播的硬件保障，在直播之前，直播人员应该根据直播环境和场地、场景的要求，挑选搭配合适的直播设备，提前做好调试。因此，不同的直播场地可能需要的直播设备不同。

一、常见的室内直播设备

1. 手机

为了配合直播场地的随时变化，大部分商家选择手机直播。手机一般推荐高端型号，手机自带的摄像头像素高，系统流畅，内存大，画面传输过程中不会被压缩，可以最大限度地呈现一个比较好的直播画面。

建议多准备一台手机，主播在直播过程中可以看弹幕，及时与直播间用户进行互动。

2. 摄像头

使用手机直播，很多功能无法实现。对直播要求高的部分行业商家，会选择通过电脑直播。电脑直播中要挑选合适的摄像头设备。常见的有自带固定支架的摄像头（图7-1）、软管式摄像头、可拆卸式摄像头等。

这种外置的摄像头可以根据需求的角度摆放，拥有更广的视角，放入更多产品画面，摆放灵活，多机位直播，实现电脑软件插贴图视频等功能。也有人为了追求高清画质，不同场景机位，采用摄像机（图7-2）进行摄像直播。

图7-1　自带固定支架的摄像头　　　　图7-2　摄像机

短视频与直播电商运营

若使用手机直播,建议配上充电线/充电宝。要配置多台手机,供主播观看直播/评论。若采用电脑直播,需要配置运行流畅的高配置电脑,进行直播间推流,操作直播后台,观看直播数据。

3. 直播话筒/声卡

声音质量也是影响直播效果的重要因素之一,因此在直播时可以使用专业的话筒(图7-3)/声卡(图7-4)进行收音,将真实的声音还原。也可以利用声卡调节声音,增加音效,让直播间声效更干净清晰,避免有杂音、延迟失真等问题。另外,外置声卡需要兼容手机、电脑,支持双设备连接。

图 7-3 话筒

图 7-4 声卡

4. 直播支架

直播支架在直播间是必需品,可以放置摄像头、手机、话筒等。其作用主要是稳定直播设备,保证画面稳定,解放主播的双手(可以远距离展示全身,双手配合展示商品)等。支架形式比较多,可以根据直播需求和场地选择,如图7-5、图7-6所示。

图 7-5 台式三脚架

图 7-6 直播站立式三脚架

5. 直播网络

直播间要配置专用的网络,尽量不要搭设 Wi-Fi。谨防出现直播网络卡顿,直播中同一个 IP 地址关联违规等问题。

稳定网络是直播的基础,网络速度直接影响直播画面的质量和观看体验。室内直播,一般建议选择有线网络,稳定性和抗干扰性要优于无线网络。在同一网络下同时使用的设备不宜过多,避免造成网络延迟卡顿。当发现网络不能满足直播需求时,也可以使用手机移动 4G 或 5G 网络,但需要提前开通足够流量。

6.灯光设备

在直播间光线不足的情况下,需要进行补光。可以使用灯光设备(图 7-7),修饰打造一个更加精致的直播间。常见的灯光设备有美颜灯、球形灯、八角补光灯、无影灯等。

图 7-7　灯光设备

7.计算器、秒表

直播间准备计算器、秒表可以助力商品营销。主播在直播期间可以用计算器计算商品的组合价、折扣等,吸引用户的注意力,凸显商品价格优势,使用秒表营造抢购商品的紧迫感,促使用户更快下单。

8.直播其他辅助设备

不同类型直播间所需辅助设备可能不一样,常见的有:电视显示屏或 LED 屏幕,用来做背景产品信息的展示,摆放位置一般位于主播的身后;直播间提词器,为主播提供产品讲解、流程等信息;白板或马克笔,供现场主播或者场控运营提示使用;产品陈列道具展架,陈列整理好的直播样品,方便随时取用等,如图 7-8 所示。

图 7-8　产品陈列道具展架

二、常见的室外直播设备

1. 流量卡/手机

户外直播首先需要解决的是网络问题,网络状况差会影响直播的画面,导致用户观看体验差。因此,为了保证户外直播的流畅度,应当配置当地信号稳定、流量充足、网速快的流量卡和手机。

2. 手持稳定器/三脚架

在户外使用固定镜头直播的情况下,可以采取一般的三脚架固定。但户外直播一般涉及户外的环境介绍,通常需要主播到处走动,一旦走动,就会出现抖动的画面,影响用户观看体验,因此常使用手持稳定器(图 7-9)防抖,保证拍摄的效果和画面稳定。

图 7-9 手持稳定器

3. 运动相机

在户外直播时,如果主播不满足于手机平淡的拍摄视角,可以使用运动相机(图 7-10)来拍摄。运动相机是一种便携式的小型防尘、防震、防水相机,体积小巧,拥有广阔的拍摄视角,可以拍摄慢速镜头。

图 7-10 运动相机

4. 收音设备

户外直播时，周围环境嘈杂，需要借助收音设备辅助收音。常用的有蓝牙耳机（图 7-11）、小蜜蜂（图 7-12）或外接更高阶的线缆。

图 7-11　蓝牙耳机　　　　　　　　图 7-12　小蜜蜂

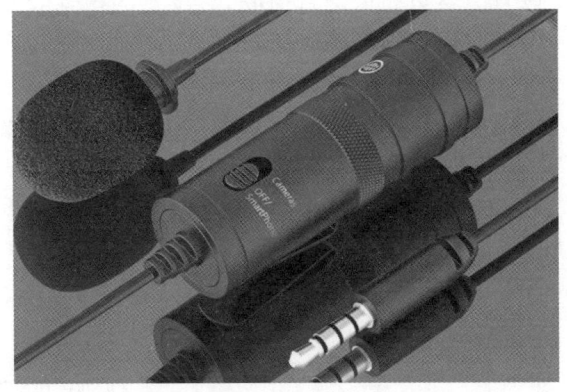

5. 移动电源

通常用户在户外直播时使用手机消耗电量很大，因此移动电源是直播必需的设备。经过测试，当直播手机电量剩余 50% 左右时，需要开始对手机进行充电，避免直播过程中因为电量不足而中断。

实操指引

考虑到直播地点和预算，商家主播在直播前有不同选择。可以用灵活便捷可自主操作的手机直播间，也可以用高清效果、互动性强的电脑直播间，还可以用专业导摄支持的演播室直播间。

一、简易手机直播间

手机直播间的特点如下：
（1）适合人群：户外等无宽带网络空间的主播。
（2）优点：灵活、可以移动，有些特有玩法。
（3）不足：移动直播会导致画面不够清晰。

手机直播间主要设备清单见表 7-1。

表 7-1　　　　　　　　　　手机直播间主要设备清单

设备名称	设备用途	设备参考价格（元）
桌椅	展示样品，主播休息	100～1 000
美颜灯	补充光线，让直播间更明亮自然，自带美颜功能	100～3 000
手机支架	固定手机，避免晃动	20～100
合计		220～4 100

二、高清电脑直播间

电脑直播间的特点如下：

(1)适合人群：对直播清晰度、直播视觉效果有较高要求的主播。

(2)优点：更高清的直播间，有丰富的视觉效果贴图玩法。

(3)不足：前期准备时间长。

电脑直播间主要设备清单见表7-2。

表7-2　　　　　　　　　　电脑直播间主要设备清单

设备名称	设备用途	设备参考价格(元)
桌椅	展示样品，主播休息	100~1 000
美颜灯	由于是环形的结构，当人脸处在环形中心时，各个方向都受到同样的灯光照射，此时相当于自带柔光箱效果，主播脸上没有阴影，眼睛更加有神	100~3 000
高配置电脑	直播间推流	5 000~10 000
摄像头	直播间画面采集	500~2 000
球形灯/日光灯	补充光线，让直播间更明亮自然	1 500~5 000
摄像头支架	固定摄像头，避免晃动	20~100
合计		7 220~21 100

三、专业演播室直播间

演播室直播间的特点如下：

(1)适合人群：有较高预算并追求极致直播效果的主播。

(2)优点：超清画面、自然柔和光线、多机位镜头切换、丰富的音效。

(3)不足：成本较高。

演播室直播间主要设备清单见表7-3。

表7-3　　　　　　　　　　演播室直播间主要设备清单

设备名称	设备用途	设备参考价格(元)
桌椅	展示样品，主播休息	100~1 000
美颜灯	由于是环形的结构，当人脸处在环形中心时，各个方向都受到同样的灯光照射，此时相当于自带柔光箱效果，主播脸上没有阴影，眼睛更加有神	100~3 000
高配置电脑	直播间推流	5 000~10 000
摄像机	直播间画面采集	4 000~20 000
摄像机支架	固定摄像机，避免晃动	100~1 000
球形灯/日光灯	补充光线，让直播间更明亮自然	1 500~5 000
采集卡	采集摄像机信号并转换输出给推流电脑	300~3 000
调音台	多路小蜜蜂声音控制，外接音效等声音控制	2 000~20 000
提词器	为主播提供产品讲解、流程等信息提示	1 500~6 000
监视器	为主播、现场团队提供现场画面监听	1 000~3 000
导播台	切换不同摄像机机位，为推流电脑输出不同画面	2 000~5 000

项目七 直播场景设计装修与开播

(续表)

设备名称	设备用途	设备参考价格(元)
小蜜蜂	话筒,输出主播声音	500～5 000
LED 屏	通常位于主播身后,提供产品信息介绍	50 000～200 000
产品展示台	通常位于主播身前,放置并展示产品	200～1 000
	合计	68 300～283 000

课堂实训

一、实训目标

了解室内外直播常见的设备,学会根据不同直播间需求配置直播设备。

二、任务设置

1. 背景材料

广州白云区某地是出名的鞋靴批发城,商家在批发城有自己的线下门店,展示新品,便于零售商过来看货和订货。由于近年来实体门店进店流量大幅降低,很多批发商开始转型做电商直播,实体鞋店老板希望员工在日常看店的过程中,通过直播介绍并销售商品,提升店铺业绩。

2. 训练任务

根据上述材料,请你为实体鞋店老板挑选合适的直播设备。

任务二 装修直播场地

任务导学

直播核心三要素是"人、货、场",其中"场"主要形容直播间,一个好的"场"可以让直播效果大大提升。陈老板通过外出参加直播电商交流会,学习直播相关知识后,购置直播相关设备准备开展灯具直播。他应该如何根据自己的需求选定直播场地,并进行直播间装修呢?

知识储备

一、选择合适的直播场地

不同直播场景,选址要求不同。直播场地可以是门店,可以是户外,可以是展厅等,但都需要搭建并装修直播间,呈现场景给用户。以下根据直播间室内、户外场地基本要求,进行选址和装修。

1. 室内直播场地

室内直播场地,环境最好是独立、安静的空间,避免路边、高速路口等嘈杂地段。场地可以采取一些隔音处理措施,有效避免杂音干扰。

(1)场地光线:光线效果好,能够有效提高主播和商品的美观度,提高直播间视觉效果。

(2)场地面积:坐着直播,场地面积一般在10~15平方米;站着直播,需要展示物品范围比较大,场地面积一般在20~50平方米。具体面积需看行业产品和场景要求,直播时不能让所有商品、道具同时入镜,需要留出足够空间放置其他待播商品、桌椅等道具,也需要给团队人员、直播道具等预留充足的空间。

(3)直播层高:如果直播间需要使用顶光灯(图7-13),则层高一般在2米以上,给顶灯留出空间,避免因顶灯位置过低而入镜,影响画面美观度。

图7-13 直播间顶光灯

2. 户外直播场地

适合户外直播的行业,一般是户外旅游、野外科普、生鲜水产等需要展示流程或规模比较大的行业。因此,户外有走动直播和固定直播。

(1)天气环境:户外直播特别怕遇到阴天、下雨等不良的天气,出现直播光线不好、信号差、网络卡顿等问题。因此,需要提前了解天气情况,准备两套直播方案以备不时之需。

(2)户外收音:户外直播可能遇到人流量过大、声音嘈杂的问题,因此要注意直播收音,避免直播听觉效果差,造成不好的用户体验。

(3)户外场景:选择在户外直播,也需要挑选合适的直播场景。针对画面感要求高的直播行业,需要单独搭建场景展台;针对了解原生态生活的直播,可以选择蓝天、白云、草地为场景,并且需要避免过多杂乱的场面,如车流、人流,以免直播画面不好。

二、合理划分直播空间区域

用户打开手机进入直播间,映入眼帘的是直播场景。但一个直播间的设计和布置不单单只有一部分,通常包括直播展示区域、运营后台区域、商品摆放区域、其他区域。直播区域划分及功能见表7-4。直播间场地的规划布置没有固定标准,可以根据实际情况和直播商品搭建直播场地,主要营造一个简洁、大方、明亮、舒适的直播环境。

表 7-4　　　　　　　　　　　直播区域划分及功能

直播区域	功能
直播展示区域	主播展示商品、直播间背景、道具等
运营后台区域	幕后工作人员所在的区域,摆放电脑、直播辅助设备等
商品摆放区域	摆放直播所需商品,可以安排货架分类归置
其他区域	主播更换衣服场地、其他辅助设备场地等

直播空间布置具体可以参考图7-14。

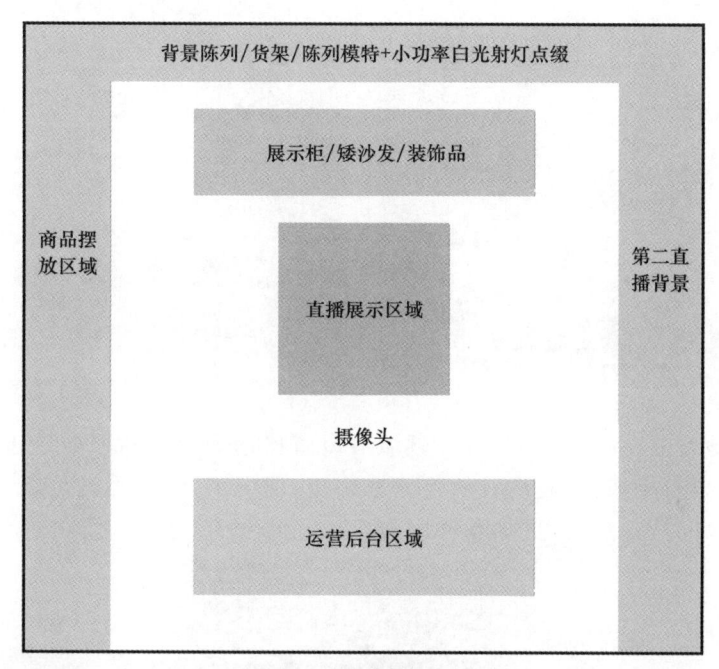

图 7-14　直播空间布置

直播间有不同的墙面,可搭建不同风格的场景,具体根据直播行业和风格进行选择。如销售皮具的直播间,第一面墙可以装修成时尚品牌线下专柜场景,凸显商品的价值;第二面墙可以以白色为背景,摆放商品货架,装修成源头工厂批发的场景,凸显商品性价比。具体要根据实际情况调整。

实操指引

一、搭建直播场景

直播间装修没有具体规范和标准,主要根据直播间商品类型进行设计。良好的直播场景会促进用户的转化。

直播场景主要包含直播间背景、直播道具、产品摆设和产品卖点信息展示。

短视频与直播电商运营

1. 直播间背景

(1)货架形式背景(图7-15):常用在零食、箱包、鞋子、家居等类目。搭建原则:突出主题产品,一秒吸睛,背景货架展示,中景主播在正中央,前景备选产品展示。

(2)实体店背景(图7-16):拥有线下场地的商家,可以直接以实体店做背景,这样更加真实,营造实体批发的场景,突出性价比高、款式多等场景特点。

图7-15 货架形式背景　　　　图7-16 实体店背景

(3)源头产地背景(图7-17):"三农"领域可以直接选择产品的原产地进行直播,如销售冰糖橙的商家可以直接在果园直播,从冰糖橙采摘、现场扒开吃、筛选好果到打包发货等全流程,展示给直播间用户观看,更加有说服力。

图7-17 源头产地背景

（4）自定义背景：很多品牌商家都在使用绿幕直播（图7-18），通过摄像头、电脑后台进行抠像，背景可以设置成视频或者图片素材，还可以在背景上添加促销信息卡片，展示卖点等。

图 7-18　绿幕直播

2. 直播道具

直播的时候善用一些小的道具（图7-19），可以调动整个直播间中的氛围。直播间现场道具可以和产品搭配使用，突出产品的使用场景，在场景中强化产品的功效，从而引导观众（粉丝）下单。比如，主播可以戴上"关注主播""分享有礼"等发箍或特色头饰，引导粉丝关注、分享给其他人；主播也可以巧妙地运用礼品花束、抽奖转盘、盲盒道具等，引导粉丝积极参与直播间活动。另外，根据产品自身的特点属性，主播可以发放粉丝神秘福袋，引发粉丝好奇心，激发抢红包的欲望，从而提高整个直播间的氛围感和粉丝的活跃度，系统才会自动推送流量，将直播间送到首页上去。

(a) 直播道具——零食花束

图 7-19　直播道具

(b)直播道具——主播特色头饰

(c)直播道具——抽奖转盘
续图 7-19　直播道具

3. 产品摆设

产品摆设可以根据直播方式进行设计。

（1）适合坐播类型的类目：美妆、零食、百货、珠宝首饰等。产品摆设遵循以下原则：整洁清晰，一目了然，货架式直播间一定要善用对称美；产品色彩搭配和视觉效果要具有吸睛点。

（2）适合站播类型的类目：服饰箱包、鞋靴、电器、母婴用品等。产品摆设遵循以下原则：

远近适中,可远景可聚焦,总能有一个角度让产品充盈整个屏幕;画面丰满,较空的地方可以用产品填充,或者其他软装装饰,让直播间看起来丰满不空白。

4. 产品卖点信息展示

为了在前3秒吸引观众停留,可以在直播间展示产品重要卖点信息,有效辅助直播,提高转化率,减少主播重复传达指令。因此,在直播前期可以使用小黑板,或者打印好产品优惠信息、售后保障等提示字眼,让进来的人清楚看见,从而凸显直播间的优势。

二、剖析美妆和服装鞋靴类型直播场景案例

1. 美妆类型直播场景

对于美妆类型直播间(图7-20),一般要求场景整洁,商品摆放美观,直播画面有层次感,强化纵深度,凸显商品卖点。

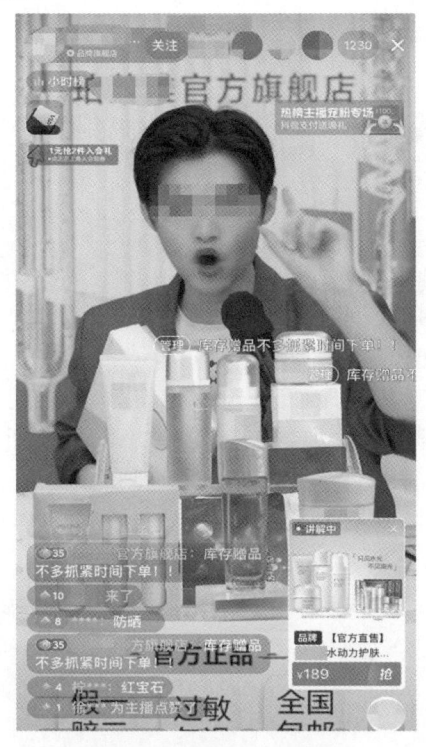

图 7-20 美妆类型直播间

(1)场地面积:通常是坐播类型,场地面积不需要太大,10平方米左右即可。

(2)产品展柜:直播背景准备美妆展柜,摆满化妆品,可以展示出产品多的优势,体现在美妆领域的专业性。

(3)桌椅:配置主播专用的桌子,上面准备小的美妆产品展示架,摆放备播商品,便于主播试用、测试。由于主播长时间坐着,建议选择低靠背的主播椅。

2. 服装鞋靴类型直播场景

对于服装鞋靴类型直播间(图7-21、图7-22),可以布置成线下店铺的风格,更加适合直播。

短视频与直播电商运营

图 7-21　服装直播间　　　　图 7-22　鞋靴直播间

（1）**场地面积**：通常是站播类型，可以选择 20 平方米左右的直播间，需要有换服装鞋靴的空间，以及展示商品的空间。

（2）**地毯**：准备绒布或北欧风格地毯，根据所售商品风格选择地毯风格，可以提高直播间档次，让商品质感更强。将鞋靴铺在地毯上，让商品看起来更加高级。

（3）**落地衣架**：当天直播的商品挂满衣架，体现服装款式的多样性，也可以充当直播的背景，再配上假人模特，用来展示当季或者直播间主推款，有利于吸引用户产生停留。

（4）**展示 T 台**：根据产品实际情况准备，如果想要体现出长款大衣、裙子显高的作用，在主播不是很高的情况下，可以站在 T 台上显示出高、长的垂坠拖地感。

任何类型的直播间，在装饰过程中都可以适当放置一些小玩偶、盆栽等，丰富直播场景的内容，避免过于空洞。

课堂实训

一、实训目标

学会根据直播间商品的定位，决定直播间场地大小，搭建符合要求的直播场景。

二、任务设置

1. 背景材料

小犀是一名装修公司的工作人员，由于近年来直播业务快速发展，现在主要上门给商家做定制直播间。今天他接到一个订单，客户是服装类型的商家，需要他搭建一个专业的站播场景的直播间。

2. 训练任务

假设你是小犀，请你从直播间场地大小、环境要求、背景墙、直播间软装、直播画面装饰等方面提出建议。

任务三 布置直播间灯光

任务导学

一个好的直播间如果有良好气氛的烘托，更加容易获得视觉好感，因此直播间的灯光设计有严格的要求。那么不同类目的直播间灯光应该如何搭配呢？

知识储备

直播间的常见灯光有：

1. 顶灯

顶灯（图 7-23）是直播间关键的灯光，决定了直播间的质感。装修直播间的时候，需要把顶部布满，简单均匀地从头顶位置照射，给背景和地面增加照明，同时还能加强瘦脸效果。

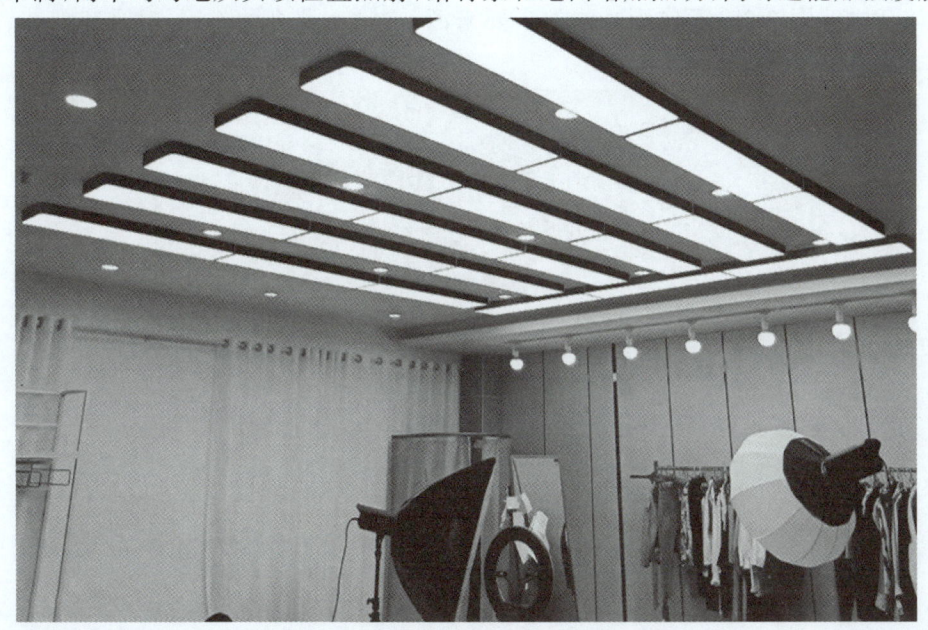

图 7-23　顶灯

顶灯常见的是方块形的，均匀照射，旁边可以有两个长方形灯照射地面，提升整个直播间的亮度，或者在直播间装多个射灯提亮光线。

2. 辅助灯

辅助灯又分为补光灯、装饰灯等。

补光灯的类型有很多,常见的有方形灯、圆形灯、环形灯、球形灯(图 7-24),一般建议用球形灯,因为打光比较均匀,建议配置 2~4 个 150 W 左右的即可。

图 7-24　球形灯

装饰灯一般用来填充直播间背景的空白处或装饰背景。

注意,射灯(图 7-25)不作为光线的主要来源,它没有照亮的作用,只是起到装饰作用,避免光线太暗或太亮。

图 7-25　射灯

3. 环境灯

环境灯起到补亮的效果,负责整个直播间的亮度,通常以采用冷色调的灯光为主,一般是顶灯或者独立的 LED 灯。要保证灯光的亮度,前提是顶灯的数量和瓦数一定要充足,这样直播间产品才能足够高清。

灯光色彩要根据所售类目选择，比如用白光的常见类目有美妆、服装、鞋包，因为这类产品颜色不能失真，不然会有色差，导致退货率增加。

暖光一般用于美食、家居、家纺类目，激发食欲或者增加温馨的感觉。

实操指引

直播间除了话术、场景、产品，更重要的是直播画面质量，它决定了能不能留住粉丝并提升转化率。大牌主播在开始直播前都会从灯的类型、光效、光位、色彩等方面进行研究，以提升直播间的亮度，增加直播立体感。灯光道具如图 7-26 所示。

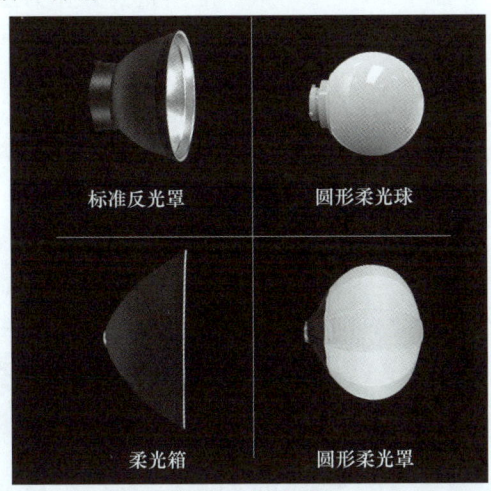

图 7-26　灯光道具

一、直播间灯光摆设

1. 主光
正对主播的面部，使主播面部的光线充足、均匀；但缺点是主播的面部看起来缺乏立体感。

2. 辅助光
从主播侧面照射过来的光，对主光起到一定的辅助作用。它可以增加主播整体形象的立体感，让主播侧面轮廓更加突出。

3. 轮廓光
从主播身后位置照射，形成逆光效果，可以明显勾勒出主播的轮廓，将其从直播背景中分离出来，使主播的形象更加突出。

4. 顶光
从主播头顶位置照射，为背景和地面增加照明，能够使主播的颧骨、下巴和鼻子等部位的阴影拉长，让主播的面部产生浓重的投影感。

5. 背景光
在主播周围环境及背景的照明光，作用是烘托主体或者渲染气氛，可以使直播间的各个位置亮度都尽可能协调。

二、常用的直播间布光法

只有布光设计到位的直播间,才能够拍摄出完美的效果。根据灯源、光照角度、亮度、色温等,不同的组合将产生不同的效果。

1. 三灯布光法

三灯布光法是根据人和物体当时所在的环境、范围、面积、朝向、拍摄角度等,依据三点布光原理而形成的布光法,目的是使拍摄场地的人和物体的造型更加全面。在灯光艺术的照射氛围中,更好地营造出画面的三度空间——空间感、透视感、立体感。三灯布光法一般适用于直播空间小的场景,选择一个美颜灯放在主播正前方作为主光源,另外加两台柔光灯放在主播两侧打亮其身体周围,让主播看起来更加有立体感和空间感,如图7-27所示;也可以是以左右侧光+顶光的方式补光,如图7-28所示。

图7-27 三灯布光法(左右侧光+前灯光) 　　图7-28 三灯布光法(左右侧光+顶光)

2. 伦勃朗布光法

突出主播轮廓的立体感,采用斜上光源的方式。斜上光是从主播头顶左右两边45°的斜上方打下的光线。在调试灯光的过程中,主播可以看到自己眼睛下方出现一块明亮的三角形光斑,如图7-29所示。

图7-29 伦勃朗布光法

3. 蝴蝶光布光法

蝴蝶光布光法是主光源在镜头光轴上方,也就是在人物面部的正前方,由上向下45°方向投射到人物的面部,整体似蝴蝶的形状,给面部带来一定的层次感,如图7-30所示。

图7-30 蝴蝶光布光法

为了上镜显瘦,可以让主播的颧骨、嘴角和鼻子等部位的阴影拉长,从而拉长面部轮廓达到瘦脸的效果。注意这种方法不适合于脸较长、颧骨高的主播。

课堂实训

一、实训目标

了解直播间常见的几种灯光,学会给直播间配置灯光。

二、任务设置

1. 背景材料

广东中山是中国最大的灯饰产业生产基地之一。西西是某灯饰品牌线下实体店的老板,因为疫情影响线下销量降低,想转型直播带货,为了搭建直播场地,准备购置一批灯光设备装修直播间,尝试在实体店进行直播销售。

2. 实训任务

众所周知,灯具产品现场直播对直播间灯光环境要求很高,假如你是西西,该购置哪些类型的灯具?

任务四 使用直播伴侣软件

任务导学

直播时代的显著特征即移动泛生活直播领域的兴起。普通用户也可以使用手机进行直播,方便、简单、门槛低。但是随着企业品牌直播的兴起,很多商家为了使直播有更多的功能和展现形式,选择在电脑端开播。

知识储备

1. 手机直播

在手机软件商店下载各大平台直播的 APP，如淘宝直播下载"淘宝主播"APP 注册登录，完成任务要求即可开播。

2. 电脑直播

需要在电脑端安装平台直播推流的直播伴侣客户端，并且电脑需要配备外置摄像头、麦克风、声卡等。

手机直播与电脑直播的区别见表 7-5。

表 7-5　　　　　　　　　　　手机直播与电脑直播的区别

项目	手机直播	电脑直播
便捷性	不受场地限制，小巧轻便，随时移动，不受网络限制	不可以随时移动，受网络限制，设备软硬件调试比手机直播复杂
开播成本	手机，成本低	电脑＋外接直播设备，成本高
稳定性	长时间直播手机易发烫、黑屏、卡顿	稳定，可有效避免卡顿现象
直播画质	自带摄像头和收音，略差	外接优质音频、摄像设备，质量高
功能应用	功能相对较少，有基本滤镜、镜像等	功能丰富，可增加轮播条、悬浮卡，插入图片、视频、音频等
镜头切换	不支持	多画面自由切换，用户可沉浸式体验

电脑端直播软件有淘宝直播（图 7-31）、直播伴侣（图 7-32）等。

图 7-31　淘宝直播

图 7-32　直播伴侣

实操指引

直播伴侣软件操作(以抖音短视频为例)如下：

1. 登录直播伴侣软件

安装软件，选择要直播的平台(图 7-33)，扫码登录账号(抖音短视频电脑端开播需要 1 000 个粉丝)。

图 7-33 抖音短视频直播登录

2. 了解直播伴侣界面(图 7-34)

区域①：管理场景、添加素材、切换横竖屏。

区域②：常用直播功能。

区域③：开关播控制、性能占用情况、官方公告。

区域④：直播榜单。

区域⑤：弹幕窗口。

区域⑥：直播画面采集预览。

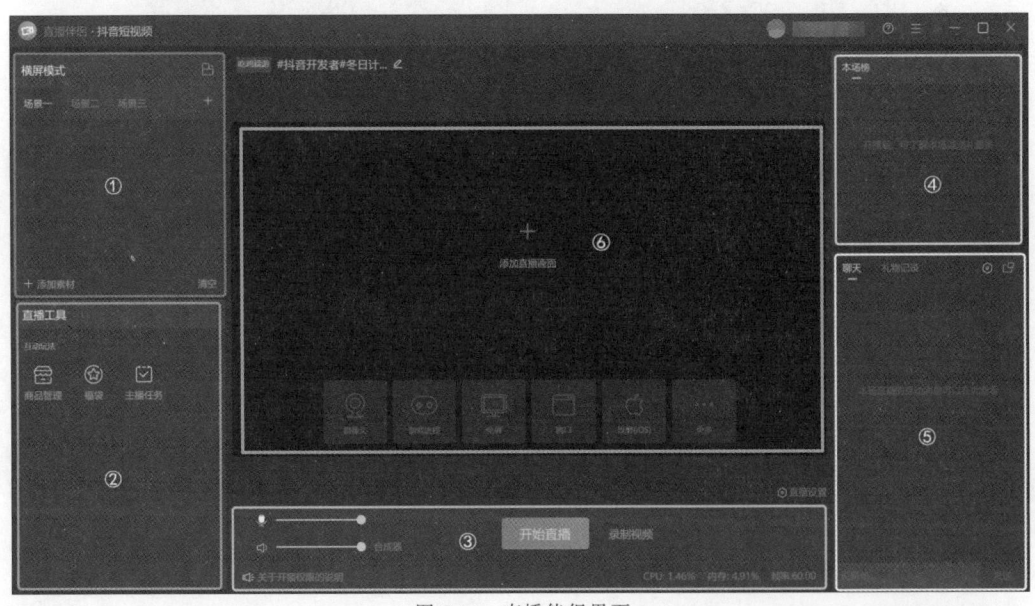

图 7-34 直播伴侣界面

3. 直播伴侣直播间设置

点击标题可以直接进行修改,如图 7-35 所示。点击标题右侧按钮可以打开开播设置弹窗,可在其中设置直播封面、话题、内容等,如图 7-36 所示。精准的直播分类选择可能会带来更多流量。

图 7-35 标题修改

图 7-36 开播设置

注意事项:
(1)无直播封面,将会限制推荐。
(2)不开启定位,会影响连麦推荐。
(3)有些分类会自动绑定话题。
(4)开播可以修改以上各项。

4. 设置完善,点击开播

很多新人主播在刚开始直播的时候,经常会冷场,所以需要提前准备一些话题。

课堂实训

一、实训目标

了解各大平台开播需要使用的直播软件,熟悉电脑直播开播流程,学会设置开播信息。

二、任务设置

西西准备在拼多多平台直播销售家乡农产品,但是她不知道应该如何利用直播软件开展直播,请你帮她梳理抖音电脑端和手机端的开播流程,并利用直播伴侣,在电脑端抖音平台直播。

归纳与提升

直播间装修和设计影响着直播画面的整体呈现效果,直播间的环境布置影响用户对直播间的第一视觉感受,传达出对商品和直播活动不同的体验感。因此在直播前必须做好基础的准备工作:直播设备配置、场地装修、直播间补光。

本项目详细介绍了直播间整体搭建到正式开播的流程,包含从挑选合适的直播场地、规划直播间空间分布区域到配置不同行业类型的直播间设备和道具,为直播间做好灯光设计等一系列操作。

直播间装修的设计风格一定要与品牌企业、主播人设相吻合,与商品、主播风格匹配度越高,越能够加深用户对直播的印象和辨识度,让用户代入感更强,更容易让用户沉浸在直播的氛围中,从而达到企业直播的目的。

思考练习题

一、单选题

1. 下列不属于室内直播设备的是(　　)。
   A. 摄像头　　　　B. 电容话筒　　　　C. 灯光设备　　　　D. 手持稳定器
2. 直播引流内容发布的时间一般选择在(　　)。
   A. 7:00~9:00　　B. 12:00~14:00　　C. 19:00~21:00　　D. 21:00~23:00
3. 关于直播间灯光的摆设,下列灯光不能反映主播轮廓的是(　　)。
   A. 辅助光　　　　B. 主光　　　　　　C. 轮廓光　　　　　D. 顶光

二、简答题

1. 搭建直播场景要素有哪些?
2. 直播间灯光布局的意义是什么?
3. 直播电商的前期准备工作内容有哪些?

项目八

抖音平台直播带货运营技巧

课前导学

知识目标

1. 了解抖音直播电商流量分配底层逻辑。
2. 了解抖音直播电商开播前的预热以及内容设置。
3. 熟悉抖音直播电商小店随心推的功能。
4. 了解抖音直播电商流量承接方法。
5. 熟悉抖音直播电商数据罗盘。

技能目标

1. 分析抖音直播电商流量分配底层逻辑和三大考核数据指标。
2. 掌握抖音直播电商开播前预热设置操作。
3. 能够运营抖音直播电商小店随心推。
4. 掌握抖音直播电商数据罗盘分析优化技巧。

素质目标

1. 弘扬勇往直前的拼搏精神和劳模精神,服务国家乡村振兴战略,发扬国货品牌之光,增强职业使命感。
2. 坚守诚信经营、合作共赢的思想;坚持守正创新、追求卓越,提高抗压能力和受挫能力。
3. 树立品牌意识、风险意识、规则意识、竞争意识,弘扬中华优秀传统商业文化。

任务一 直播前预热及开播设置

任务导学

想要运营抖音平台,就要了解抖音平台的各方面属性,掌握抖音平台的发展动向。

抖音平台具有以下三个特点:

1. 内容为王、权重为王

抖音是一个泛娱乐+电商的平台,会对原创内容、优质内容进行推荐,只要原创作者能不断地输出优质内容,即会获得更多的流量推荐。

2. 去中心化流量推荐机制

抖音平台的流量推荐机制是去中心化的,不会把流量倾斜给头部原创作者,不管是在短视频领域还是直播电商领域都是一致的,所以只要能输出优质内容,即可获得平台推荐。

3. 个性化内容推荐

抖音平台上,用户是在手机屏幕"全屏"模式下,上滑或下滑来切换推荐页的内容,这也是抖音首创的,即单屏浏览模式,用户根据系统推荐内容按顺序进行观看。系统也会给用户贴上标签,抖音平台会根据用户的观看行为数据,例如,某用户在抖音平台上给某系列短视频内容做出了"点赞""评论""关注""转发"等动作,即会被系统识别出该用户喜欢这一类型的短视频,进而给用户推荐相类似的短视频作品。所以用户看到的内容都是由系统决定的,用户只要选择对这一类内容做出"不感兴趣"的动作,系统就会根据用户的行为,减少推送这一类型的内容。

抖音直播电商是在2019年正式开启,整个平台聚集了年轻化潮流时尚的态度。在新兴的直播电商里,抖音是以"内容种草"短视频的形式出现在大众视野里,默认打开方式是进入"推荐"页面,只需用手指在手机屏幕上轻轻一划,就可以播放下一条短视频,用户的不确定感更强,从而打造沉浸式娱乐体验。抖音凭借自身强大的算法体系,能够基于用户过去的观看行为进行用户画像分析,为其推荐感兴趣的内容,这种个性化推荐机制是抖音的核心竞争力。

知识储备

一、做好直播前预热

想要吸引更多的用户进入直播间,就要做好直播前的预热。否则直播开启时用户数量太少,商品的转化数据反馈低,获得的系统推荐自然也会相对减少。直播预热是为了让用户提前了解直播间的内容,对直播内容感兴趣的用户提前关注,及时进入直播间。

1. 直播预热场景

（1）短视频预热。常用的短视频预热直播内容架构有以下两种：

a. 短视频常规内容＋直播预告：采用该模式进行预热，是指在短视频前半段输出和平时短视频相对垂直的内容，吸引原有的粉丝进行观看，在后半段进行直播预告。例如，图 8-1 是某账号的短视频常规内容＋直播预告，此账号常规内容主要是拍摄旗下主播的各种有趣日常，在短视频的后半段即输出直播预告的内容。

图 8-1 短视频常规内容＋直播预告

b. 直播预热短视频：是指整条短视频的内容输出就是以直播内容为主，开头就直接表达中心内容。常见短视频内容脚本结构为：直击用户痛点＋商品卖点展示＋营销活动/价格痛点＋直播时间。

（2）粉丝群预热。在抖音平台的个人中心的粉丝群，直播前在粉丝群发布文字＋图片形式的直播预热内容。常见的预热文字＋图片结构为：文字含有商品基础信息、商品营销活动和直播时间＋图片含有商品价值和商品功能展示。

（3）私域流量池预热。这是指在第三方平台，如在微信群或者是微信朋友圈进行预热宣传，也是采用文字＋图片的形式，但要注意的是，要带有抖音平台账号的信息。

2. 直播预热时间

直播预热主要分为个人信息预热和短视频预热，主播可以通过修改自己的账号信息，比如在个人昵称、简介处添加直播预告，或者在作品中发布直播预告短视频来实现预热。预热短视频发布后，抖音系统会抓取短视频的用户反馈数据，来进行流量推荐。因此，预热短视频常规发布时间点是账号粉丝的活跃时间点，一般会提前 1~2 天或者 3~5 天进行预热，具体根据消费人群和产品特性来定，在即将开播前的 30 分钟到 1 小时可以再次发布短视频预热内容。另外，还有下次直播预热，在每次直播结束前为下一次直播进行预热，告知下次直播时间。

二、开播内容设置

直播开播内容设置是影响直播间流量的因素之一，通过抖音直播平台自然流量进入直播间的入口是推荐页和直播广场。图 8-2 是通过直播推荐页进入直播间的页面，图 8-3 是通过直播广场进入直播间的页面。

图 8-2　通过直播推荐页进入直播间的页面 　　图 8-3　通过直播广场进入直播间的页面

用户点击进入直播间是直播间获取流量的第一层级。图 8-2 通过推荐页进入抖音直播间,用户能获取到的信息是"直播间画面""直播间音乐""直播间话术""直播标题""商品""抖音账号昵称",也就是说这些信息是能吸引用户进入直播间的。"直播标题""直播间画面"是需要在开播前就进行设置的。图 8-3 通过直播广场进入直播间,用户能获取到的信息是"直播封面图""直播标题""直播昵称",吸引用户点击进入直播间的就包含这三项内容,也需要在开播前进行设置。因此要先了解吸引用户点击进入直播间的重要内容组成部分,才能更有效地做好开播内容设置。开播内容设置和直播分辨率设置如图 8-4 和图 8-5 所示。

图 8-4　开播内容设置 　　图 8-5　直播分辨率设置

开播内容设置包括以下几点：

1. 设置直播标题

直播标题的字数限制是 15 个字。好的直播标题要能准确输出直播间内容。一般设置直播标题有以下五种技巧：

（1）直击用户痛点。直击用户痛点的意思是以用户在使用该类目商品中产生的问题以及困扰为核心。但是直播标题也必须带上能解决用户痛点的内容，才能有效吸引用户点击进入直播间，例如，如图 8-6 所示的"2 分钟爆一锅爆米花"。

（2）引用平台热点标题。有热点的地方就会有流量，例如"你的 10 个共同好友正在观看""5 678 人在观看""9 588 人正在观看"，如图 8-7 所示。

（3）巧用数字。大数据统计显示，用户一般会在 3 秒内决定是否喜欢内容，要不要继续观看，因此要抓住这黄金 3 秒。可以利用数字的形式吸引用户的注意点，让用户快速抓取直播间内容，如图 8-8 所示。

图 8-6　直击用户痛点的直播标题

图 8-7　引用平台热点的直播标题

图 8-8　巧用数字的直播标题

（4）制造稀缺性。在用户的认知里，卖得好的商品是目前流行且实用的，因此可以利用商品的稀缺性来做标题，如图 8-9 所示。

（5）利益点最大化。这类标题迎合了用户"喜欢实惠""追求高性价比"的心理，怕错过优惠或者福利的用户会点击进入直播间，如图 8-10 所示。

图 8-9　制造稀缺性的直播标题　　　　图 8-10　利益点最大化的直播标题

2. 设计直播封面图

直播封面图在直播广场是直播间的门面，好的直播封面图能吸引用户的注意，进而点击进入直播间，因此要打造优质的直播封面图。直播封面图＝文案＋图片。直播封面文案设计直接影响着直播人气。直播封面图又影响着直播间点击率，所以想要有高的人气，直播封面图是非常重要的一个细节。图片及文案可以提升用户精准度及停留时间。以下是直播封面图的要求：

（1）干净、整洁、清晰、尺寸合理。尽量使用一张完整的图片，而不是拼图，因为直播封面图本身就不大，拼图会降低清晰度。推荐尺寸是 540×960 像素，这个尺寸是官方尺寸，上传也不会被压缩，清晰度和比例都会完美保留。

（2）采用真人上镜、商品海报图或者是营销活动海报图。直播封面图尽量和直播商品或者主播形象一致，可以截取直播间最能体现直播特质的画面做封面，或者用主播照片或者产品图作为封面。这样可以引起观众的好奇心，从而让他们想要点进去看一看直播内容。

（3）直播信息展示清楚，传递直播间的主题或核心内容。直播封面图与标题呼应，直播封面图在体现标题内容的同时，尽量给粉丝更大的想象空间，让粉丝迫不及待地想要观看直播。

（4）禁止使用低俗图片吸引用户注意。

3. 添加话题

话题能使直播间标签更加准确，系统也会抓取到直播间的内容，从而给直播间推荐更精准的人群。用户可以通过"话题"的渠道刷到直播间。

4. 选择清晰度

想要让用户点击进入直播间，就要有好看且清晰的直播画面。因此在直播开始前，要设置高清的分辨率，一般选择 1 080 P/60 帧的画面进行直播。

实操指引

在任何一个平台，新号对于系统来说都相当于是一个刚出生的婴儿，因此要让系统学习账号需要什么。在新号开启直播前，需要做一些预热动作，目的是让系统学习账号的标签以及所对应的人群。

1. 准备直播预热短视频

短视频内容主要是直播花絮或者是商品介绍等,提前2~3天发布短视频,有条件的可以以付费方式做人群筛选,学习账号标签,从而为开启直播间带货带来一批较为精准的人群。

2. 设置账号资料

账号资料的设置目的是让用户了解账号的价值,同时也通过这个方式做一个直播预告。

3. 进行站外引流

在直播开启前2~3天,利用其他第三方平台进行引流,作为直播间的导流渠道。

课堂实训

一、实训目标

1. 掌握新号直播预热技巧。
2. 学会设计直播标题和封面图。

二、任务设置

1. 背景材料

小柯是一家直播电商公司的运营人员,公司的线上销售类目是轻奢女装,目前公司正在开展抖音直播电商项目,进行了半个月。数据显示,直播间的曝光推荐数据很好,但是点击进入直播间的人数很少,小柯正在苦恼如何提升直播间的用户点击数据。请你根据小柯所负责的抖音直播平台销售的类目,以及现阶段抖音直播电商的项目进展情况,协助小柯提升直播间数据。

2. 训练任务

(1)请你根据上述内容,完成直播预热以及开播设置。
(2)请以 Word 文档形式完成任务。

任务二 策划直播活动,提高用户停留、互动转化

任务导学

2022年,"东方**"的双语带货,一夜爆火。从英语教学,到历史地理,再到人文哲学等,直播卖货变成了"上网课"。吸引用户的不光是产品,而且是主播的文化素养与知识底蕴。直播话术不浮夸,有内涵,用做教育的理念做直播,"东方**"提升了整个直播间的文化水准。

用户在点击进入直播间后,想要成功向用户销售商品,首先要把用户留住。用户会停留在直播间,是因为直播间的内容足够吸引人。因此,要先剖析用户在直播间产生购买的心理行为及用户画像,再结合系统对直播间的考核数据指标,分析直播间的数据,策划直播活动方案,编写适合互动的话术,提高用户停留、互动转化。

知识储备

一、剖析用户购买心理行为

用户在刷到一个直播间,点击进入后,会思考的问题有:
(1)你是谁?
(2)你是干什么的?
(3)在你的直播间能买到什么?
(4)你的直播间有哪些有趣的活动?

结合用户的心理行为,输出用户想要的内容,是直播运营及主播考虑的要素。直播间三要素"人""货""场"里的"人",也就是主播,可以利用话术来输出用户想知道的内容,让用户停留在直播间。要拉升直播间的人气热度,首先要分析直播间的用户类型,策划相应的带货策略。直播间用户类型及带货策略见表 8-1。

表 8-1　　　　　　　　　　直播间用户类型及带货策略

用户类型	类型解读	吸引点	带货策略
泛用户	不属于直播间想要的用户人群	利益驱动	红包、礼品等
		地域驱动	地域、家乡特色方言等
精准用户	属于直播间想要的用户人群	兴趣驱动	与定位粉丝画像相关的技能或内容分享
		事件驱动	粉丝专属福利日
		荣誉驱动	粉丝团/亲密度等级
		关系驱动	粉丝团昵称

分析用户类型之后,再挖掘用户吸引点。可以利用以下几个互动技巧(表 8-2)来提升直播间的热度。

表 8-2　　　　　　　　　　直播间互动技巧

互动技巧	示例
测试人数互动	有多少人想要,想要的用户打"想要"
	有没有新来直播间的,有新来的打"新来的",我给大家上个福利,请先给我点个关注哦
干货输出互动	今天我在直播间教大家十天速成××,想学的评论区留言
	拍了这款羊绒围巾,想不想学一下怎么系围巾,想学的评论区留言
生活问答互动	利用好奇心,例如:你们猜猜哪里产的苹果好吃?
	主动向用户提出问题:你们想要我左手的还是右手的,想要右手的打"1",想要左手的打"2"
利益点互动	利用"红包""福袋""抽奖"营销活动吸引用户进行互动
	输出用户互动能得到什么利益:加入我们的粉丝团,灯牌等级达到十级的粉丝,我都会送我手上这个价值 699 元的真皮包,赶紧左上角点击关注

(续表)

互动技巧	示例
礼貌式互动	做好接待，每一个进来直播间的人，时间允许的情况下一定要去点名打招呼：欢迎××进入直播间，你来得太及时了，我正准备发福利呢，想要我身上这款衣服的记得先点个关注哦
	多说礼貌答谢语：感谢大家第一次来到我的直播间就愿意支持我、相信我

直播间里要明确目标。依据系统考核的数据指标，直播间的目标是需要用户做出"点赞""关注""停留""加入粉丝团""购买"等动作。主播要明确输出行动指令，想要让用户做出动作，就需要让用户知道做出动作后会获得什么东西，"输出行动指令"话术＋"利益点"话术是直播间达到目的的一般公式。

二、通过商品有效排序提升直播间停留热度

提升直播间人气热度的商品排序步骤如下：

步骤一：营销活动剧透预热

抖音直播开播前 20 分钟内会给直播间推荐一波流量，因此直播间要把这一波用户留存住，并且提升直播间的数据。在开播前 20 分钟内，可以进行直播间营销活动剧透预热，拉一波人气互动，直播间评论会出现"刷屏"现象，人气数据反馈到系统，系统就会持续给直播间进行流量推荐。

步骤二："引流款"打开销售

预热结束之后，直播间的气氛已经达到小高潮了。抓紧这个时间段用性价比高的"引流款"继续吸引用户，例如主播在直播间说道，点击关注，评论区打三遍"想要"即可参与直播间的活动，持续刺激用户。在这个阶段需要注意的是，要控制好"引流款"的单量，避免用户抢到商品就离开直播间了，一般可设置直播间在线人数 5%～10% 的库存量，例如直播间在线人数为 100 人，那么设置的库存量可以是 5～10 个。

步骤三：直播间"爆款"迎高潮

"引流款"售卖结束后，就要正式售卖店铺有利益的商品。在这个阶段，主播一定要注意去塑造商品的价值以及性价比，要持续让用户产生"实惠""不抢就没了"的心理状态。

步骤四："福利款"迎高在线

到了这个阶段，基本上也就到了直播的下半场。一般直播间的热度在 2 个小时左右，因此在热度下降的时候，要把直播间的热度拉回来，在这个阶段可以使用"福利款"再次提升用户的热情。

步骤五：下播留存热度

影响下一场直播热度的一个因素是上一场的下播数据，因此不能忽视下播这个阶段。在下播前可以再利用"引流款""福利款"拉一波人气互动数据，在开始之前对下一场直播做预热。

三、巧用直播间功能，拉升直播互动转化热度

直播时单靠商品排序来拉升人气互动效果是比较弱的，此外还可以利用直播间的功能来达到目的。

1. 发红包

发红包是给用户最直观、可见的利益，也是拉升人气互动的技巧。抖音主播为了提升直播间的活跃度，让买家积极点赞、评论，可以设置红包让买家领取。在直播期间，可以在商品排序的阶段预告发布红包的时间。此外，要注意发布红包的设置，一般都会设置"5分钟以后可领"，目的是提高用户在直播间的停留时长。领取红包人数一般设置为直播间在线人数的10%左右。进入一个直播间，在直播间的下方点击"礼物"—"红包"，选择"礼物红包"或者是"抖币红包"，最下方勾选"5分钟以后可领"，然后充值进红包，点击"发红包"即可，如图8-11所示。

图 8-11 发红包的步骤

2. 发福袋

直播间有三种福袋：抖币福袋、实物福袋、超级福袋。抖币福袋用于给中奖粉丝发放抖币，不限制店铺和达人，只要开播就可以发放抖币福袋，需要提前充值好抖币。每天最多只能发10次抖币福袋，可以自定义抖币数量、时间、条件。手机直播和直播伴侣都可以发放抖币福袋。实物福袋可以直接送礼物，更能吸引观众停留，但是需要有10万粉丝才能开通，所以平台就推出了超级福袋，不需要10万粉丝也可以抽奖送实物。

一般都是选择粉丝团的人群才可以参与抢福袋，因此，发布福袋可以有效地刺激新用户加入粉丝团，增加转粉数据；抖币福袋的"中奖人数"一般会设置为在线人数的10%～20%，实物福袋的"中奖人数"一般会设置1～5人；参与方式一般为主播根据直播间销售商品的不同阶段创建互动内容，用户做出相应的评论。抖音主播提交福袋后，预计有3分钟的审核时间，因此，"倒计时"一般会选择10分钟或以上，这也是为了提高用户在直播间的停留时长。发福袋的步骤如图8-12所示。

发福袋的作用主要有三个：

（1）增加直播间存留。对于新人直播间来说，最需要解决的问题就是直播间的存留问题，当我们发了福袋以后，用户进入直播间需要等待福袋的发放，等待的时间就提升了直播间的存留。

图 8-12　发福袋的步骤

（2）增加直播间关注。抢福袋的一个限制条件就是关注、加粉丝团，这可以帮助我们提升直播间的关注率。

（3）增加直播间互动。抢福袋的前提还可以设置为让用户在评论区打一句话，这样又可以提升直播间的互动率。

实操指引

一、设置抽奖活动

抽奖活动不管是在线上还是线下销售场景中，都是吸引用户停留的重要技巧之一。用户在直播间的停留时长是系统考核的数据指标之一，因此很多直播间都会设置抽奖活动来提高用户的平均停留时长。一般抽奖活动都会利用5～10分钟的时间来完成。抽奖活动要提前设计好，例如需要用户做出"点赞""关注""评论"等动作才能参与直播间的抽奖活动。抽奖要遵循以下三个规则：

（1）奖品不能一次性全部抽完，中奖人数不能超过直播间在线人数的1％。

（2）主播要输出行动指令，让用户做出"点赞""关注""评论"等动作，等数据有效上升了之后再进行抽奖。

（3）奖品可以设置为直播间之前售卖过的"爆品"，或者是"新品"，这样可以有效地给直播间商品打广告。

二、设置营销专场活动

直播电商的本质就是销售商品，因此想要最大化地拉升直播间人气互动，并达到提高销售额的目的，营销专场活动是必不可少的。开展营销专场活动有以下两种方式：

1. 特殊节日、事件专场营销

现在的很多用户都追求仪式感,也了解线上销售的一些具体的打折优惠节日,例如"双十一""双十二""618 大促""年货节"等。其他的时间段直播间可以通过事件的形式做专场营销,例如通过"粉丝突破 10 万""庆祝原创设计冬季外套突破一万件"等事件来做专场营销活动。

2. 限时限量营销

这是利用用户"物以稀为贵"的心理,创造抢购氛围,商品数量少,销售时限短。例如,"这款外套这个价格只开 1 分钟的时间,1 分钟过后恢复日常价""这款外套现货就只有 50 件,先到先得"。

课堂实训

一、实训目标

学会策划直播间活动,通过互动提升直播间人气以及用户转化。

二、任务设置

1. 背景材料

乐乐是一家直播电商公司运营主管,售卖的是轻奢女装类目,目前正在执行阶段,直播间的在线人数基本上维持在 100~200 人,每场直播观看人数达到 3 万,但是会跟主播产生互动的人数不足 800 人,直播间的销售额持续下降,乐乐非常苦恼。

2. 训练任务

(1)请你根据上述内容,帮助乐乐策划拉升直播间人气互动的方案。
(2)请以 Word 文档形式完成任务。

任务三 利用小店随心推提升直播人气

任务导学

随着外部大环境的不断变化,直播电商这几年经历井喷期,开始不断迭代,平台竞争也愈发激烈,流量获取变得更加困难。一般需要自然流量推荐+直播加热来引爆直播间,利用付费模式获取流量,还要根据直播间引流节奏,及时调整选品和话术,从而承接流量、增加观看时长,提升用户转化,增加销售额。

知识储备

一、了解抖音直播间提高人气的付费工具

抖音直播间提高人气的付费工具包括DOU+、小店随心推和巨量千川。

1. DOU+

DOU+是抖音内容加热和营销推广产品，适用于短视频和直播场景，能提升内容曝光和转化效果。DOU+推广是上热门的一大利器，可有效提升短视频/直播间曝光量和互动量。DOU+门槛低，注册抖音的用户均可以投放。短视频DOU+是针对短视频本身，为短视频带来点赞、关注、互动人气等；直播DOU+更偏向于将直播间推荐给潜在感兴趣的人群。

2. 小店随心推

和DOU+类似，小店随心推也是给对内容进行流量加热的工具，二者的不同之处在于DOU+投给没有电商属性（购物车）的内容，而小店随心推则是投给有电商属性的内容。所以，小店随心推主要是给带货达人以及商家使用的，而DOU+是给一般创作者使用的。小店随心推的优点在于操作门槛低，是为电商用户提供的极简化营销工具。小店随心推通过移动端轻量级数据推广服务，提升电商用户带货直播和短视频的播放和互动，优化商品成交，助力电商用户的经营成长，降低投放和管理成本，有效提升电商营销效率。小店随心推可以观测投放效果，帮助创作者提高在短视频流量池的展现排名，保障展现量，不保障点击率。

小店随心推投放的步骤如图8-13所示。

图8-13 小店随心推投放的步骤

投放计划设置：

①引流形式：可以采用80%短视频引流＋20%直播直投，因为短视频成本低，带来的流

量量级会更有优势一些。

②直播间优化目标:选择进入直播间、商品点击、下单、成交、支付 ROI 5 种。

③投放人群:如果账号有标签,选择系统智能推荐,如果账号没有标签,选择自定义观众类型。注意:新手直播最好不要选达人相似观众。

④预算方面:进入直播间/商品点击计划,设置 100～300 元;下单/成交/支付 ROI 计划,设置 500 元以上。

⑤数量分配公式:10%进入直播间+20%商品点击+40%下单+30%支付 ROI。

投放技巧:一般投放 6 个小时,为了达到测试效果,前期应尽量小额多投。有出单,需要进一步优化。如果出单比较有规律,需要追加投放并持续优化。

3. 巨量千川

巨量千川是巨量引擎旗下的电商广告平台,为商家和达人提供抖音电商一体化营销解决方案。巨量千川与抖音电商深度融合,通过打通抖音账号、抖音小店、巨量千川的账户、资质、资金,提供一键开户和便捷管理,实现"商品管理—流量获取—交易达成"的一体化营销,降低投放和管理成本,有效提升电商营销效率。

DOU+、小店随心推与巨量千川投放建议见表 8-3。

表 8-3　　　　　DOU+、小店随心推与巨量千川投放建议

付费工具	投放目的	投放方式	投放建议
DOU+	短视频/直播间	手机端、电脑端	短视频 DOU+是针对短视频本身,为短视频带来点赞、关注、互动人气等;直播 DOU+更偏向于将直播间推荐给潜在感兴趣的人群
小店随心推	短视频	手机端	通过给带购物车的短视频加热提升曝光量,适合主要以短视频为带货渠道的新手商家
	直播间	手机端	通过给带货类直播间加热提升曝光量,适合主要以直播间为带货渠道的新手商家
巨量千川	短视频	极速推广	适合打算通过短视频购物车快速带货的新手商家
		专业推广	适合打算通过短视频购物车带货且有一定基础的商家
	直播间	极速推广	适合通过直播间带货的新手商家
		专业推广	适合通过直播间带货并具备一定投放基础的商家

二、利用小店随心推实现流量价值最大化

通过付费广告获取流量对于直播间来说是"锦上添花",而不是"雪中送炭"。如果一个直播间单单依靠付费来获取流量,会造成成本增加,所以要清楚地了解广告付费获取流量的意义所在。想要通过广告付费来获取流量,也要清楚地了解,系统只是曝光广告付费内容,将其展现在用户面前,如果直播间连系统推荐的自然流量都无法转化,利用小店随心推去获取流量无疑会没有效果,因此直播间必须要有好的"人""货""场"内容搭建,才能让小店随心推的投放效果最大化。

1. 直播三要素"人""货""场"内容匹配

(1)"人":主播话术里要不断地输出想要让用户知道的内容,例如直播间在开展"买一送

一"的营销活动,那么主播的话术就需要不断地提及营销活动。

(2)"货":开播用引流款拉人气到最高值,小店随心推投放"进入直播间",主播进行开场福利,增加互动和停留;稳住流量,承接引流款的流量,接着憋单,提升直播 UV 价值转化,小店随心推投放"商品点击""互动",提升人气;流量稳住后,适当插入利润款讲解,主播进行介绍,团队配合完成气氛营造和促单,小店随心推投放"下单""成交"。

(3)"场":场景打造要让用户在黄金 3 秒内抓取到直播间的信息点。例如,直播间在开展"买一送一"的营销活动,可以将优惠信息贴放在直播间背景中,用户在刷到直播间时,就能立马获取到直播间的优惠力度。

2. 小店随心推投放效果最大化

想要达到最大化的投放效果,就要了解小店随心推对直播间的作用是什么,了解用户心理行为变化以及直播间要输出什么内容。小店随心推投放方案见表 8-4。

表 8-4　　　　　　　　　　小店随心推投放方案

项目	举例					
小店随心推投放目标	引入直播间	直播间评论	直播间涨粉	直播间商品点击	直播间下单	直播间成交
用户心理行为变化	数据触达反馈	激发兴趣	产生信任	加深了解	下单	付款成交
直播间(主播)对应营销动作	引发需求	引发好奇心	发出话术行动指令	货品展示讲解	开展营销活动	打消售后顾虑

实操指引

抖音平台的功能都是有规则的,使用时要符合平台的管理规则,避免出现违规现象。以下三点是投放小店随心推的注意事项:

(1)小店随心推将根据国家法律法规、平台相关规则对投放内容进行审核。审核时长一般与当天发布视频的用户数量有关。

(2)选择的期望投放时长仅为预估值,实际投放情况与当时流量环境、内容质量等相关,预估值仅供参考,具体视频投放时长请以实际消耗速度为准。建议最好比团队策划的直播时间提前 1 个小时结束,特别是新账号容易出现消耗不了的情况。

(3)付费流量撬动免费流量:刚开始付费流量占比为 20%～50%,在急速流量推送之后,付费流量整体占比下降到 10% 左右。

课堂实训

一、实训目标

根据直播间的具体情况,设置小店随心推投放目标,并制定小店随心推投放策略,掌握小店随心推投放技巧。

二、任务设置

1. 背景材料

某 3C 数码品牌直播间,直播项目开展一周,根据对数据大屏(图 8-14)的分析,直播间的推荐自然流量不见增长,使用巨量千川投放效果不明显,ROI(收益和投入成本的比值)数据太低,运营成本大大增加,销售额却不见增长。直播间现在想要利用小店随心推提升运营数据,降低广告付费成本,但是不了解小店随心推的具体操作。

图 8-14 某 3C 数码品牌直播间数据大屏展示截图

2. 训练任务

请你根据上述某 3C 数码品牌的实际情况以及数据分析内容,帮助直播间策划小店随心推投放计划,提高直播间人气,突破直播间现阶段的流量圈层。请以思维导图的形式完成任务。

任务四 掌握直播精准导流私域技巧

任务导学

私域流量的概念在我国始于 2018 年,那个时候互联网红利即将走到尽头,公域流量的性价比越来越低,因此不少人提出构建自己的私域流量,让自己的命运掌握在自己而不是平台手里。自 2019 年至今,在直播电商兴起的环境下,不少企业的营销预算大幅度减少,各行各业的企业商家,都希望投入可以快速转化,乃至再次转化,有属于自己的有待开发并且能再次转化的用户群体。

185

知识储备

直播兴起的时间并不长,但一个现象不容忽视:一个优秀的主播,在其直播间内,粉丝的占比往往高于通过公域引流进来的用户占比,同时,粉丝下单的比例也更高。在 2021 年 7 月 30 日举办的巨量引擎夏季峰会上,抖音分享过两个相关数据:在抖音直播中,一些做得比较好的直播间,观众中粉丝占比近 40%;而直播间内的电商转化率,粉丝相比非粉丝高出 15 倍以上。直播带货的一个重要属性是特价、实惠,这也是用户对于直播电商的认知,因此,一旦在优秀主播的直播间购买过东西,则很容易成为粉丝,并进一步成为固定消费频率的私域粉丝。粉丝和主播之间是相互促进的关系:主播持续提供福利,粉丝持续形成依赖。

一、直播私域引流的渠道

学会剖析粉丝消费的心理,才能对不同的粉丝群体做出相对应的运营动作。进入直播间的粉丝分为高频消费粉丝和新粉丝两种。高频消费粉丝基本上可以说是主播的"铁粉",在直播间已经做出了大量的购买行为,长期在直播间跟主播互动,并且会有效给予主播反馈。对于这一类粉丝,要留住他们,并且让他们持续地依赖主播,让他们不断地感受到直播间的"新鲜感"。新粉丝指的是进入直播间,只观看不购买,或者是只购买过少量次数的粉丝。针对这一类粉丝,可以激发其对直播间的兴趣,对主播产生好感和信任度,对直播间商品产生购买欲望。

直播私域引流的渠道包括:

1. 账号信息留微信

在抖音的个人简介、Banner 背景图、视频合集上,可以放置微信或公众号截图,或做引导文案等。如果认证了抖音蓝 V,也可以把联系方式设置为电话。

2. 自定义回复

有些粉丝会直接私信,可以设置自定义回复消息。但是在自定义回复里面,不要写太多引导性的内容。建议直接用图片来代替,把相关的介绍做成一张图片,发给用户,但不要在图片上留二维码。

3. 粉丝群引流

现在抖音已经上线了粉丝群的功能,粉丝可以直接在账号的主页中看到粉丝群的入口。只要用户加入了粉丝群,以后打开抖音就会有消息栏的通知,这样就有机会把用户引导到微信了。可以用图片、符号再加上福利等方式,这样引导的成功率会更高。

4. 主动发送短信

针对已经下单的用户,可以主动发送短信提醒用户添加为粉丝。经过测试,24 小时以内的通过率是最高的,因为用户有印象。另外一定要用福利来引导,否则用户没有加你的必要。

5. 主动添加用户

只要用户下单,就可以得到用户的手机号,一般用户的手机号和微信号是匹配的。在得到允许的情况下,可以安排社群运营人员及时添加下单用户的微信号。

6. 快递包裹引流

它的触达率是最高的,也是最容易让用户信任的。一般在包裹里面放置提醒卡片,卡片要突出一点儿。

二、直播精准导流私域的技巧

1. 保持商品更新频率

高频消费的粉丝是长期活跃在直播间的,如果直播间一直没有更新商品,粉丝只能看到重复售卖的商品,就会慢慢失去兴趣。所以为了留住粉丝,应该保持商品的更新频率。

2. 建立强人设

在直播内容里,"人""货"是最具吸引力的,因此除了要保持商品的更新频率外,主播本人也要建立强人设,树立自己的形象,打造积极向上的人格,并不断地通过"事件分享""言谈举止""形象状态"强化人设。

3. 不断输出优质内容

在卖货的同时,主播也要输出其他优质内容,原因包括:第一,能让用户对直播间的内容产生新鲜感;第二,不断地输出不同的优质内容,不会让用户产生烦腻的心理。

4. 建立粉丝群

建立粉丝群是每个社交平台都有的功能,抖音也不例外,目的是给予内容创作者单独的空间与粉丝交流。所以每个主播都应该建立粉丝群,并邀请粉丝进群。要让粉丝体验到进群的"利益",例如主播可以在粉丝群分享日常生活,不间断地在粉丝群发放福利,以提升粉丝黏性。抖音平台建立粉丝群的步骤如图8-15所示。

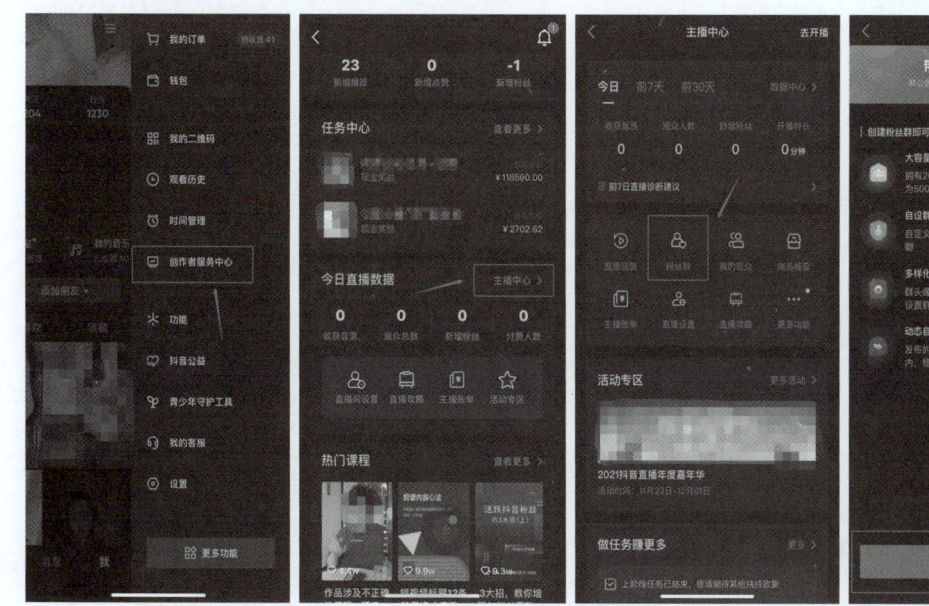

图 8-15 抖音平台建立粉丝群的步骤

5. 强互动提升黏性

交流沟通是拉近人与人之间距离的重要途径,想要让高频消费粉丝群体更喜欢主播,更爱看直播间的内容,就要与直播间的高频消费粉丝群体产生强互动。例如可以设立"专属粉丝福利日""粉丝福利购"等活动。此外，也要与新粉丝产生强互动，可以设立"新粉折扣福利""新粉抽奖日"等活动。

实操指引

众多公域流量平台虽然会推出"私信""粉丝群"功能，但粉丝不单单能看到喜欢的一个主播的内容，而且能看到千千万万的其他内容。内容的冲击，功能的受限，使得主播与粉丝的沟通交流受限，故无法控制粉丝的喜好。

例如，读书郎是广东中山知名教育科技企业，入驻抖音平台，深受家长和孩子的喜爱。图8-16是读书郎在私域流量平台微信公众号的运营截图。

图8-16 读书郎微信公众号的运营截图

大多主播必然要走的一条路即把公域流量承接到私域流量，例如导入常见的微信私域流量池。微信私域流量池有以下6个特点：

（1）微信离用户和粉丝更近。

（2）微信可以免费群发。

（3）微信可以随时随地一对一发起聊天。

（4）微信有朋友圈功能，我们可以看到微信好友的一举一动。

（5）微信好友可以自助下单，甚至自愿分享转发推荐商品。

（6）微信好友可以导流到其他多数平台，包括线下。

如何导流到私域流量池是目前很多商家遇到的难题。数据显示,商家添加用户的微信后,用户会出现两种心理情况,见表8-5。

表8-5　　　　　　　　　　　私域导流用户心理及应对策略

用户心理	私域导流应对策略
商家是不是骗子?	针对不同类型的商家,可以以品牌形式或者是主播个人账号形式开通微信,打造官方公众号或者是订阅号,提高用户的信任度
我添加你的微信有什么好处?	想要让粉丝做出行动,就要让粉丝有利可得,要有明确的利益能让粉丝感受到,例如添加微信可以"优先抢到清仓价格商品""免费领取无门槛10元优惠券"

常见添加粉丝的渠道以及对应的沟通话术见表8-6。

表8-6　　　　　　　　　常见添加粉丝的渠道以及对应的沟通话术

添加粉丝的渠道	沟通话术
客服端口文字沟通邀请	你好,这边收到你收货的信息了,对我们家的商品还满意吗? 现在主播推出了个人粉丝福利,麻烦你看到信息后联系我,我会邀请你参加我们的福利活动
客服端口电话沟通邀请	你好,这边显示你已经收到货了,对我们家的商品还满意吗? 有没有什么问题可以帮到你? 品牌方这边推出了粉丝福利,方便邀请你参加我们的活动吗? 会有很多清仓折扣商品,是直播间没有的。 我这边是官方人员,信息可查,给你拨打的电话号码是主播本人的,你可以在平台查找到信息
抖音平台粉丝群邀请	我申请了一个账号想邀请大家添加,那个账号会发布我的日常还有清仓折扣的商品,快来添加我。现在账号已经发布了十几款商品,账号是××××××
账号个人主页邀请	商务合作:×××××× 个人合作:×××××× 喜欢我的粉丝可以找我个人合作
抖音私信功能邀请	你好,我看到你关注我,还买了我家的东西,收到货还喜欢吗? 有什么问题吗? 有问题记得及时告诉我或者是客服,我们会给你解决。 我准备了一个个人账户,是想给粉丝多发点儿福利,有空麻烦你添加一下,会有很多清仓折扣商品

课堂实训

一、实训目标

1. 掌握直播私域引流渠道。
2. 学会直播精准导流私域技巧。

二、任务设置

1. 背景材料

某珠宝品牌目前开展直播项目一个月,但是粉丝的复购率很低,销售额也不见增长,主播拉新能力不足,如图8-17所示。公司针对这一情况想要降低营销成本,奈何没有头绪。

2. 训练任务

请你结合上述内容,协助商家策划粉丝运营方案,提高直播间粉丝的转粉率、购买能力和复购率。请以思维导图的形式完成粉丝运营方案。

图 8-17　某珠宝品牌直播间数据大屏截图

任务五　分析抖音直播数据与复盘优化

任务导学

2022 年,某直播间双语带货爆火,直播间主播激励更多年轻人相信知识的力量。直播间数据如下:单日销售额高达 1 534.3 万元;7 天涨粉近 300 万;每场直播有 10 万多的在线观看人数。

但是,大多数直播间提高数据难,维持数据也难。想要提高直播间的带货转化率,数据分析是必不可少的。通过数据分析总结出不足,再找到优化的方法。

知识储备

一、直播间数据分析

想做好直播间数据分析,要先学会获取数据。获取到数据后再确定数据分析目标,统计好数据,找到数据的问题点,然后结合直播间的内容进行优化。直播间数据分析思路见表 8-7。

表 8-7　　　　　　　　　　直播间数据分析思路

步骤	内容
步骤一	获取数据

(续表)

步骤	内容
步骤二	查看数据结果
步骤三	分析目标数据问题点
步骤四	找到影响数据的原因
步骤五	优化直播间内容

1. 获取数据

可以通过账号后台收集到有效实时的数据。抖音电商罗盘上线了达人详情模块,可以直观了解达人近期的成交概况,如图 8-18~图 8-20 所示。

图 8-18　单击"电商罗盘"

图 8-19　选择"直播列表——直播间明细——数据详情"

图 8-20　查看直播间数据

2. 查看数据结果

（1）整体看板（图 8-21）用于在直播期间或直播后整体查看直播间人气、互动、商品、交易、售后五个模块核心数据，具体包含的指标如下：

①人气模块：平均在线人数、最高在线人数、累计观看人数、人均看播时长。

②互动模块：新增粉丝数、新加团人数、评论次数、点赞次数。

③商品模块：带货商品数、商品曝光人数、商品点击人数、商品点击率。

④交易模块：成交订单数、成交人数、客单价、成交转化率。

⑤售后模块：发货前退款人数、发货前退款订单数、发货前退款金额、发货后退款人数、发货后退款订单数、发货后退款金额。

图 8-21　某直播间整体看板

（2）实时趋势（图 8-22）用于在直播期间实时查看每个数据指标的分钟级变化趋势，直播结束后会有整场数据趋势图。

（3）流量转化（图 8-23）用于在直播过程中了解实时及整体累计不同流量来源渠道占比，分析整体流量各层级漏斗转化效率及整体短视频转化效果。

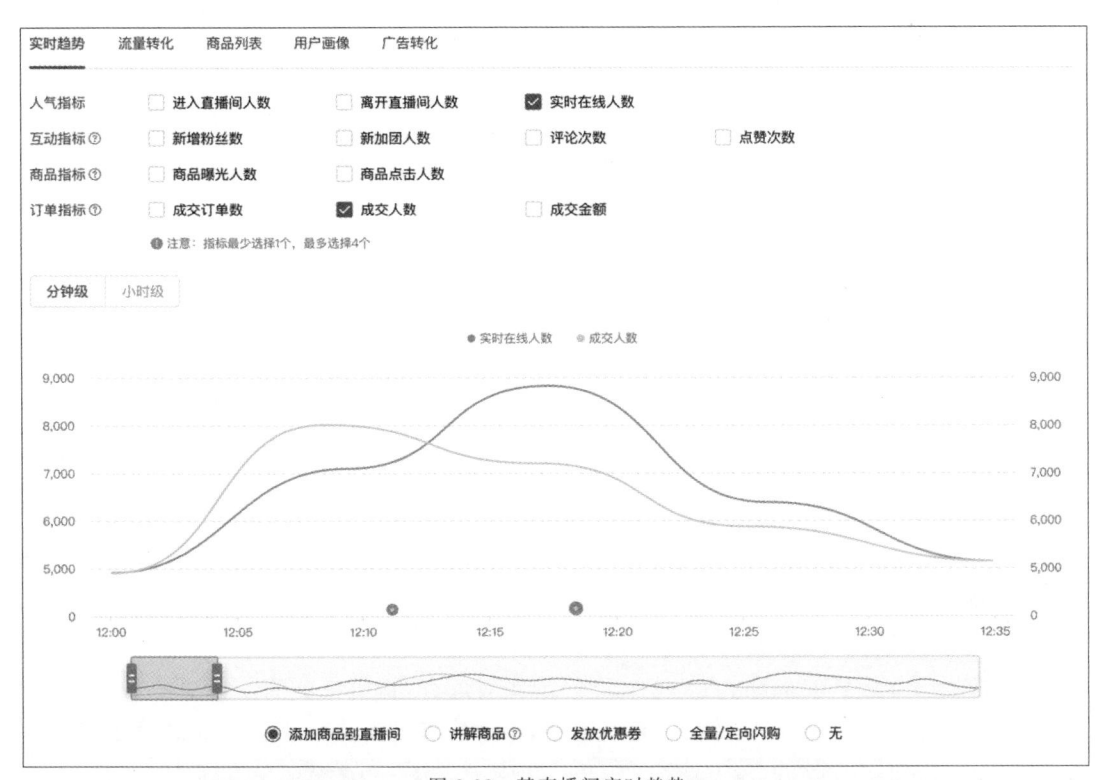

图 8-22 某直播间实时趋势

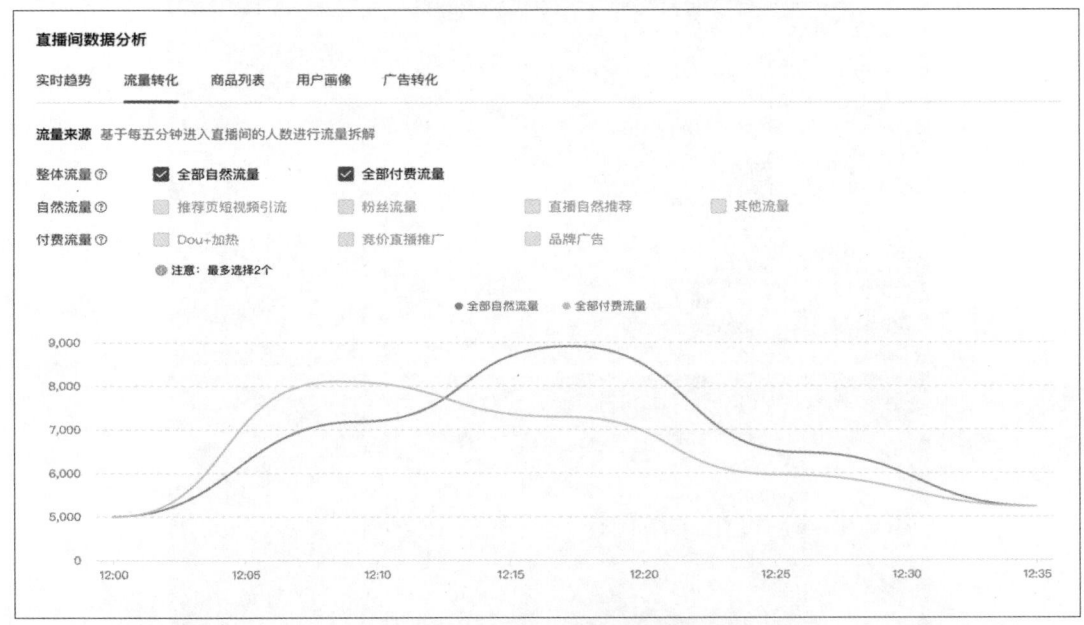

图 8-23 某直播间流量转化

①流量来源：流量来源分为自然流量和付费流量两个维度。

②转化漏斗：如图 8-24 所示为某直播间开播后累计至当前时间点的整体流量各层级转化效果，包括进入-曝光、曝光-点击、点击-生单、生单-成交等环节。

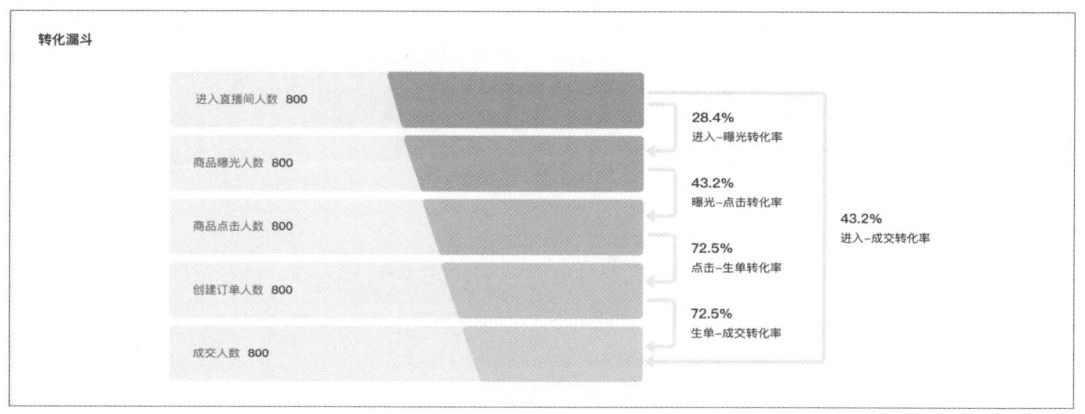

图 8-24　某直播间转化漏斗

③短视频引流：用于查看引流直播间的短视频效果数据，已删除的短视频不展示。

（4）商品列表和推荐商品用于在直播过程中实时查看每个讲解商品的各项指标表现以及排序，以调整商品讲解时长和返场策略，指标涵盖商品流量、交易及售后全链路，点击详情可跳转至商品详情页定位具体商品。

如图 8-25 所示，商品列表支持自定义配置希望展示的指标（最多支持 5 个，最少 1 个）并按展示的指标排序查看商品，支持查看商品的实时库存，讲解中的商品置顶展示。推荐商品为成交金额排名前 3、成交件数排名前 3 和点击-成交转化率排名前 3 的商品筛选展示。

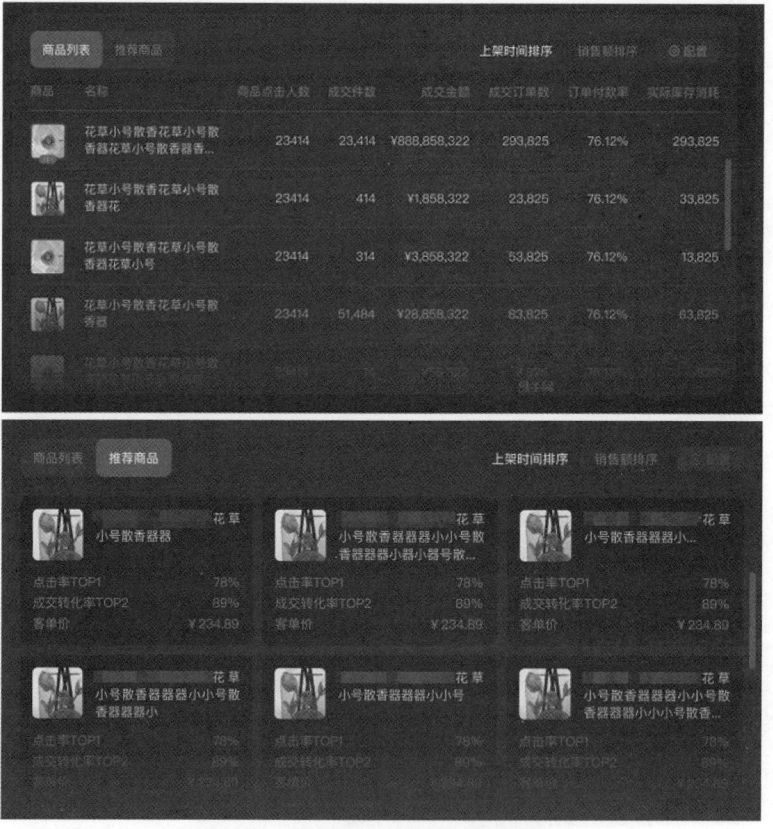

图 8-25　某直播间商品列表、推荐商品

（5）用户画像,如图 8-26 所示,用于直播实时分析或复盘,从看播及支付两个维度查看每场直播用户画像,及时调整讲解商品话术,进行实时互动,并调整后续选品策略。

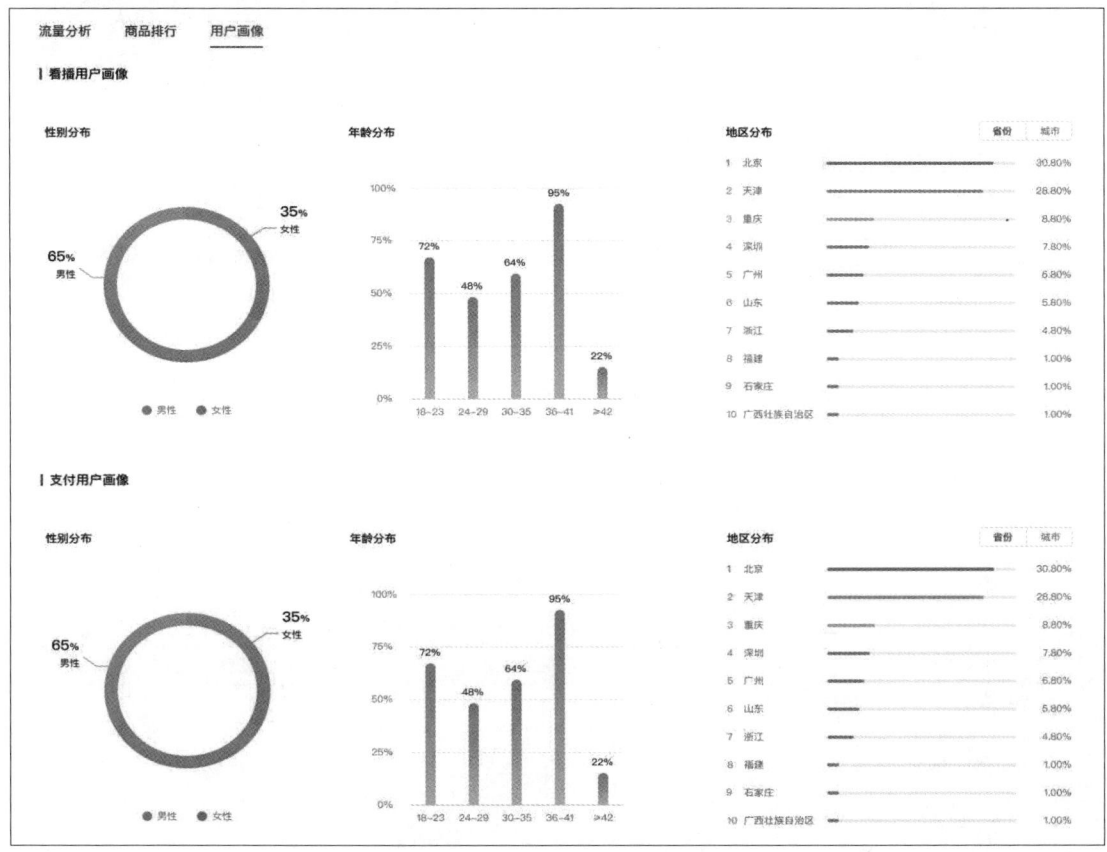

图 8-26　某直播间用户画像分析

①用户画像中新增按粉丝类型查看用户画像,包括全部、粉丝、非粉丝,方便商家准确了解粉丝画像,精准投放,提高成交转化效率。

②使用建议:商家可选择粉丝类型为粉丝、非粉丝和全部,分别查看看播用户和成交用户粉丝人群画像,细化性别、年龄、地域分布,比较看播用户和成交用户之间的差异,在后续引流动作中精准投放,提高对成交用户目标人群的曝光,从而提高成交转化效率。提示:用户画像人数小于 100 时不展示。

（6）广告转化用于在直播过程中了解整体累计不同付费广告类型投放成本及引导成交效果数据,分为 DOU＋加热、竞价直播推广、千川竞价广告三种类型,包括成本、ROI 及增粉、支付金额等核心数据指标。其中核心数据有订单数、直播间消耗、进入直播间人数、新增粉丝数、抖店直接支付金额。（提示:竞价直播推广的成本数据支持导出和下载,所有指标定义均可通过指标右上角问号查看。）

3. 分析目标数据问题点

获取数据后,将其收集统计到表格中,再根据数据分析出问题点,如图 8-27 所示。

根据上述数据表格分析出,6 月 23 日～7 月 4 日,直播间曝光人数整体呈下降趋势,累计观看人数也整体呈下降趋势,再看后面的"整体看板—互动"中的点赞数、互动率也大体呈下降趋势，说明直播的内容导致数据下滑，应找到数据下滑的问题点。

电商罗盘—直播明细		整体看板—流量						整体看板—互动								
日期	直播时长	累计观看人数	直播间浏览量	直播间曝光人数	直播间曝光次数	最高在线人数	平均在线人数	人均观看时长（秒）	评论次数	点赞数	互动率	新增粉丝数	直播粉丝占比	看播粉丝数	转粉率	加团人数	加团率
06/23 17:52 - 06/23 20:15	2小时23分	8,628	9,596	12100	14600	164	35	33	2,525	16,200	29.27%	304	0.04%	3	3.52%	55	0.64%
06/24 17:52 - 06/24 19:51	1小时59分钟	11,500	13,200	24300	31400	258	63	36	2,844	13,500	24.73%	366	1.09%	125	3.22%	64	0.56%
06/25 17:52 - 06/25 19:36	1小时44分钟	5,817	6861	15100	20200	127	56	52	3,033	12700	52.14%	253	3.22%	187	4.49%	41	0.70%
06/26 17:52 - 06/26 20:01	2小时9分钟	8,211	9,516	24900	32000	162	43	35	1068	26400	13.01%	165	3.33%	273	2.08%	18	0.22%
06/27 17:52-06/27 17:55	2小时2分钟	4360	5122	11100	14800	110	27	37	723	21000	16.58%	75	5.78%	252	1.83%	57	1.31%
06/28 15:29 - 06/28 17:40	2小时10分钟	6513	7606	11100	15200	80	30	33	653	11700	10.03%	111	4.07%	265	1.70%	35	0.54%
06/29 17:53 - 06/29 17:52	1小时59分钟	4866	5678	8115	11100	50	24	35	600	18600	12.33%	74	4.43%	216	1.52%	21	0.43%
06/30 16:16 - 06/30 18:02	1小时46分	6140	7005	10700	14200	101	33	33	508	2251	8.27%	125	3.65%	224	2.04%	12	0.20%
07/01 18:04-19:00	56分钟	2179	2179	3752	4837	90	26	33	176	5049	8.88%	18	7.26%	176	0.91%	1	0.05%
07/02 21:54-23:48	1小时54分钟	787	975	1600	2664	23	15	1.55分钟	183	3746	23.25%	7	26.90%	212	0.89%	0	0
07/03 17:54-19:14	1小时20分钟	548	648	1106	1811	27	12	1.15分钟	191	3031	34.85%	4	24.51%	134	0.73%	0	0
07/04 17:44 - 19:16	1.5小时	1882	2189	3477	4980	43	20	43秒	390	1047	20.72%	27	9.32%	175	1.43	8	0.43%

图 8-27　某直播间直播数据

4. 找到影响数据的原因

结合数据分析直播三要素"人""货""场"寻找原因。通过表格（表 8-8）分析，找到影响数据的点赞数、评论数大体在下滑，是否是主播话术输出行动指令在下跌？是否是直播间没有策划营销活动？

表 8-8　　　　　　　　　　　抖音直播复盘样表

数据概览	账号		开播日期	5.21	开播时长	5.4小时	直播时间	下午1点
	观众总数	13 000 人	付款总人数	92 人	付款订单数	159 单	销售额	773.58 元

直播内容质量分析			
直播吸引力指标	关联因素	问题记录	复盘结论
平均在线人数	流量精准度		
最高在线人数	产品吸引力		
平均停留时长	产品展现力		
转粉率	营销活动力		
新加粉丝团人数	主播引导力		
评论人数			
互动率			

直播销售效率分析			
销售效率指标	关联因素	问题记录	复盘结论
转化率	流量精准度		
订单转化率	产品吸引力		
客单价	关联销售力		
客单件	直播展示力		
UV 价值	主播引导力		

直播流量优化分析				
流量来源	占比	人数	问题记录	复盘结论
短视频推荐				
直播推荐				
其他				
关注				
同城				
付费流量				
个人主页				
抖音商城				

(续表)

单品销售数据分析							
品名	购物车序号	直播间浏览量	直播间点击量	单品点击率	支付订单数	单品转化率	支付GMV	单品UV价值
产品1								
产品2								
产品3								
产品4								
产品5								

5. 优化直播间内容

找到影响数据的原因后，结合实际情况，复盘优化。填写抖音直播数据复盘优化表，见表8-9。

表8-9　　　　　　　　**抖音直播数据复盘优化表**

数据概览	账号		开播日期	5.21	开播时长	5.4小时	直播时间	下午1点
	观众总数	13 000人	付款总人数	92人	付款订单数	159单	销售额	773.58元

直播内容质量分析			
直播吸引力指标		关联因素	问题记录	复盘结论
最高在线人数	188人	流量精准度 产品吸引力 产品展现力 营销活动力 主播引导力	1.男性占比从35%降到25% 2.留存还不错，转化差 3.过款的节奏可以再快一点儿 4.直播时间出错	1.信息展示吸引人，直播商品展示充足 2.目前产品以拖鞋和置物架为主
平均停留时长	0.7分钟		
转粉率	4.22%		
评论人数	571人		
互动率	4.39%		

直播销售效率分析			
销售效率指标		关联因素	问题记录	复盘结论
转化率	0.71%	流量精准度 产品吸引力 关联销售力 直播展示力 主播引导力	UV价值太低，需要根据选品和定位来设置过款顺序	重新优化产品组合
订单转化率	1.22%			
客单价	8.41元/人			
客单件	1.73单/人			
UV价值	0.06			

直播流量优化分析				
流量来源	占比	人数（人）	问题记录	复盘结论
短视频推荐	10.30%	1 339	1.开始200人在线接不住，快速下跌，接不住的原因是款式放单太慢，催单话术引导不够 2.四频共振起来了	1.通过计时器来卡点过款放单 2.重视短视频拍摄发布
直播推荐	85.04%	11 055		
其他	2.90%	377		
关注	1%	130		
同城	0.20%	26		
付费流量	0.56%	73	1.直播画面的实时展示要体现专业，画面感强 2.不出现营销样的贴纸、卡片等信息
个人主页				
抖音商场				

(续表)

短视频内容优化分析

短视频链接	完播率	播放量/点赞/评论/分享	总播放量	短视频导流人数	短视频点击进入率	分析与建议
11:25 调料罐：4 秒/15 秒	4.77% —3 星	1 415/4/0/0	65 576			
11:29 爆款拖鞋：2 秒/23 秒	4.20%	8 172/8/0/0				
11:35 爆款拖鞋 2 秒/10 秒	3.13%	2 822/4/0/0				
11:43 爆款拖鞋 2 秒/8 秒	5.95% —5 星	51 382/61/0/0				
11:49 爆款棉拖 2 秒/9 秒	3.80% —3 星	1 785/6/1/1				

单品销售数据分析

品名	购物车序号	直播间浏览量	直播间点击量	商品点击率	支付订单数	商品转化率	支付GMV	单品UV价值
包跟拖鞋 2 双		7 216	522	7.23%	15	2.87%	298.5	0.57
普通拖鞋—2 元秒		18 000	12 000	66.67%	127	1.06%	2 534	0.21
置物架		3 710	146	3.94%	10	6.85%	108.9	0.75
早餐机		2 746	47	1.71%	1	2.13%	69.9	1.47
儿童刻度杯		6 078	63	1.04%	2	1.59%	9.9	0.16
垃圾袋（没讲解）		853	9	1.06%	3	11.11%	9.9	1.10
调料盒		2 963	67	2.26%	4	1.49%	9.9	0.15
鸡骨剪		2 274	20	0.88%	5	5.00%	9.9	0.50
自动开合油壶		263	4	1.52%	6	25.00%	9.9	2.48
油瓶		2 254	24	1.06%	7	4.17%	9.9	0.23

说明：

(1)直播流量优化分析中的四频共振是指短视频、广告投放、直播间、商品四个元素互相影响。

(2)短视频内容优化分析中的短视频链接的时间，如 4 秒/15 秒，表示短视频主要在 4～15 秒起量，意思是短视频的关键点在 4～15 秒，这部分内容比较有吸引力，用户播放短视频到这一段时，各项运营数据明显增加，比如关注、点赞、评论、下单转化等数据开始提高。

优化建议：

(1)只有爆款拖鞋的完播率达到 5 星，其他短视频的完播率都比较低，还要继续提升短视频内容的吸引力。

(2)单品销售数据分析中，普通拖鞋—2 元秒的点击率很高，选品正确，引流效果不错，但是商品转化率低，还得提升直播话术；垃圾袋和自动开合油壶的商品转化率很高，可以在短视频中重点推荐，甚至可以利用 DOU＋等付费推广。

二、数据优化时效

直播间的数据每天都在变化，应当每日统计数据并进行复盘优化，培养数据精细化运营思维，才能及时有效地发现问题，提升自身直播运营能力。

实操指引

利用数据对直播间的流程进行梳理,可以帮助团队找到问题,进而对后期直播流程优化起到事半功倍的作用,所以直播数据复盘是一项很重要的工作。直播数据复盘有以下三个好处:

1. 发现规律,工作流程规范化

在直播的时候,我们会利用一些技巧,有时会起效果。但是这些方法并不是唯一的,也不是固定的,我们可以分析自己直播间的特点,不断摸索最适合自己的方式。通过回顾,可以看到哪些方式适合自己,让整个直播间的工作更加优化。

2. 纠正错误,避免继续犯错

通过回顾,我们会发现直播中有错误的地方,把这些出错的部分记录下来,进行改正优化,下次就能避免同样的问题产生,使得每一次直播都比上一次更好。

3. 将经验转化为能力

直播的时候一定会遇到突发情况,通过分析总结,记录案例,以后遇到紧急状况的时候也能沉着应对。

课堂实训

一、实训目标

1. 掌握直播间数据分析的思路和方法。
2. 学会直播数据复盘优化。

二、任务设置

1. 背景材料

某箱包品牌建立于1952年,是亚洲较大的箱包生产及品牌基地。线下有众多门店,纷纷转型直播,线上线下相结合销售产品。某门店直播团队在直播数据分析中找不到问题点,无法进行优化,使得直播间的数据没有增长,呈现持续下滑的状态。详细数据分析见表8-10。

表8-10　　　　　　　某箱包抖音直播数据复盘优化表

数据概览	账号		开播日期	5.21	开播时长	5.4小时	直播时间	下午1点
	观众总数	15 832人	付款总人数	199人	付款订单数	159单	销售额	11 003元
直播内容质量分析							
直播吸引力指标		关联因素	问题记录				复盘结论	
平均在线人数	75人	流量精准度 产品吸引力 产品展现力 营销活动力 主播引导力						
最高在线人数	235人						
平均停留时长	40秒						
转粉率	4.50%						
新加粉丝团人数	73.00%						
评论人数	680人						
互动率	4.30%						

(续表)

直播销售效率分析			
销售效率指标		关联因素	问题记录	复盘结论
转化率	0.73%	流量精准度 产品吸引力 关联销售力 直播展示力 主播引导力		
订单转化率	2.22%	^		
客单价	110元/人	^		
客单件	1.73单/人	^		
UV价值	0.07	^		

直播流量优化分析				
流量来源	占比	人数(人)	问题记录	复盘结论
直播推荐	70.30%	11 339		
短视频推荐	15.04%	1 128		
其他	2.90%	350		
关注	1%	70		
同城	0.20%	107		
付费流量	0.56%	73		
个人主页	0			
抖音商城	0			

单品销售数据分析								
	品名	购物车序号	直播间浏览量	直播间点击量	商品点击率	支付订单数	商品转化率	支付GMV	单品UV价值
产品1	品牌专柜真皮女包	1	7 216	1 023	9.38%	15	2.87%	2 070	0.57
产品2	苹果包真皮	2	18 000	12 000	30.67%	139	1.06%	7 039	1.03
产品3	零钱包	3	5 537	1 365	2.15%	30	6.85%	1 170	0.75
产品4	化妆包	4	6 987	198	0.71%	13	2.13%	594	1.47
产品5	眉笔	5	8 700	2 987	1.04%	30	1.59%	30	0.16

2. 训练任务

(1)请以Word文档形式完成任务。
(2)请结合数据分析复盘优化直播内容。

归纳与提升

抖音是典型的内容电商平台,作为目前国内活跃用户较多的短视频平台,流量的来源主要是创作者生产的优质、符合平台喜好,能引起用户兴趣的内容,从而获得系统的推荐。

抖音主要的变现渠道有广告、电商直播和用户付费等,而电商直播是变现的主要形式之一。通过学习和实践,学生可以掌握抖音开播设置,上下架商品,策划系列活动与用户产生互动,引导用户停留,学会分析抖音直播数据,并进行复盘优化,提升直播运营效果。

在未来,抖音直播电商必将迎来更大的发展机遇,商家和主播除了做好直播运营以外,还需要不断提高直播影响力和变现能力。

思考练习题

一、多选题

1. 直播拥有的（　　）特点，决定了直播营销价值。
A. 流量　　　　　　　　　　　　B. 社交属性
C. 媒体属性　　　　　　　　　　D. 内容展现的场景化和互动

2. 直播平台的收入来源主要包括（　　）。
A. 主播的打赏分成　　　　　　　B. 主播带货所产生的销量分成
C. 营销推广服务收入　　　　　　D. 平台广告

3. 在直播数据分析中，整理数据有（　　）两个方面工作。
A. 数据的采集　　　　　　　　　B. 数据的核对修正
C. 数据的统计和计算　　　　　　D. 数据的分析

4. 直播团队对引流内容的标题设计，可以从以下哪几个维度进行思考？（　　）
A. 爆发力　　　B. 吸引力　　　C. 引导力　　　D. 表达力

5. 在视频号平台进行直播，直播团队可以通过哪些方式或平台为直播间引流？（　　）
A. 自媒体大号　　　　　　　　　B. 使用DOU+加热工具
C. 社群群主　　　　　　　　　　D. 给粉丝发福利引导扩散

6. 数据分析的操作步骤包括（　　）。
A. 明确目标　　　　　　　　　　B. 采集数据
C. 整理数据　　　　　　　　　　D. 分析数据及编制报告

7. 下列属于直播效果数据分析的流量指标有（　　）。
A. PV　　　　　　　　　　　　　B. UV
C. 粉丝UV占比　　　　　　　　　D. 粉丝互动率

二、简答题

1. 在开展抖音直播过程中，直播人气不高，应该采取哪些措施？
2. 抖音直播的粉丝如何引导到私域平台？
3. 直播间互动技巧有哪些？

项目九

淘宝平台直播带货运营技巧

课前导学

知识目标

1. 了解淘宝直播开播权限。
2. 了解淘宝直播流量分配机制和浮现权规则。
3. 熟悉淘宝直播互动话术。
4. 理解淘宝直播数据指标。
5. 认识 MCN 机构的功能。

技能目标

1. 能够熟练开通淘宝直播权限。
2. 能够策划与运营淘宝直播。
3. 掌握淘宝直播互动技巧。
4. 学会分析淘宝直播数据指标。
5. 熟悉 MCN 机构入驻流程和平台数据管理。

素质目标

1. 提升团队合作意识和踏实专注、诚实守信的职业素养;激发求知欲和探索欲,体会伟大出自平凡,平凡造就伟大,增强自信心。
2. 发扬国货之光,传承新时代商业精神:敢为人先、务实开放、诚信守法、爱国奉献等。

任务一　认知淘宝直播发布权限与浮现权规则

任务导学

在国内某茶叶批发城中，大量的实体商户由于市场环境不好，线下门店进店流量少，产品堆积销售不出去。以小李为代表的几个年轻人想合伙做线上网络平台销售，打算先从成熟的淘宝开始，做淘宝直播销售茶叶。如何开展淘宝直播带货？请阐述具体条件和要求。

知识储备

一、认识淘宝直播平台

淘宝直播是阿里巴巴网络技术有限公司推出的消费生活类直播平台，是目前我国主流直播电商平台之一。用户可以一边观看直播，一边与主播交流，选购商品。

淘宝直播平台电商产业链完善，规模大，拥有大量用户。淘宝直播拥有公域、私域两大流量池，商家直播可以触达原来店铺的粉丝，粉丝反馈数据好也可以获得淘宝直播平台的推荐流量。

1. 淘宝直播的类型

（1）店铺直播：商家店铺开通的直播。例如天猫店、C店和企业店，这些店铺都可以开通直播。

（2）达人直播：达人属于直播界中的主力军，在行业中有一定知名度，达人和商家合作以获得佣金。达人通过入驻阿里创作平台，即可开展直播。

（3）淘宝全球买家直播：到世界各地不同的购物中心购物的买家开通的直播。全球购申请入口：进入卖家版服务中心，搜索"全球购服务条款"，在结果页列表就会出现报名入口。全球购买手可先尝试开播，系统会自动校验是否符合开通条件。

若符合开通条件，页面会显示"确认开通"，点击后即可开通直播权限进行直播；若不符合，则不显示"确认开通"，页面上暂未透出不符合项，可自己检查是否符合要求。全球购市场卖家准入条件部分内容如图 9-1～图 9-3 所示。

```
第二条【全球购买手市场卖家准入及退出】
【准入】
    （三）店铺主营类目在规定范围内；
    （四）店铺DSR：
    描述相符DSR≥4.6
    服务态度DSR≥4.6
    物流服务DSR≥4.5
    （五）近365天内，无出售假冒商品（C类）扣分（包含0分）
```

图 9-1　全球购买手市场卖家准入条件

```
第三条【全球购店铺市场卖家准入及退出】
【准入】
（一）店铺主营类目在规定范围内；
（二）店铺DSR：
描述相符DSR≥4.7
服务态度DSR≥4.7
物流服务DSR≥4.6
（三）近365天内，无出售假冒商品（C类）扣分（包含0分）；
（四）店铺未在全店屏蔽处罚期内。
```

图 9-2　全球购店铺市场卖家准入条件

```
第四条【全球购星买手市场卖家准入及退出】
星买手类型包括明星、红人、专家。
明星指在特定领域有较高知名度的买手，含演艺领域、体育领域。
红人指因长期输出专业知识或因热点事件被用户群体持续关注的KOL或KOC买手，如：美妆化妆师、服
饰搭配师、服装设计师。
专家指在某一垂直领域，拥有专门技能或全面的专业知识的买手，如：婴幼儿专家、保健理疗师、专业
鉴定师（珠宝/中古）。
```

图 9-3　全球购星买手市场卖家准入条件

2. 淘宝直播用户的特点

淘宝直播用户人群不断扩大，具体分析如下：

（1）淘宝直播用户画像

淘宝直播覆盖了各个年龄段的群体，主要用户是80后、90后女性，特别是自2021年以来，95后女性跃升为淘宝第一大用户群体，如图9-4所示。在各大淘宝功能的95后使用占比中，"淘宝直播"和"淘宝问大家"两个功能模板最受欢迎。

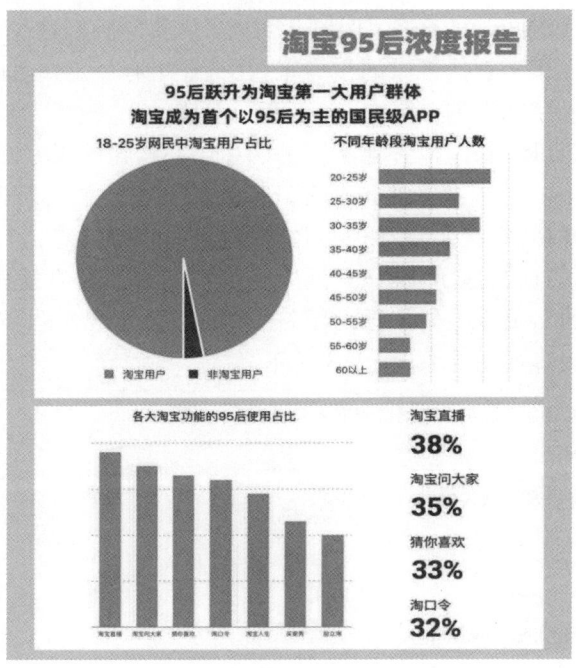

数据来源：淘宝直播 2021 年度报告

图 9-4　淘宝直播用户画像

根据淘宝直播2021年度报告,淘宝直播用户群体女性比重远高于男性。淘宝直播用户群体集中于80后、90后,但00后、70前的用户也在明显提升。

(2)淘宝直播用户类目偏好

淘宝直播用户中,女性是最大的消费群体,因此从用户消费偏好分布来看,占比最大的前三位基本是女性需求品。美妆、女装、箱包配饰、本地生活是女性会在淘宝购买的商品。汽车、3C数码、运动户外、大家电是男性主要消费类目。淘宝直播用户类目偏好如图9-5所示。

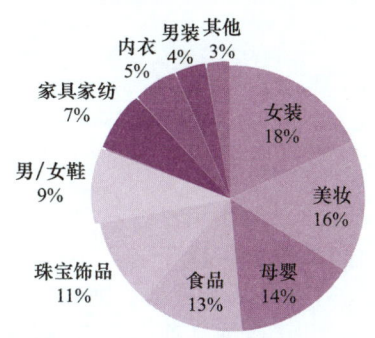

数据来源:淘宝直播2021年度报告
图9-5 淘宝直播用户类目偏好

(3)淘宝直播用户活跃时间段

淘宝直播用户活跃时间段一般为晚上。从7点至18点呈缓慢上升趋势,从19点开始爆发式增长,增长至22点左右开始呈下降趋势,说明19点至22点是用户最活跃的时间段,这为主播确定开播时间提供了参考。因此淘宝平台的知名主播会选择在用户使用高峰期进行直播。

二、了解淘宝直播流量分配机制

互联网时代,流量为王,无论是线下卖货还是线上卖货,如何获得更多的流量都是绕不开的话题。做淘宝直播必须要了解流量推送机制,以便后续做好直播流量运营。

淘宝直播平台将主播分级运营,通过"运营+专业"的方式进行综合评估。运营包含直播场次和时长、平台活动完成率、粉丝留存率。专业包含有效直播的投放、月直播订单、进店转化率等。等级越高的主播,获得的直播权益越多,被平台推荐的流量也就越多。

淘宝直播流量分配机制的要素如下:

1. 新账号直播权益

新手直播账号,每天满足直播3小时,第二天直播会获得流量扶持,连续每天开播,即可获得额外流量加权。完成新手任务,提升账号等级,有意识提升直播质量数据,符合平台奖励要求,将会获得每月的个性化流量曝光。

2. 直播活动排名

淘宝直播官方经常举办各种主题直播和排位赛活动,主播可以参与,趁机做营销活动,完成官方活动任务,做得越好,排名越靠前,就有可能获得平台更大的流量倾斜。

3. 直播间流量转化率

任何一个用户进入直播间,商家都希望能成交。如果直播间流量大,但转化率低,会降低直播间权重。因此,在直播期间,主播需要短时间内向粉丝展示介绍商品,做好营销,营造直播间购物气氛,实现最终转化。

4. 直播间访客停留时长、转粉率

淘宝直播平台判断直播间内容价值主要从直播内容吸引力、商品引导力、用户转粉留存等方面考量。直播间访客的停留时长反映了直播间的内容价值，系统也会根据这一维度判断直播间的好坏。因此，可以通过优化商品的品质，或者加强主播的控场能力和吸引力，将粉丝留住并且主动了解商品信息。好的直播间能够让用户的停留时间更长，从访客转化为粉丝，进而成为忠实粉丝。

实操指引

一、开通淘宝直播权限

1. 直播入驻要求

（1）淘宝或天猫店铺入驻直播，要符合类目要求。

（2）淘宝或天猫店铺入驻直播需符合基础营销规则和综合竞争力的要求，对店铺的综合数据进行校验，包括但不限于以下方面：店铺品牌影响力，店铺 DSR 动态评分，品质退款，退款纠纷率，消费者评价情况，虚假交易，店铺违规等（系统自动校验）。

（3）达人入驻直播（淘宝/天猫无店铺）基本无要求（系统自动校验）。

2. 直播入驻位置

（1）苹果手机可通过 APP Store 检索并下载"淘宝主播"APP 入驻。

（2）安卓系统手机可以在应用市场检索并下载"淘宝主播"APP 入驻。

注意：新入驻店铺，且店铺商品无销量的商家入驻淘宝直播会提示类目不符合要求，需要先有销量，过 24 小时后再入驻。

3. 直播入驻流程

（1）下载"淘宝主播"APP，商家使用店铺主号，达人使用后续开播的账号登录。

（2）根据提示进行实名认证并勾选"同意以下协议"，如图 9-6 所示。认证通过后即代表直播发布权限开通。

图 9-6　直播入驻流程

二、获得淘宝直播浮现权

1. 什么是浮现权

浮现权就是让直播在"淘宝主播"APP、手机淘宝直播入口、直播频道、猜你喜欢直播频道进行展现,让更多人看到直播间。

可以通过直播中控台右上角—我的权限/"淘宝主播"APP—个人页面查看直播浮现权是否开通。

2. 如何获得浮现权

主播等级为V2,且符合《淘宝网营销活动规范》,即可实时开通浮现权。(注意:天猫商家默认有浮现权。)

主播等级划分如图9-7所示。

等级	经验值	专业分	升级条件
V1	—	—	1.经验值和专业分达到各门槛
V2	3 000	—	2.优品率达到对应的指标
V3	7 500	7 500	①V1升V2时:99.0%
V4	15 000	15 000	②V2升V3时:99.5%
V5	月排名在前1%可晋升/保留V5		③V3升V4时:99.7%

图9-7 主播等级划分

想要积累经验值和专业分,需要完成以下任务:

(1)基础经验任务:每开播一分钟即可获得1点经验值,每日最多获得200点,超出部分不再累加。

(2)附加经验任务:直播间观众产生点赞、评论、关注、分享等互动行为后,平台会给予额外经验值奖励,按日结算,每日最多获得100点,超出部分不再累加。

(3)基础专业任务:每添加一个宝贝到直播间即可获得2点专业分,按日结算,每日最多获得200点,超出部分不再累加,重复添加同一个宝贝不会额外积分。

(4)附加专业任务:直播间观众通过宝贝列表进入店铺,或产生购买行为后,平台给予额外的专业分奖励,按日结算,每日最多奖励100点,超出部分不再累加。

课堂实训

一、实训目标

下载"淘宝主播"APP,开通直播权限,熟悉淘宝直播后台功能。

二、任务设置

假设你的家里长辈在经营线下服装厂,有大量的服装货源,你经过在课堂中学习了解到直播的优势,准备利用家里的这批货进行淘宝直播。请准备一个账号,入驻淘宝直播平台,熟悉直播后台的功能。

任务二 策划与运营淘宝直播

任务导学

小李的家乡是中山神湾镇,盛产菠萝,他和朋友们准备开展淘宝直播。前期准备好货品和直播间后开播了两三场,发现大家对淘宝直播的流程操作不是很熟悉,直播团队不知道如何策划营销活动及调整运营策略。他们想通过学习,了解淘宝直播策划前、中、后各个阶段的运营流程。

知识储备

一、策划淘宝直播的基本流程

1.制定直播目标

对于商家来说,直播是一种营销手段,需要通过直播实现某种目标,所以直播前要制定具体目标,尽量让直播营销效果具体化、规范化。例如考核涨粉率、销售额等。

2.撰写直播方案

开展直播需要明确完整的思路,直播前、中、后期工作具体分配,每一个环节由谁负责,需要用方案(表9-1)表现出来,让直播团队人员都参与进来。

表9-1　　　　　　　　　　　　　　直播方案

序号	内容	说明
1	直播目标	设定当日直播目标,结合实际,充分考虑前期基础数据
2	直播人员	包含主播、助播、运营、客服等人员的工作安排
3	直播简介	对直播整体思路的描述,如直播形式、直播主题、时间等
4	直播活动	根据时间节点策划直播活动,如粉丝福利、优惠券等
5	直播预算	直播各环节活动预算,宣传预算
……	……	……

3.规划直播宣传

选择合适的宣传渠道,制作宣传物料,通过在平台宣传,引入更大的直播流量。例如在微博平台,可以采用"文字+图片"形式宣传直播活动,预告直播时间。

4.筹备直播软硬件

开播之前根据直播策划,提前挑选直播场地,调试直播设备等,避免影响直播活动的顺利进行。

5.执行直播活动

做好直播前的准备工作后,就需要执行直播活动,包括直播开播、直播过程、直播收尾等环节。

6. 进行二次传播

直播结束并不意味着直播工作结束,在直播后,团队需要将直播视频进行二次加工,在各大短视频平台进行二次传播,最大限度地放大直播的效果。

7. 复盘直播数据

直播结束后,收集整理直播的数据,团队进行直播的回顾和复盘,评判直播的效果,总结直播的教训和优化下一次直播。

二、规划直播营销活动的流程

做好合理的直播规划,可以帮助主播更好地控制直播节奏,保障直播顺利进行。

1. "过款式"流程

一场直播可能持续的时间比较长,在直播开场将本场直播商品快速过一遍,可以吸引用户停留,等待商品开价。在直播中,按照一定的顺序讲解每一款商品。在直播结束前 20 分钟左右,也可以将商品快速过一遍,让新进来的用户了解直播间的商品。具体可以参考表 9-2 的流程。

表 9-2　　　　　　　　　　　　　　"过款式"流程

时间	主题	做法
14:00～14:10	热场互动	直播开场,欢迎语,互动话术
14:10～14:30	直播预告	预告本场直播商品和福利
14:30～14:50	介绍商品	介绍第一款商品,介绍第二款商品
14:50～15:00	介绍商品	介绍第三款商品
15:00～15:20	用户互动	游戏活动:抽奖、点赞、福利等
15:20～15:40	介绍商品	介绍第四款商品
15:40～16:00	商品展示	再次将直播商品快速过一遍
……	……	……

2. "循环式"流程

一场直播中,直播商品较少,或者主推单个商品,可以采取"循环式"流程。具体可以参考表 9-3 的流程。

表 9-3　　　　　　　　　　　　　　"循环式"流程

时间	主题	做法
14:00～14:10	热场互动	直播开场,欢迎语,互动话术
14:10～14:30	直播预告	预告本场直播商品和福利
14:30～14:50	介绍商品	介绍第一款商品
14:50～15:10	介绍商品	介绍第二款商品
15:10～15:20	介绍商品	介绍第一款商品(第一次循环)
15:20～15:40	介绍商品	介绍第三款商品
15:40～16:00	介绍商品	介绍第一款商品(第二次循环)
……	……	……

三、策划直播活动脚本

为了使直播能够成功进行,一般直播运营团队会提前策划直播方案,撰写直播活动脚本,让直播活动内容和流程更加合理。直播活动脚本示例见表9-4。

表 9-4　　　　　　　　　　　　直播活动脚本示例

直播活动主题	618粉丝福利
直播时间	明确直播开始、结束时间
直播目标	流量目标;吸粉目标;销售目标
直播人员	主播:×× 　副播:×× 　运营:××

直播流程			
时间	主题	做法	作用
7:00~7:05	开场预告	开场白+自我介绍+福利预告(直播期间会送出多少奖品,大致都是什么奖品)。直播间签到互动,想领奖品的在评论区留言。预告:签到的小伙伴不要走开,下面进入活动讲解环节,15分钟后进入第一轮抽奖	福利预告:让观众有期待感。互动可以让顾客参与其中,只要参与就可以最大限度地让他在直播间停留10分钟,为后面更大的引流做充足准备
7:05~7:20	活动讲解	例如奶粉活动,讲解系列奶粉功效,整箱价格,并跟观众互动,问观众想要什么优惠活动。前3名下单送××××,前5名下单送××××,前10名下单送××××	互动会更容易引发观众冲动消费,赠品更容易刺激下单,从而达到最终转化目的
7:20~7:25	第一轮抽奖	想抽奖的在评论区留言,展示抽奖礼品,问跟活动有关的问题	调动观众的积极性,并加深观众对活动的印象
7:25~7:40	产品解答	口语化产品知识表达,例如我们奶粉的优势在哪里,同时线上互动解答,多问一些简单又很重要的问题,并预告后面有抽奖	互动让观众有参与感,预告抽奖让观众有期待感,最大限度留住观众
7:40~7:45	第二轮抽奖	口令截屏抽奖,如大家都准备好了吗,准备好的小伙伴请评论"准备好了",并展示奖品	调动观众的积极性
7:45~8:00	活动讲解	重复讲解是什么系列奶粉,整箱什么价格,并跟观众互动,问观众想知道什么系列奶粉的活动。前3名下单送××××,前5名下单送××××,前10名下单送××××。临时添加直播间下单抽免单大奖	赠品比较容易刺激观众下单,而免单大奖更容易让观众产生购买冲动,从而达到最终目的
8:00~8:15	产品解答+抽奖	好工艺才有好奶粉,突出公司研发实力,积极引导观众互动答题,例如设置与产品工艺、功效相关的题目,观众答对截屏有奖,并展示奖品	抽奖可以避免冷场
8:15~8:30	活动讲解	给刚进直播间的观众讲解活动详情,奶粉整箱什么价格,并强调临时追加免单活动	刺激下单,让观众有紧迫感
8:30~8:40	互动解答+抽奖	互动:如何养出聪明宝宝?互动有奖品,展示奖品	调动观众积极性
8:40~8:50	活动讲解	活动进入倒计时,奶粉整箱什么价格,并强调临时追加免单活动,大奖马上开	继续刺激下单,加深紧迫感
8:50~9:00	收官	抽免单大奖并预告下次直播	让观众怀着激动和遗憾的心情离开,对下次直播满怀期待

实操指引

一、开展淘宝直播

1. 发布直播预告

商家和主播可以通过电脑端淘宝直播中控台或"淘宝主播"APP创建直播预告。

(1)通过电脑端淘宝直播中控台创建。打开电脑端淘宝直播中控台,在左侧菜单栏找到"发布直播",直播时间选择为开播时间,如图9-8所示。

图 9-8 电脑端发布直播预告

(2)通过"淘宝主播"APP创建。打开"淘宝主播"APP,点击下方发布内容入口,选择"发预告",如图9-9所示。

图 9-9 手机端发布直播预告

填写信息,发布后预告就会进入审核阶段了。建议选择16:9的封面图,且为浅色、纯色背景,不要包含文字,也不要太花哨。

2. 发起直播

(1)电脑端淘宝直播中控台:在电脑端淘宝直播中控台后台单击"发布直播",如图9-10所示。

图9-10 电脑端发起直播

(2)手机端"淘宝主播"APP:在内容发布中点击"创建直播"。然后填写直播信息,包括直播封面图、直播类型、直播标题(一个好的标题能瞬间吸引观众的注意力)、内容简介,选择频道栏目、直播地点,添加宝贝,点击"创建直播",正式发起直播,如图9-11所示。

图9-11 手机端发起直播

3. 添加商品到直播间

（1）直播前添加商品

电脑端添加路径：商家中心—营销工具中心—淘宝直播—发布直播页面底端—添加宝贝—单击宝贝链接、最近发布等添加商品，如图9-12所示。

图9-12 电脑端直播前添加商品

手机端添加路径："淘宝主播"APP—创建淘宝直播—填写好所有信息—添加宝贝—选择需要直播的宝贝添加确认，如图9-13所示。

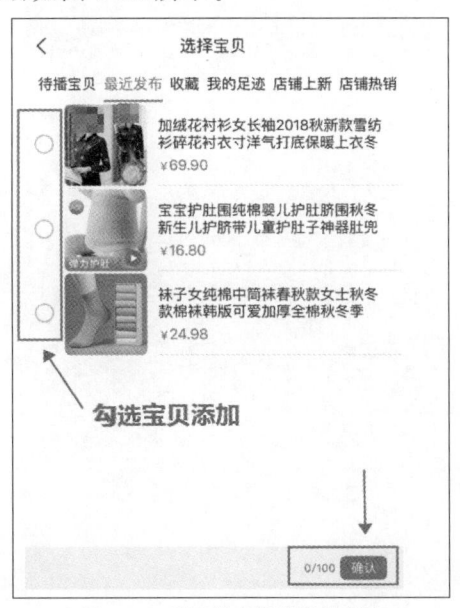

图9-13 手机端直播前添加商品

（2）直播中添加商品

电脑端添加路径：商家中心—营销工具中心—淘宝直播—进入中控台—互动面板—单击宝贝进行添加，如图9-14所示。

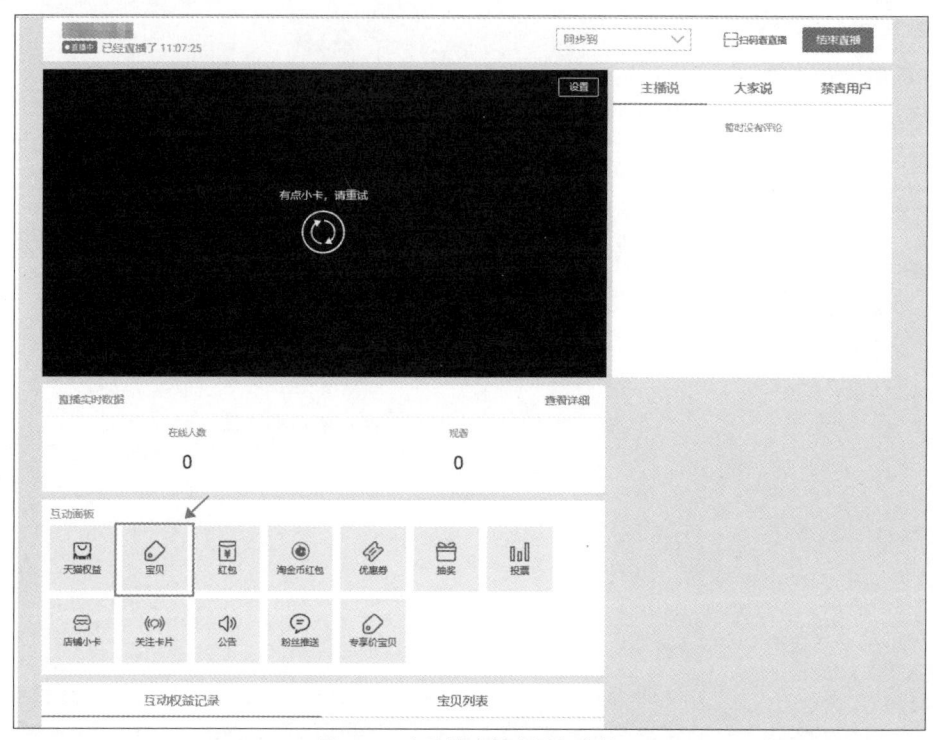

图 9-14　电脑端直播中添加商品

手机端添加路径:"淘宝主播"APP—点击白色边框的购物袋—选中需要添加的宝贝添加,如图 9-15 所示。

图 9-15　手机端直播中添加商品

二、获取淘宝直播流量

1. 站内、站外拉新

淘宝直播背靠店铺私域、微淘等渠道引流,可以通过这些渠道的预热,引导老客户进入直播间,提高直播间活跃度,从而获得更多公域渠道的曝光。

此外,也可以通过外部社交平台和工具拉新。直播前可以在微博、微信公众号进行预热宣传,告诉粉丝直播的福利活动、直播间亮点。开播时复制直播链接分享到外部渠道,吸引更多粉丝来到直播间。

2. 获取直播公域流量

(1)使用直播看点:正确使用直播看点功能的直播内容,将会被平台推荐到所见即所得模块和手淘主搜渠道,获得更多公域流量曝光,吸引新粉丝观看和关注。

所见即所得模块是直播频道首页点击率最高的模块之一,直播看点宝贝主图里必须要有1张图为白底图,如图9-16所示。

(2)设置直播权益外透:在直播中控台设置权益投放,点击"直播粉丝权益",设置完成后,优惠信息会同步透出在直播间的封面上,提高公域曝光转化率。透出权益类型:红包/优惠券/淘金币;透出权益展示优先级:红包＞优惠券＞淘金币,如图9-17所示。

图9-16 直播看点

图9-17 直播权益

3. 平台付费推广

淘宝直播平台支持直通车推广、钻展推广和超级推荐推广三种付费推广方式。

(1)直通车推广:直通车是一种搜索竞价的营销推广工具,可以利用直通车推广直播间,帮助解决流量少的问题。直通车引流时一定要注意人群(新访客、老访客、复购人群、优质人群、自定义人群等),根据不同的人群做出不同的溢价方式,这样才能实现针对性展现排名。

(2)钻展推广:钻展是淘宝直播中最早进行推广的工具,按照展现量收费。钻展的资源位展示在手机淘宝首页焦点图和直播精选信息流中。但钻展推广属于广泛的人群推广,覆盖的人群广,所以更加适合传播品牌或者大型活动的店铺。

（3）超级推荐推广：直播推广的重要工具。通过超级推荐推广，可以推送直播间到"猜你喜欢""订阅""直播广场"等资源位，实现对直播间的引流。

课堂实训

一、实训目标

清晰了解淘宝直播策划流程，掌握直播开播步骤及开播设置。

二、任务设置

根据前面所学的知识和实操指引，制定直播流程，并且独立完成淘宝直播开播设置，在直播间添加商品，列出详细的步骤和截图。

任务三 掌握淘宝直播互动技巧

任务导学

小李同学家在广东潮州，家乡特色美食牛肉丸家喻户晓。她在淘宝直播平台开展了几场牛肉丸的直播，发现直播间人气不高，小李同学全程在自己讲，用户和粉丝只是进出直播间，很少点击商品，也很少在直播间互动。她应该如何解决这个问题？

知识储备

一、巧妙发红包

为了活跃直播间气氛，增加直播间互动，主播可以与用户在某个时间点约定，达到什么要求，即准时发红包，引导用户进入直播间抢红包，营造热烈的直播间气氛。

1. 点赞到××发红包

刚开播的直播间，主播可以在某个节点发红包，例如点赞满10 000个即发红包，引导用户参与互动；也可以使用叠加红包玩法，关注粉丝达到××倍即发红包，主播边讲，副播边在旁边镜头下演示，团队配合烘托气氛。

2. 进入粉丝群发红包

针对新账号开播，粉丝量少的直播间，可以引导粉丝进入粉丝群，在群里发红包，以积累粉丝。

二、设计抽奖活动

抽奖是直播间常用的互动方式,可以让直播间人气达到高潮,增加用户的停留时长。设计抽奖环节,需要遵循以下原则:

(1)奖品最好是推荐过的爆品、新品等。
(2)需要分时间、分节点进行抽奖。
(3)主播尽量控制直播节奏,通过呼吁点赞数和评论数提升直播气氛。
(4)主播需要讲清楚抽奖规则,多次提醒告知如何抽奖、参与方式等。

抽奖互动环节参考形式见表 9-5。

表 9-5 抽奖互动环节参考形式

序号	抽奖形式	说明
1	签到抽奖	定时开播,在签到环节进行签到评论,发红包
2	点赞抽奖	提升直播数据,主播强调点赞规则,达到发红包
3	问答抽奖	可以设置互动问答,用户评论,中奖联系客服
4	"秒杀"抽奖	秒杀活动前/中可以设计抽奖,剧透新品

三、设置粉丝打榜排位赛

直播间排位赛引入用户打榜玩法,主播可对打榜用户进行红包刺激,获得更多榜单流量,也刺激用户打榜、冲榜。直播间粉丝打榜福利设置如图 9-18 所示。设置红包打榜主播的排位赛榜单上,会呈现粉丝打榜红包奖励信息,可以作为利益点帮助主播从排位赛获得更多的榜单页面流量。

图 9-18 直播间粉丝打榜福利设置

四、提升直播粉丝亲密度

粉丝亲密度是粉丝和主播之间互动的频率指数,是积累和转化粉丝、提高互动数值的利器。亲密度分值每月 1 日进行更新,根据用户对店铺的购物、访问、收藏、评论等,积累热度,转化为亲密度分值,达到一定亲密度分值可升级为不同等级的粉丝,积分越多,粉丝等级越高,享受权益越大。

在后台确认开通粉丝亲密度功能后,粉丝即可在直播间看到与当前主播的亲密度。入口会提示粉丝通过完成"当日任务"来提升亲密度，点击入口在弹窗上可看到详细的亲密度说明以及任务说明。每个任务完成后，粉丝会收到相应的亲密度分值变化提示。开通淘宝直播粉丝亲密度功能的步骤为：

①商家要打开自己的淘宝直播后台，在后台中找到"设置"功能，在"设置"里找到"粉丝分层"。

②点击"粉丝分层"，有很多互动的规则供大家选择，商家可以根据自己的实际情况，制定亲密度规则，当粉丝满足设置的规则的时候，粉丝就可以增加亲密度。

③设置粉丝亲密度分值奖励，经常关注店铺的粉丝也可以享受一些优惠，让大家更愿意关注店铺，以形成良性循环。亲密度的增长规则由淘宝直播的卖家设置，比如有的卖家设置每日观看直播＋2，关注主播＋5，观看满4分钟＋5，发布一条评论＋2，上限10次，点赞满20次＋2，分享直播＋10等。

1. 粉丝分类

（1）0～100度为普通粉丝，可设置普通粉丝权益，供普通粉丝领取，非粉丝状态下该权益为锁定状态。

（2）100度以上为亲密粉丝，可设置亲密粉丝权益，供亲密粉丝领取，普通粉丝状态下该权益为锁定状态。

2. 粉丝亲密度福利

主播可以在直播间明确粉丝等级，不同的等级享受不同的福利，获得不同的赠品。在直播间，主播可以不断引导粉丝互动，提升粉丝等级，这样才能有效地提升直播人气指标和交易指标。

实操指引

一、发淘宝直播优惠券/红包

1. 发淘宝直播优惠券

登录淘宝直播中控台，选中配置好的优惠券，确认投放，如图9-19所示。

图9-19　发淘宝直播优惠券

2. 发淘宝直播红包

以主播身份/商家身份打开权益中心,创建红包并发布投放,如图9-20所示。

图9-20　发淘宝直播红包

二、设置抽奖活动

主播提前在淘宝直播中控台设置奖池,选择奖池点击投放,即可弹出抽奖活动,用户参与抽奖。目前支持店铺券/商品券/红包。

(1)提前设置奖池,如图9-21、图9-22所示。

图9-21　设置奖池(一)

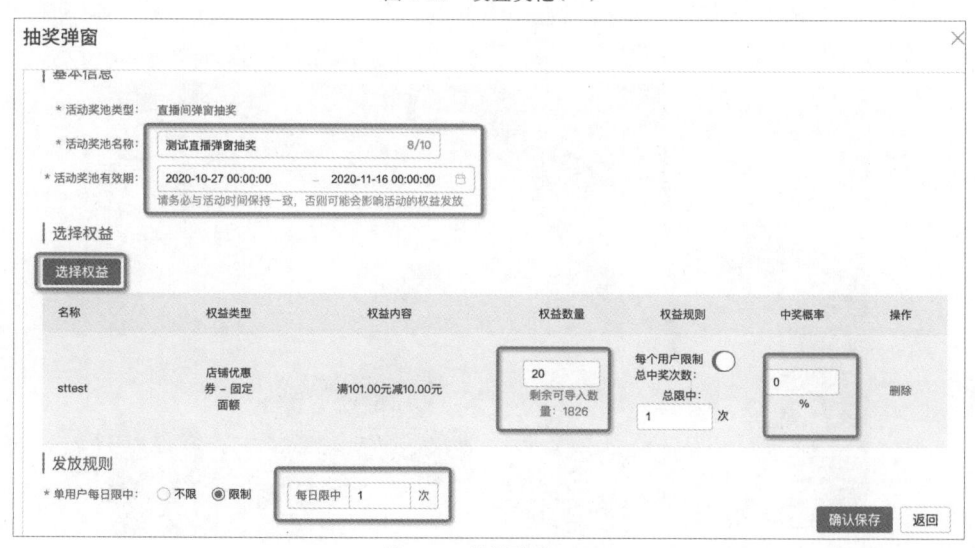

图9-22　设置奖池(二)

（2）选择已经设置好的奖池，单击"确定投放"，如图9-23所示，直播间弹窗就会弹出抽奖活动。

图9-23　投放抽奖活动

课堂实训

一、实训目标

掌握淘宝直播互动工具的功能和使用方法，学会设置淘宝直播互动活动，提升直播效果。

二、任务设置

1. 背景材料

2022年2月《中共中央 国务院关于做好2022年全面推进乡村振兴重点工作的意见》发布。在国家鼓励公益助农的大背景下，手握主播及供应链资源的企业，以直播电商的方式助力乡村振兴可谓水到渠成。实际上，直播电商行业发展到今天已经走向正规化。在直播间里做公益，引导产业链上下游进一步挖掘直播电商的价值，已然成为头部主播、MCN机构和直播平台的默契。淘宝助农直播活动如图9-24所示，淘宝直播互动面板如图9-25所示。

图9-24　淘宝助农直播活动

图 9-25　淘宝直播互动面板

2.训练任务

请观看淘宝助农直播相关视频,学习借鉴优秀主播的控场能力,以及如何与粉丝进行直播互动。选择自己熟悉的家乡特产,当好家乡好物推荐官,策划淘宝直播互动活动方案。

任务四　分析淘宝直播间数据

任务导学

在淘宝开展了几场直播,小李和朋友们感觉直播间人气总是忽上忽下的,没办法做到长时间的停留和转化,她不知道问题出在哪里,因此想通过分析直播数据,发现问题,找到解决办法。

知识储备

数据分析在直播运营过程中是关键的一环,想要做好直播,提升直播带货的转化率,就要学会深耕数据,找出问题,寻找解决方案。

1.淘宝直播人气指标

(1)直播观看人数:看过直播并且离开直播间的累计观看人数。淘宝直播在线人数和淘宝直播观看人数不同,在线人数是实时观看直播的总人数,并不包含离开的人数,所以后台的在线人数是实时跳动的,并不会一直增长,会忽高忽低。

(2)商品点击次数:进入直播间的人点击商品的次数。商品点击次数低,可以从选品、价格、营销活动、主播的话术等方面进行调整。因为商品点击次数越高,商品对大家的吸引力越强。

(3)粉丝浏览次数:关注过主播的用户进入直播间的次数。当越来越多关注用户进入直播间,说明该直播间的留存率高。

(4)访客浏览次数:未关注过主播的用户进入直播间的次数。当越来越多未关注用户进入直播间,说明该直播间的新流量在不断扩大。

221

(5)直播间在线人数:这个指标在实时数据监控中是非常重要的指标之一。主播和运营通过观察在线人数的变化,调整直播的节奏。当在线人数过少时,可以通过抽奖等互动福利,提升人气。

2. 直播转化指标

(1)直播销售额:指直播间销售的金额。

(2)直播最终支付金额:指用户实际的交易金额,剔除退款金额。

(3)UV价值:指平均每一个访客产生的价值。其计算公式为

$$UV 价值 = 销售额/访客数$$

UV价值越高,说明直播间的效果越好,直播间带货能力越强。

实操指引

1. 查看实时数据

在淘宝直播中控台首页,如图9-26所示,可以直接查看实时数据,如图9-27所示。

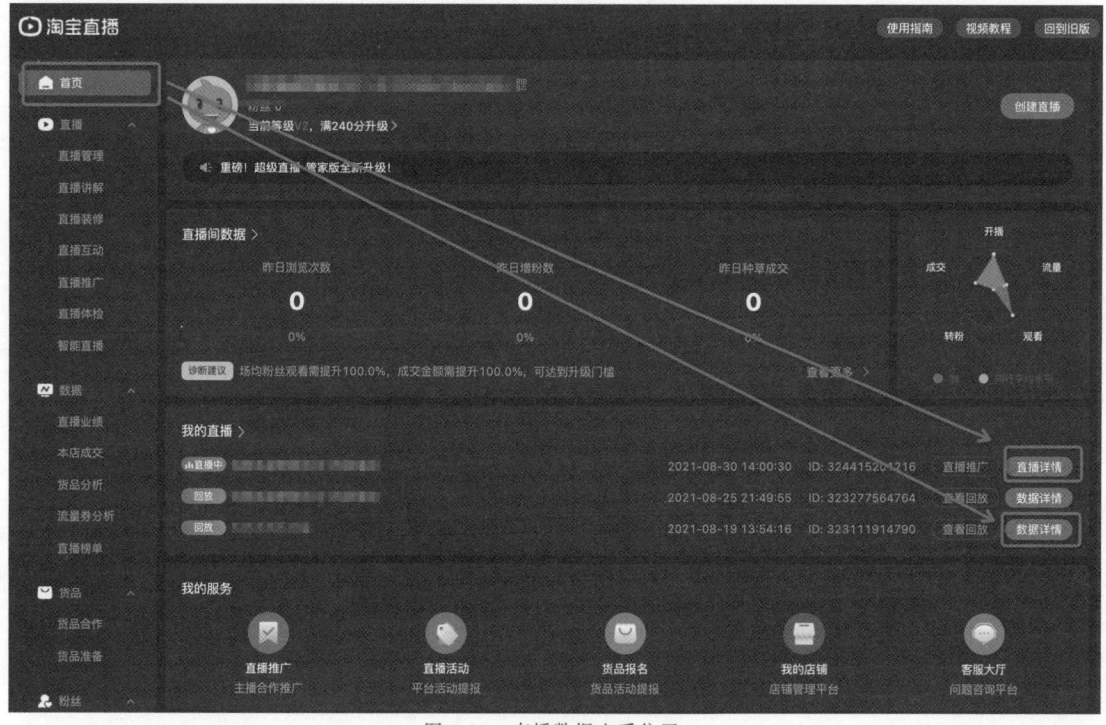

图9-26 直播数据查看位置

2. 查看粉丝数据

打开淘宝直播中控台,单击"粉丝"中的"需求洞察",选择"用户画像",如图9-28所示,可以查看近30日访问过直播间的所有用户,进行用户标签的分析。

图 9-27 直播数据大屏

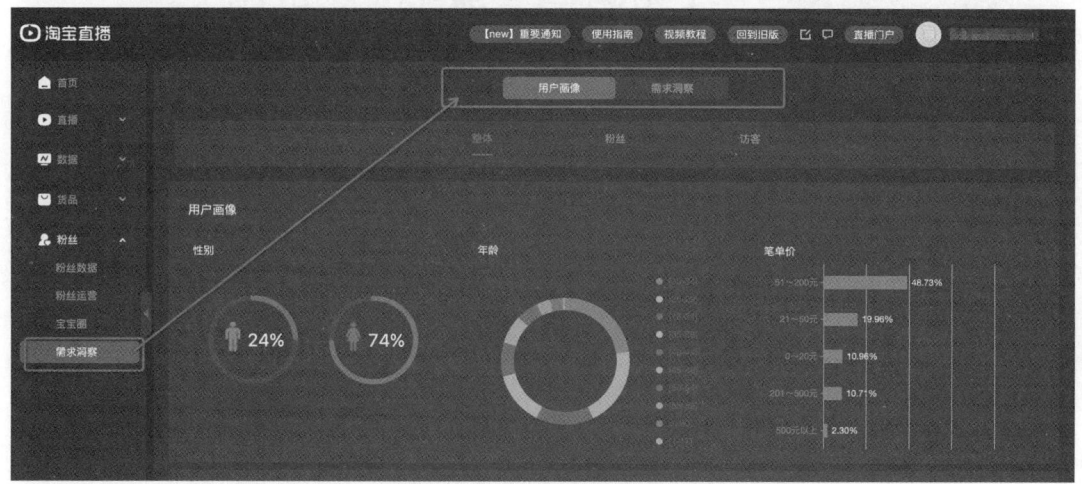

图 9-28 查看粉丝数据

3. 查看货品分析数据

选择淘宝直播中控台中的货品分析,根据开播时间可以查看详细的货品成交数据,包括直播种草成交额、直播发布商品数、动销率(直播间有销售的商品的数量与商品总数的比值,再乘以100%,它反映了直播间选品的有效性)、单品种草成交额,如图9-29所示。

图 9-29 查看货品分析数据

课堂实训

一、实训目标

学会收集整理直播数据,做好直播数据的分析,优化直播效果。

二、任务设置

某直播公司运营部门负责人在每次直播后都会召集团队进行数据分析。在对于单场的直播数据分析中,直播间 10 款商品,商品点击量都比较少,请问是什么原因呢?应该如何改善?

任务五 认知淘宝直播 MCN 机构

任务导学

淘宝主播乐乐做直播一年多了,一直是单打独斗,近期了解到加入淘宝直播 MCN 机构可以获得更多的扶持和资源。目前市面上 MCN 机构有哪些优势?知名的 MCN 机构有哪些呢?

知识储备

1. 淘宝直播 MCN 机构

淘宝直播 MCN 机构是指有淘宝认证资格的专业机构,主要孵化电商带货主播,提供 UGC/KOL/红人/明星/自媒体等达人孵化服务。淘宝希望通过与 MCN 机构合作,共同培育建设优质的达人账号和内容,促进消费升级,提升内容价值,共建国内较大的内容+电商生态体系。

2. 入驻优势

(1)千万级的流量市场。淘宝全平台内容分发,包含淘宝微淘、淘宝头条、淘宝直播、有好货等。

(2)丰富的变现模式。除了常规的结算分佣外,还有动态奖金和 V 任务平台,可进行定制化的内容变现交易。

(3)百万级商家合作资源。可通过淘宝达人 V 任务平台触达百万淘宝/天猫商家,形成深度合作。

(4)一站式的管理平台。机构管理平台将为 MCN 机构提供成员管理、数据分析、商业变现、资源管理等功能。

(5)紧密的共建机制。MCN机构和机构达人可参与淘宝大学培育体系,进行更深入的培训,同时也可参与定期组织的会议,共建内容生态。

3. 国内知名的淘宝直播MCN机构

(1)本新文化|深圳本新文化传播有限公司

深圳本新文化传播有限公司于2013年成立,是新一代的企业移动社交营销解决方案提供商。核心业务是为企业提供数字关系管理解决方案,帮助品牌更有效地建立并管理消费者连接关系,同时扩大品牌的社会影响力。2016年公司将服务重心转向淘宝直播平台,专注于短视频和直播电商,旗下签约淘宝主播80多人,合作主播300多人,总粉丝量破一千万,覆盖服装、美妆、食品、母婴等多种类目,公司以垂直领域的专注度、在多类目的覆盖度,以及旗下主播的销售业绩著称。

(2)美 ONE|美腕(上海)网络科技有限公司

美ONE是阿里巴巴、新浪微博、时尚集团共同投资的网红达人工作平台,也是淘宝官方达人合作机构。美ONE业务从发现到培养网红达人,再通过淘宝等电商渠道为大品牌做商品导流从而变现,目前已和欧莱雅等知名品牌达成深度合作。

(3)构美直播|嘉兴构美信息技术有限公司

嘉兴构美信息技术有限公司成立于2016年4月,位于浙江嘉兴,是一家专注于网红达人、时尚IP孵化的公司。它是一家国内知名的电商内容服务商,服务于阿里巴巴集团,为入驻天猫及淘宝的品牌商家提供整合直播、图文、短视频等形式的内容营销、活动策划服务;拥有淘宝、抖音、微博、公众号等跨平台多元化的营销渠道和海量红人资源。构美直播目前已经与6 500多个商家合作,服务23 000多款商品。

实操指引

一、淘宝直播MCN机构入驻

淘宝直播MCN机构入驻流程如图9-30所示。

图9-30 淘宝直播MCN机构入驻流程

1. 登录机构后台

登录淘宝直播MCN机构后台,用符合条件的淘宝账号登录,进行账号校验。

2. 申请入驻

完善账号信息、机构信息、联系人信息和业务信息,等待审核结果通知。

3. 缴纳保证金，熟悉后台

审核通过后，完成保证金支付的机构即可正式开通，如图 9-31 所示。

图 9-31　直播 MCN 机构后台

二、MCN 机构管理

1. 达人管理

进入 MCN 机构后台，单击"达人管理"，查看绑定达人，如图 9-32 所示。

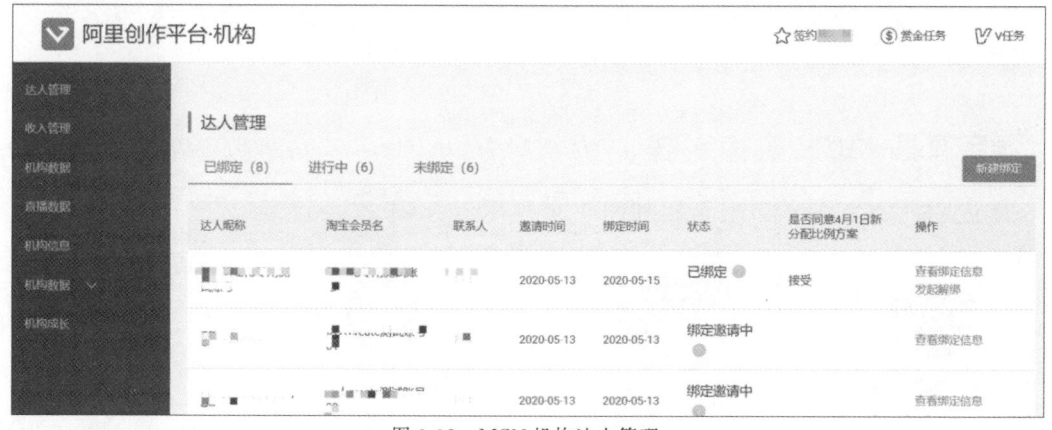

图 9-32　MCN 机构达人管理

2. 数据管理

机构可通过查看签约达人数了解达人层级分布和活跃达人数，通过查询内容数据了解达人发布的内容量和内容效果，通过收益数据更直观地掌握每月的收入情况，通过渠道排行榜了解达人在各个渠道的产出和效果，通过达人排行榜了解达人排序。MCN 机构数据概览如图 9-33 所示。

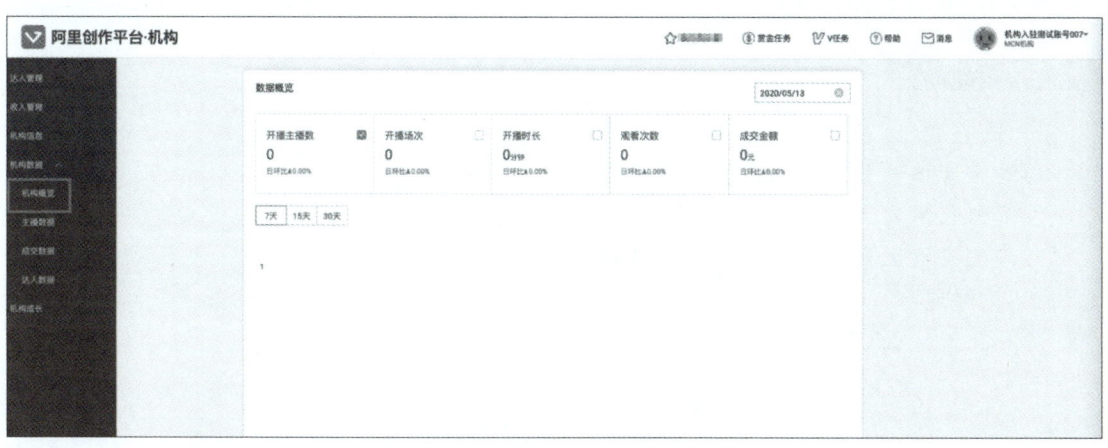

图 9-33　MCN 机构数据概览

课堂实训

一、实训目标

清晰了解 MCN 机构的优势,以及达人如何与淘宝直播 MCN 机构合作。

二、任务设置

1. 背景资料

主播乐乐表现能力强,直播质量产出效果好,但是苦于没有团队的支持,一直都是自己把控选品、宣传推广等直播全流程,没办法获得更好的流量扶持,因此想要加入好的 MCN 机构,一起合作将账号做得更好。

2. 训练任务

达人与淘宝直播 MCN 机构合作的模式有哪些?如何才能加入好的 MCN 机构呢?

归纳与提升

淘宝直播是纯电商卖货平台,用户进入淘宝直播购物的目的相对明确,商家经营店铺链路明确,展示产品好,评价高,物流服务售后好等,让用户更加容易形成转化。该平台采用典型的混合域直播方式,流量的来源一方面是电商店铺原来的"粉丝",另一方面是淘宝直播根据直播间权重推荐的流量。

淘宝直播是直播电商的代表,通过直播链接商品和用户,通过直播直接产生交易,通过交易直接带来主播、商家、用户三者的利益分配。淘宝直播凭借完善的商业基础设施和丰富的内容展现形态,以及多元的粉丝运维方式,打造出了直播电商完整的产业链。

思考练习题

一、简答题

1. 淘宝直播流量分配机制的要素有哪些?
2. 如何获得淘宝直播浮现权?
3. 淘宝直播主要分析和整理哪些数据?

二、论述题

你如何看待 MCN 机构和网红达人之间的关系?

项目十

团队绩效考核及运营案例

课前导学

知识目标

1. 了解短视频团队和直播团队组织架构。
2. 明确团队成员的工作内容与职业技能要求。
3. 了解团队绩效管理有关考核方式和 KPI 标准。
4. 学习短视频与直播电商案例成功经验。

技能目标

1. 能有效组建短视频直播运营团队。
2. 能根据项目需求培养短视频直播团队人才。
3. 能根据团队绩效考核标准制定绩效考核表。
4. 能深度剖析短视频直播运营成功案例,并学以致用。

素质目标

1. 加强团队协作意识,学会博采众长、举一反三,提升分析问题、解决问题的能力。
2. 弘扬企业家精神:经世济民、勇于创新、诚实守信、合作共赢。
3. 传承工匠精神:专注敬业、精益求精、求真务实、谦虚谨慎。

任务一 认知短视频直播团队组织架构

任务导学

在短视频直播生态区域即将饱和的状态下,运营仅靠单枪匹马难以突出重围,因此组建团队是非常重要的。国内一家传统女装品牌负责人近期在筹备直播部门,准备开展线上直播,由于从来没有接触过网络营销,准备对外招聘一些互联网人才组建团队。请问需要招聘什么人才?

知识储备

一、认知短视频团队架构

当前越来越多的商家、品牌、个人加入短视频阵营,各行各业涌入大量的短视频直播从业者,让短视频行业竞争越来越大。为了提高短视频输出质量和创作效率,迅速抢占主场,单打独斗式的个人创作越来越少,而团队"作战"成为当前短视频创作主流。无论是个人还是商家,都在推动着短视频直播行业更加专业化、规范化地发展。

1. 组织架构

一般一个专业的短视频团队主要由导演、编导、演员、拍摄、剪辑和运营组成,如图 10-1 所示。

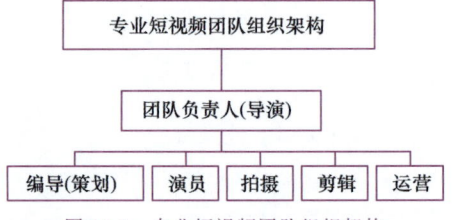

图 10-1 专业短视频团队组织架构

(1)简配版短视频团队组织架构

内容生产和运营:一般由两人组成,如果内容创作较为复杂,可多配置相关工作人员。

编导+运营:可招聘一个综合能力强的人才,做短视频编导、账号运营等工作。

拍摄+剪辑:可招聘一个具有创新思维、熟练掌握剪辑软件的人才,做短视频拍摄、后期剪辑等工作。

(2)标配版短视频团队组织架构

主要包括编导、演员、拍摄、剪辑和运营五个人。

编导:负责确定短视频方向,撰写脚本,统筹整个拍摄计划。

演员:负责根据剧本、人设特点进行演绎等,需具备表现人物特点的能力。

拍摄:负责短视频拍摄工作,设计分镜头,布光以及把控整个拍摄过程。

剪辑：短视频拍摄完成后根据剧本要求，进行剪辑、包装等二次创作。

运营：设计短视频标题、简介，分发平台账号运营，对数据进行整理分析，与用户进行互动。

不同类型的短视频在内容创作和运营方面的工作量和难度有所不同，所需要的人员配置也有所差别。在组建短视频工作团队中，可以根据资源投入和目标要求，参考上面简配版和标配版优化扩展。

2. 短视频岗位职业技能

（1）导演：负责组织团队人员，协调各方面工作，把控短视频的质量。其主要岗位职责及技能要求见表10-1。

表 10-1　　　　　　　　　　导演主要岗位职责及技能要求

岗位职责	技能要求
根据项目挖掘选题，完成项目前期策划； 负责组织和协调内外部团队工作； 参与监督整个短视频制作过程； 保持工作的创造性，持续进行创新	拥有敏捷的思维、较好的"网感"； 具有开阔的思路、多元的创作风格； 具备较强责任心、团队沟通和管理能力

（2）编导（策划）：主要负责脚本创作和撰写，内容选题策划，人设打造。其主要岗位职责及技能要求见表10-2。

表 10-2　　　　　　　　编导（策划）主要岗位职责及技能要求

岗位职责	技能要求
策划短视频主播或账号的人设IP定位； 围绕IP进行粉丝画像分析、内容创作； 负责短视频项目的内容策划； 负责创意脚本、分镜脚本撰写	熟悉短视频内容市场，了解用户偏好； 熟悉内容创作的流程及思路； 有丰富的创意和文字能力，逻辑清晰

（3）演员：负责出演短视频。其主要岗位职责及技能要求见表10-3。

表 10-3　　　　　　　　　　演员主要岗位职责及技能要求

岗位职责	技能要求
配合参与短视频选题策划等工作； 运用恰当表情、动作完成短视频拍摄； 普通话标准、吐字清晰、记忆力强	根据不同类型短视频提高技能： 故事叙述类：肢体语言表现和演技高； 美食类：通过自然演技传达食物吸引力； 脱口秀类：表情夸张、生动诠释台词

（4）拍摄：主要负责短视频拍摄工作。其主要岗位职责及技能要求见表10-4。

表 10-4　　　　　　　　　　拍摄主要岗位职责及技能要求

岗位职责	技能要求
负责短视频内容拍摄； 配合短视频策划拍摄脚本和细化脚本； 管理、维护拍摄设备	具有优秀的美术功底与视觉感； 熟悉拍摄构图和镜头语言的表达； 熟练使用各项拍摄设备； 具备基本的短视频剪辑认知能力

（5）剪辑：负责短视频选择、整理以及剪裁成完整短视频。其主要岗位职责及技能要求见表 10-5。

表 10-5　　　　　　　　　　剪辑主要岗位职责及技能要求

岗位职责	技能要求
根据出片需求对短视频进行后期剪辑； 能收集整理网络视频进行二次创作和素材拼接	熟练使用 PR、AE 等剪辑软件； 对作品的创意、节奏等有良好把握； 对后期特效创意制作有独到见解和控制能力

（6）运营：负责短视频平台内容分发、数据分析、运营。其主要岗位职责及技能要求见表 10-6。

表 10-6　　　　　　　　　　运营主要岗位职责及技能要求

岗位职责	技能要求
平台分发内容及监管数据； 归纳内容的运营亮点、配合内容升级； 日常各平台维护和内容输出； 短视频数据监控及运营	熟悉短视频平台算法机制； 学会分析短视频数据； 了解行业运营基本规则； 具有较高思维活跃度，统筹、沟通、协调能力

二、认知直播团队架构

1. 组织架构

企业或个人要了解专业的直播团队组织架构，根据自身运营能力、资金实力等组建不同规模的直播运营团队。

（1）达人直播团队

在大多数直播平台，很多都是个人开展的直播，要招募直播团队人员配合直播。达人直播团队组织架构如图 10-2 所示。

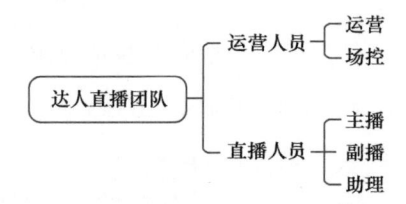

图 10-2　达人直播团队组织架构

运营人员负责直播策划和运营等直播镜头后的工作，包括策划直播活动、营销活动，选品，撰写直播脚本，直播期间负责直播间中控台，操作商品上下架、投放活动等。

直播人员负责直播镜头前的工作，包括直播正常开播、介绍展示商品、引导用户关注和下单等，配合直播现场一起工作，以及直播后的复盘。

（2）商家直播团队

目前很多实体店、工厂的商家转型做直播，所以很多商家构建了自己的直播团队。商家直播团队组织架构如图 10-3 所示。

直播运营包含账号运营、选品、活动策划、内容运营、数据分析等一系列直播运营工作。

店铺运营包含配合直播相关的商品建立、营销活动建立、售前售后客服回复、订单处理等运营工作。

主播团队包含自建商家团队和合作主播，主要负责展示商品和销售商品。

项目十 团队绩效考核及运营案例

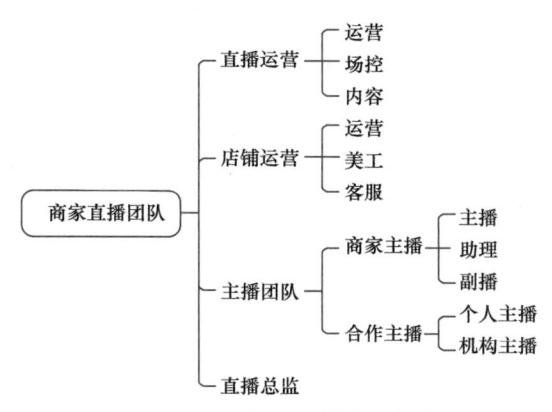

```
                    ┌─ 直播运营 ─┬─ 运营
                    │           ├─ 场控
                    │           └─ 内容
                    │
                    ├─ 店铺运营 ─┬─ 运营
                    │           ├─ 美工
商家直播团队 ───────┤           └─ 客服
                    │
                    │           ┌─ 商家主播 ─┬─ 主播
                    ├─ 主播团队 ┤           ├─ 助理
                    │           │           └─ 副播
                    │           │
                    │           └─ 合作主播 ─┬─ 个人主播
                    │                       └─ 机构主播
                    │
                    └─ 直播总监
```

图 10-3　商家直播团队组织架构

2. 直播团队人员和工作内容

（1）低配版直播团队人员和工作内容见表 10-7。

表 10-7　　　　　　　　　低配版直播团队人员和工作内容

团队人员	运营（1人）				主播（1人）
工作内容	营销任务分解 货品组合 品类规划 结构规划 陈列规划 直播数据运营	商品权益活动 直播权重活动 粉丝互动活动 流量资源策划	商品脚本 活动脚本 互动话术 直播场景规划	直播设备调试 直播中控台 直播数据监控 直播复盘	熟悉商品脚本 熟悉活动脚本 熟悉直播话术 学会直播控场 配合直播复盘

（2）标配版直播团队人员和工作内容见表 10-8。

表 10-8　　　　　　　　　标配版直播团队人员和工作内容

团队人员	运营（1人）	策划（1人）		场控（1人）	主播（1人）
工作内容	营销任务分解 货品组合 品类规划 结构规划 陈列规划 直播数据运营	商品权益活动 直播权重活动 粉丝互动活动 流量资源策划	商品脚本 活动脚本 互动话术 直播场景规划	直播设备调试 直播中控台 直播数据监控 直播复盘	熟悉商品脚本 熟悉活动脚本 熟悉直播话术 学会直播控场 配合直播复盘

（3）升级版直播团队人员和工作内容见表 10-9。

表 10-9　　　　　　　　　升级版直播团队人员和工作内容

团队人员	运营（1人）	策划（1人）	编导（1人）	场控（1人）	主播（2人）
工作内容	营销任务分解 货品组合 品类规划 陈列规划 直播场景规划 直播数据运营	直播内容策划 直播宣传策划 商品权益活动 提升直播权重 粉丝互动活动 流量资源策划	撰写商品脚本 撰写活动脚本 撰写互动话术 撰写控评话术	直播设备调试 直播中控台 直播数据监控 直播复盘	熟悉商品脚本 熟悉活动脚本 熟悉直播话术 学会直播控场 配合直播复盘
团队人员	内容运营（1人）	客服（2人）	副播（1人）	助理（1人）	其他
工作内容	短视频拍摄 短视频剪辑 直播预热花絮	店铺互动答疑 流量引导 售后发货等	协助直播 介绍直播福利 临时担任主播	配合直播准备 做直播模特 直播互动表演	配合直播相关工作

233

3. 主播岗位职业技能

主播是整个直播运营团队中的"灵魂",一个主播想要成功带货,必须要掌握专业的直播带货技能。

(1)主播不同阶段的工作内容见表10-10。

表10-10　　　　　　　　　　主播不同阶段的工作内容

直播阶段	工作内容
直播前	配合运营协助直播选品; 提前了解直播商品信息和优惠活动; 确认直播场地; 了解直播互动活动、时间全流程
直播中	介绍商品信息、试用商品; 介绍直播间优惠活动,发放福利; 与用户进行互动,活跃直播间气氛; 引导用户观看直播,回答用户问题; 配合运营做直播需要的数据
直播后	配合团队进行直播复盘; 进行下一场直播的准备工作; 下播后维护粉丝,配合短视频拍摄等

(2)主播技能要求及具体细则见表10-11。

表10-11　　　　　　　　　　主播技能要求及具体细则

主播技能要求	具体细则
基础直播能力	穿着整洁、大方得体,妆容自然; 塑造主播人设,有自我特色的话术和直播风格,提高辨识度; 具有良好的镜头感、语言表达能力,语速得当,有感染力; 学会运用"能量手势",具有肢体语言表达能力; 具有强大的心理承受能力,积极面对用户负面、消极的声音; 具有良好的心态,善于疏导和反省自我
选品议价能力	能根据自身特点、用户特点选择合适的直播商品; 能根据账号定位和直播模式选择合适的直播商品; 能与品牌方洽谈商品价格、合作模式,为用户争取优惠福利
直播必备常识	了解直播开播的全流程操作,功能设置; 熟知直播违规违禁语言和行为条例; 熟知直播间算法权重、流量基础规则机制
商品讲解能力	深刻了解商品相关信息,清楚商品卖点,清晰展示; 能够使用逻辑性强、具有技巧性的语言激发用户的购买欲望; 能够配合商品优惠进行直播高效促销
直播控场能力	熟悉直播间整体流程,做好用户引导、节奏把控; 擅长营造直播间气氛,做好气氛拉升和维护; 流量掌握,如低流、高流、低跳高、高跳低、爆单的技巧; 灵活应对直播间突发情况,把控直播间节奏

实操指引

企业为了更好地开展短视频与直播电商运营,提升销售业绩,团队成员一般都是专人专岗,即设置职业方向及细分岗位,工作职责落实到位,团队成员分工明确,共同协作完成任务。短视频与直播电商岗位设置见表10-12。

表 10-12　　　　　　　　　　短视频与直播电商岗位设置

职业方向	细分岗位
产品岗	选品、编导、制片等
营销岗	主播、副播、媒介、渠道等
设计岗	视觉策划、拍摄、短视频剪辑等
运营岗	运营、场控、文案、活动、社群运营等
客服岗	售前、售中、售后客服等
物流岗	仓管、采购、打包、发货等
技术岗	编程、数据、AI(人工智能)、道具等

课堂实训

一、实训目标

了解短视频和直播人才技能要求,岗位设置和职责,团队组建架构。

二、任务设置

调研身边三家知名直播电商企业,分析各企业的直播电商有哪些岗位,详细描述每一个岗位的职责和技能要求,总结直播电商人才的基本技能要求。

任务二　掌握短视频直播团队绩效考核方法

任务导学

短视频直播是互联网中一种新的营销模式,很多传统企业管理人员不懂工作内容,按照传统方式制定KPI(关键绩效指标),要求业绩达到××,导致很多员工没有办法短时间内就达到业绩指标,企业也没有达到预期效果。到底应该如何制定合理的KPI呢?

知识储备

绩效考核对于企业管理非常重要,合理的绩效考核可以激励团队,达到一致的目标,不断培养优秀人才。不合理的绩效考核会让企业错过优秀员工,团队氛围差,负能量多,业绩

不达标。开展绩效考核前,需要了解以下两点:

一、岗位的工作内容

绩效考核取决于工作内容,切忌脱离工作岗位内容。实践中需要结合公司实际情况,不同时期制定不同的考核标准。

例如,短视频直播运营岗位,针对一些不成熟的短视频直播团队,运营是负责整个项目的统筹和运营策划工作,包含短视频和直播两个板块内容,负责团队组建、项目定位策划、内容选题策划、撰写脚本、直播选品、直播运营等一系列工作。

因此考核标准可分为:

(1)短视频内容:内容策划、脚本撰写、拍摄、后期剪辑等。

(2)直播内容:选品、营销活动、直播间规划、中控台操作等。

(3)短视频数据:点赞率、完播率、涨粉率、主页进入率等。

(4)直播数据:销售额、UV价值、涨粉率、带货转化率等。

以上是假设在一个人的情况下,工作内容多,考核的内容也比较多。在一些相对大的公司,上面的岗位可以拆分为几个岗位,具体考核将更加细致。

二、绩效考核的方案

根据岗位工作内容,制定考核标准。为了避免只看结果,不看过程,忽略实际情况,绩效考核主要分为两部分:可衡量的关键绩效考核指标(KPI)和不可衡量的关键能力胜任指标(KCI)。

(1)可衡量的关键绩效指标(KPI)(结果数据)

整个考核中占比80%。

例如:

• 短视频制作:数量大于30条,100分;数量大于10条且小于20条,80分;数量小于10条,50分。

• 直播内容:开播数量大于30次,100分;数量大于10次且小于20次,60分;数量小于10次,10分。

• 短视频数据:点赞率达到10%,完播率达到30%,涨粉率达到1%,至少3条播放量突破10万等。

• 直播数据:月销售额大于10 000元,UV价值大于0.5等。

(2)不可衡量的关键能力胜任指标(KCI)(过程、态度)

整个考核中占比20%。

一般考核工作态度、基本问题处理能力、沟通能力、工作执行力、日常工作记录、出勤、创新能力等。

绩效考核没有具体的指标,需要根据公司实际情况,按需要进行选择。

实操指引

团队绩效考核中,具体的数据指标项需要根据账号的运营阶段制定,从账号的初创期、运营期到变现期,让每一次的考核都有目标感,逐步提升运营效果。

(1)短视频运营人员 KPI 考核模板见表 10-13。

表 10-13　　　　　　　　短视频运营人员 KPI 考核模板

短视频直播运营部-绩效目标责任书									
受约人/被考核人姓名	张三	发约人/考核人姓名	李四		有效期		2021.12.01—2022.12.31		
被考核人部门	短视频运营	考核人部门/岗位	新媒体主管		考核期间		2022 年 1 月		
序号	指标类型	一级指标	二级指标	评分标准	目标值	权重	完成值	实际得分	数据提供部门/岗位
1	关键绩效指标(KPI)	制作数量	数量要求	1.数量大于等于 x 条为 100 分; 2.数量大于等于 y 条小于 10 条为 80 分; 3.数量小于 y 条为 0 分	100	20%			
2		播放量	数量要求	总播放量不低于××万; 要求至少有 x 条播放量破××万	100	20%			
3		粉丝数	数量要求	粉丝净增长××万	100	10%			
4		点赞数	数量要求	点赞总量高于× ×万; 至少 x 条点赞数破××万	100	10%			
5		直播数据	销售额	月销售额比上月增 10%	100	5%			
			UV 价值	UV 价值大于 0.9	100	5%			
			商品成交量	场累积成交量超过 x 单	100	5%			
			带货转化率	直播带货转化率达到 x	100	5%			
6	关键能力胜任指标(KCI)	工作态度	基本素质	①处理问题能力; ②沟通能力; ③执行能力	100	10%			
7			日常纪律	①出勤; ②提交日报、周报、月报情况	100	10%			

(2)主播人员 KPI 考核模板见表 10-14。

表 10-14　　　　　　　　　　　主播人员 KPI 考核模板

受约人/被考核人姓名	张三	发约人/考核人姓名	李四	有效期	2021.12.01—2022.12.31		
被考核人部门	主播	考核人部门/岗位	新媒体主管	考核期间	2022 年 1 月		
序号	指标类型	一级指标	二级指标	评分标准	目标值	权重	完成值	实际得分	数据提供部门/岗位
1	关键绩效指标（KPI）	支付转化率	数值要求	1.数值大于 10% 为 100 分；2.数值大于 5% 为 80 分；3.数值小于 3% 为 0 分	100	20%			
2		销售额	数值要求	1.数值大于 10 万为 100 分；2.数值大于 8 万为 80 分；3.数值大于 5 万为 60 分；4.数值大于 3 万为 40 分；5.数值小于 1 万为 20 分	100	20%			
3		UV 价值	数值要求	数值大于 1 为 100 分；数值小于 0.5 为 50 分	100	10%			
4		吸粉率	数值要求	吸粉率大于 5%	100	10%			
5		基础数据	最高在线人数	视实际情况而定	100	5%			
			评论率		100	5%			
			点赞率		100	5%			
			直播时长		100	5%			
6	关键胜任能力指标（KCI）	工作态度	基本素质	遵守直播规则；记录用户问题，及时反馈	100	10%			
7			日常纪律	准时开播，不早退、不迟到；服从上级管理，工作积极主动，工作能按时、按质、按量完成	100	10%			

课堂实训

一、实训目标

了解短视频直播团队的工作内容和考核的核心指标,学会制定人才的工资考核体系。

二、任务设置

市场上直播行业发展迅速,很多人想做带货主播,想了解主播薪资制定标准,绩效如何考核。

请你通过互联网调查,列出主播薪资待遇的几种方案,对主播考核制度(日常播前、播中、播后考核)、月度考核进行分析。

任务三　深度剖析短视频直播运营成功案例

任务导学

甄选是农产品直播电商平台,2021年12月28日在抖音开启直播。2022年,甄选双语直播间人气大涨,目前粉丝超过2 800万,矩阵账号粉丝超过3 000万。**甄选的爆火,一方面来自他们的坚持,另一方面则来自带货主播的高素质,可以中英文双语自如切换,带货的同时随口而出文化感满满的金句。

知识储备

1. 找准独特定位

助农一直是**甄选的梦想,双语主播拿起黑板,用英语、韩语、日语等介绍产品,开启知识带货新纪元。**甄选凭借独特的直播带货风格,获得抖音平台的流量倾斜。**甄选利用自身的优势,为其带来了差异化的竞争力。

(1)切入细分领域:**甄选创立之初定位于农产品筛选与销售的电商平台,从商品结构看,**甄选售卖农产品难度高于美妆、3C数码家电等,但农产品具有高频、复购属性,其直播间核心上架商品品类和销售额最佳品类均为食品饮料。**甄选凭借内容创作能力、品牌调性、创新能力以及产品供应链能力,为抖音电商生态吸引了大量优质客户。**甄选和抖音建立的合作关系逐渐加深,双方利益和品牌调性高度契合。目前,**甄选对品牌方采取不收取坑位费,不索要大批量样品的策略,吸引大量中小品牌加入。

(2)人设极具吸引力:在直播带货走向精细化运营的今天,不管是主播的话术还是整个流程都有一个相对标准的模板,但**甄选将带货以及教学融为一体的直播方式,让人有了耳目一新的感觉,正是这种新鲜感吸引越来越多的观众对**甄选产生了兴趣。形式只是**甄选有别于其他直播间的一个方面,文化知识含量超高的内容是真正将**甄选直播团队与其他带货主播区别开的关键因素。几位主播也各有特色,他们的共性都是双语介绍产品,此外幽默感和才艺也是加分项。

电商直播竞争激烈,主播的文化底蕴是非常重要的。这些博学多才的主播很有可能引领直播带货走向高知、高质量的时代。**甄选主播具有深厚的知识储备、语言功底、销售技巧,风趣幽默,为其他主播树立了新标杆。

(3)情感共鸣:关于直播卖货,大家感受最深的印象就是主播一系列的逼单行为:上链接、抓紧时间、最后福利。但是**甄选的带货直播,开创了一种全新的直播带货流派,把诗和远方以及人间烟火气结合到一起。另外,其账号发布的引流短视频作品更是充满正能量,凭借优质内容出圈,为直播引流。

2. 选品策略

在**甄选的直播与短视频中,一直有着对"品质"的追求与分享。"因为喜欢,所以努力,剩下的交给时间和你们!"是**甄选对选品的态度。通过实地考察、团队自测等诸多选品环节,为用户的体验做出保障,因此,**甄选有着高达 4.98 分的带货口碑,远超 98.48% 的同行,他们用真诚的选品态度,诠释了**甄选直播间的"甄选"二字。

为了破解国内农产品长期存在的标准不统一、质量参差不齐、品牌化程度低等难题,自 2022 年 1 月起,**甄选开始尝试打造自营品牌产品,深度参与产品的研发、生产、制造、包装、物流、客服等全环节,为消费者提供健康、安全、品质、美味、高性价比的产品。

3. 直播引流策略

在直播之前,**甄选账号会发布短视频为直播间引流,宣传直播优惠力度,预告直播时间;同时各个主播的个人账号也发一些日常记录或者感悟,持续打造个人 IP。

(1)直播前

①福利预热短视频。短视频内容涉及直播时间、主题、商品、福利优惠等信息,用利益点吸引用户关注,并且在评论区会和粉丝互动,也会提示直播相关的惊喜活动。

②选品日常短视频。短视频涉及全国各地农产品生产基地选品,采访非遗美食制作人,考察商品,派送直播间优惠券,回答发货物流问题等。向用户展示产品品质,有利于提高直播间和产品的吸引力。

③剧情演绎短视频。通过日常短视频拍摄进行内容创作,例如主播日常生活中有趣的经历、团队工作中取得的小成绩,预告开播时间等。

(2)直播后

录制直播现场花絮短视频。一般选择直播时的亮点,介绍产品的卖点,使用产品的过程,产品的福利优惠等进行录制,发布短视频,二次传播,为下一场直播引流。

4. 直播运营策略

(1)引入商品

**甄选与其他带货直播间的氛围不同,没有"321,上链接",没有"全网最低价"等刺激消费的口号,更多的是以一种娓娓道来的方式将商品信息传递给消费者。主播会用发音标准的英文介绍牛排,也能随口用引人共情的金句来形容商品。

(2)直播互动

直播卖玉米,主播讲英语里 corn 和 maize 的区别,甚至还能从玉米的品质,科普"39~45 度是个特别神奇的纬度区间,在世界各地都是对农作物、畜牧业来说非常有利的"。卖牛奶,他们讲人生哲理"Don't cry over spilt milk(不要为打翻的牛奶哭泣)",从英语教学,到历史地理,再到人文哲学,卖货变成了"上网课"。

5. 品牌＋IP 赋能

目前**甄选自建供应链,大力发展其自营品牌。在供应链发展方面:短期**甄选选品严格,持续积累爆品,供应链完善需要一定时间;中期**甄选不收坑位费,持续吸引更多优质供应商;未来**甄选选品及 SKU 逐步完善,将激活更多优质服务及高性价比商品,有望打造带货新高度。**甄选长期打造自有品牌,不只是渠道商,更是品牌商。

**甄选依靠优质产品及丰富直播内容出圈,成为现象级话题,凭借主播独特教育背景,建立知识主播带货标签,打造独特的 IP、差异化卖点及强大文化品牌禀赋,构建流量护城河。

6. 粉丝运营加强 IP 黏性

**甄选账号能够如此快速爆火的原因是重视短视频内容质量,以专业内容创作能力,结合粉丝用户兴趣,进行精心设计,打造高质量的短视频内容,以此孵化出吸粉程度高的账号,并且在账号中,重视粉丝的维护,积极与粉丝互动,听取粉丝建议和改进。在直播期间,也会用超值的产品回馈粉丝,直播后都会真诚地向粉丝表示感谢,让粉丝能够感受他们的心意。

实操指引

一、了解小*直播发展历程

1. 自家旗下的小*直播平台直播

2018 年,小*(专注于智能手机研发的移动互联网公司)CEO 在自家旗下的小*直播平台进行了两个小时的直播,观看人数最高达到了 55 万,这为小*直播打下了良好的开端。

2. 抖音常态自播

2021 年 8 月 16 日,小*在抖音打造了一场犹如事件营销般效果的大型直播活动,该场直播创造了抖音直播电商双纪录,场观 5 053 万,全场销售额突破 2.1 亿元。之后,小*便在抖音开启了常态自播,从初期的日播 5 小时到现在日播 14 小时,小*将直播视为核心销售通路。2021 年第一季度抖音销售额排行榜中,小*冲到了 TOP10 行列,累计销售额达到了 3.5 亿元。

3. 低调的店播

2022 年"618"活动战线拉得很长,很多品牌采用自播或者店播的方式进行直播卖货,效果十分显著。2022 年 6 月 1 日,小*在淘宝内的店铺自播成交额超过了 1 亿元,成为"618"期间首个自播销售额破亿元的品牌。目前小*在抖音平台的直播间粉丝数超过 900 万。

二、分析小＊直播成功密码

分析小＊在抖音直播的成功，可以从流量获取和流量运营两个角度展开。

1. 流量获取

(1)集中精力办大事。把所有的产品整合到一个直播间，一方面，可以满足直播间用户多样化的消费需求；另一方面，可以统筹资源办大事，通过多入口、多层次付费流量采买，为直播间导入潜在的用户，然后，再通过优秀直播承载能力，撬动更多免费流量推荐。如在首场直播时，@小＊直播间就通过全域流量采买，实现了单场直播涨粉234万；而某年1月1日的新年直播中，@小＊直播间也实现了粉丝增长近百万。

(2)积极地参与抖音电商各类营销IP活动。如大促期间与抖音电商合作"品牌直播间"，积极参加抖音电商举办的节点活动，联合打造爆品开新日等，在获得规模化流量的同时，强化了用户的心智，在短期内引爆高成单的集中交易。

(3)策划系列创意短视频为直播引流。在大型节点来临前，小＊也会通过系列创意短视频为直播间预热引流。预热的内容不仅有小＊CEO的短视频，还有产品种草、大型福利活动预告等，这些短视频均通过逗趣、创意的方式呈现，以吸引更广域用户的关注、互动。

而日常直播，小＊为直播配备的引流短视频会比较少，主要是在直播主题上做文章，如出行主题、影音娱乐主题等，并通过稳定的流量采买，为直播间导入有相对确定性需求的购物人群，提升他们的下单转化。此外，高频、高时长的直播，则是@小＊直播间可获取稳定流量的基础。

2. 流量运营

(1)小＊官方直播主打专业路线。实时投流能力固然重要，但直播间的流量承接能力会更重要——它决定着主播能否把采购回来的商域流量转化为私域流量，并带动免费流量分发。

小＊官方直播主打专业路线，并不会一味强调直播优惠福利，而是会侧重对用户互动问题的专业解答，通过对比，帮助用户更直观地了解产品的功能差别。快手小＊直播间与抖音直播整体风格相似，也是通过主播的专业讲解来激发用户互动停留。小＊直播间的用户平均停留时长都能达到1分20秒（大型节点时间用户停留能做到2分钟），属于该品类店播领域表现出色的直播间。

(2)小＊直播间使用粉丝券、粉丝抽奖的方式，来提高用户停留转化。如"618"期间，关注@小＊直播间的用户可以领取500元专享券，整点抽好礼等。并非每日直播间都会发放同等福利优惠，而是基于自有节点规划来调配，以冲高某一天的销售数据。

自2022年5月20日，开启"616"品质购物节以来，小＊在快手的日播时长也达到了9小时，并通过轮换主播的形式开启不间断直播，截至2022年6月8日，小＊快手直播间的均场销售额也达到了89.3万元，位列3C数码品牌之首。

总之，小＊的直播成功也给了我们一些启发：直播间正在回归真诚。品牌在抖音、快手也完全可以走专业路径，并配合稳定投流能力，将真正有需求的用户带入直播间，并通过品牌力、服务力去转化这些用户。

课堂实训

一、实训目标

了解短视频直播运营的目标与定位,掌握短视频内容输出要点及直播运营策略。

二、任务设置

1. 背景材料

一个名为"乡*"的抖音号,如今拥有两千多万粉丝,每个短视频的点赞量超过几十万。大多数点进账号观看短视频的网友,不仅沉浸在返璞归真的乡土人情中,而且被主人公希希(化名)散发出的传统之美、自然之美所吸引,被她对生活的热情所打动。2020年11月,希希的小团队正式建立,由当地的几名"95后"组成,包含客服、摄影、运营等工作人员。如今,希希成立了××茶叶品牌,让大家一起见证她的事业。她说:"走得再远,我都会记住来时的方向,我愿意作为年轻人返乡创业的代表,为家乡腾飞助力,为推进美丽乡村建设助力,为乡村振兴助力。"

2. 训练任务

(1) 请你分析希希成功的秘诀。

(2) 请你挖掘身边投入乡村振兴的典型优秀人物案例,并说说对你有什么启示。

归纳与提升

随着短视频直播电商的火爆,直播行业日益火热,大批传统电商企业纷纷转战直播,但是短视频直播人才短缺是绝大多数企业跨入这个行业门槛的"拦路虎"。直播从来都不是一件简单的事情,单枪匹马很难做好直播,因此招募人才、组建高效能团队非常关键。

本项目详细阐述了短视频与直播电商人才岗位的技能要求,科学、规范和实用的人才考核标准。学生要努力提升专业技能、创新思维和创业素养,帮助企业解决短视频直播电商人才短缺的难题。

思考练习题

一、多选题

1. 一场直播活动需要的费用投入有(　　)。
   A. 基础投入 B. 现场福利活动费用
   C. 前期宣传活动费用 D. 后期宣传活动费用

2. 专注于直播营销的公司,需要的专业人才有(　　)。
   A. 主播、拍摄人才 B. 策划人才
   C. 运营人才 D. 商务人才

3.下列属于直播效果数据分析流量指标的有(　　)。

A.PV　　　　　　　　　　　　B.UV

C.粉丝 UV 占比　　　　　　　D.粉丝互动率

4.在直播过程中,为了让用户加深对直播的兴趣,长时间停留在直播间,并产生购买行为,主播可以使用(　　)等方式。

A.运用营销话术　　　　　　　B.发红包

C.发优惠券　　　　　　　　　D.才艺表演

二、简答题

1.直播电商有哪些岗位及各岗位的技能要求是什么？

2.短视频营销有哪些岗位及各岗位的技能要求是什么？

3.你是否有意愿投入短视频与直播电商运营相关岗位？最擅长的是什么岗位？还需要在哪些方面进行提升？

参考文献

1. 李朝辉,程兆兆.短视频营销与运营[M].北京:人民邮电出版社,2021
2. 邓竹.短视频策划、拍摄、制作与运营从入门到精通[M].北京:北京大学出版社,2021
3. 韦亚洲,胡咏雪.直播电商平台运营[M].北京:人民邮电出版社,2021
4. 余以胜,林喜德.直播电商理论、案例与实训[M].北京:人民邮电出版社,2021